高等职业教育房地产类专业精品教材

房地产开发经营与管理

主　编　吴　丹　万建国
副主编　于　姗　蔡明礼
参　编　陈楷宜　黄　娟　谢欣彤
　　　　黄诗婷　张钰棠　刘　燕

北京理工大学出版社
BEIJING INSTITUTE OF TECHNOLOGY PRESS

内 容 提 要

本书将房地产开发经营与管理划分为4篇10个过程,其中"千里缘定广厦梦"包括房地产行业分析、设立房地产开发企业等过程;"万丈高楼平地起"包括房地产开发项目可行性研究、土地使用权的获取、房地产开发项目融资、房地产开发项目开发报建等过程;"一砖一瓦筑家园"包括房地产开发项目管理、房地产开发项目竣工验收等过程;"安居乐业好生活"包括房地产开发项目市场营销、项目物业管理等过程。

本书可作为高等院校房地产经营与管理、房地产检测与估价、物业管理等房地产类相关专业的教材,也可作为房地产企业员工岗位培训、成人继续教育的辅导用书。

版权专有　侵权必究

图书在版编目(CIP)数据

房地产开发经营与管理/吴丹,万建国主编.--北京:北京理工大学出版社,2021.10(2022.2重印)
ISBN 978-7-5763-0587-6

Ⅰ.①房… Ⅱ.①吴… ②万… Ⅲ.①房地产开发－中国②房地产管理－中国　Ⅳ.①F299.233

中国版本图书馆CIP数据核字(2021)第220389号

出版发行 / 北京理工大学出版社有限责任公司	
社　　址 / 北京市海淀区中关村南大街5号	
邮　　编 / 100081	
电　　话 /(010)68914775(总编室)	
(010)82562903(教材售后服务热线)	
(010)68944723(其他图书服务热线)	
网　　址 / http://www.bitpress.com.cn	
经　　销 / 全国各地新华书店	
印　　刷 / 河北鑫彩博图印刷有限公司	
开　　本 / 787毫米×1092毫米　1/16	
印　　张 / 17	责任编辑 / 钟　博
字　　数 / 410千字	文案编辑 / 钟　博
版　　次 / 2021年10月第1版　2022年2月第2次印刷	责任校对 / 周瑞红
定　　价 / 48.00元	责任印制 / 边心超

图书出现印装质量问题,请拨打售后服务热线,本社负责调换

出版说明

Publisher's Note

　　房地产业是我国经济建设和发展中的重要组成部分，是拉动国民经济持续增长的主导产业之一。改革开放近40年来，我国的房地产业快速发展，取得了巨大成就，尤其在改善广大城镇居民住房条件、改变城镇面貌、促进经济增长、扩大就业等方面，更是发挥了其他行业所无法替代的巨大作用。随着我国经济的发展、居民收入水平的提高、城市化进程的加快以及改善性住房市场需求的增加，房地产消费者对产品的需求由"有"到"优"，房地产需求总量不断攀升，房地产行业仍然有着巨大的发展潜力，房地产业需要大量房地产专业人才。

　　高等职业教育以培养生产、建设、管理、服务第一线的高素质技术技能人才为根本任务，在建设人力资源强国和高等教育强国的伟大进程中发挥着不可替代的作用。为全面推进高等职业教育教材建设工作，将教学改革的成果和教学实践的积累体现到教材建设和教学资源统合的实际工作中去，以满足不断深化的教学改革需要，更好地为学校教学改革、人才培养与课程建设服务，北京理工大学出版社搭建平台，组织国内多所建设类高职院校，包括四川建筑职业技术学院、重庆建筑科技职业学院、广西建设职业技术学院、河南建筑职业技术学院、甘肃建筑职业技术学院、湖南城建职业技术学院、广东建设职业技术学院、山东城市建设职业学院等，共同组织编写了本套"高等职业教育房地产类专业精品教材（房地产经营与管理专业系列）"。该系列教材由参与院校院系领导、专业带头人组织编写团队，参照教育部《高等职业学校专业教学标准》要求，以创新、合作、融合、共赢、整合跨院校优质资源的工作方式，结合高职院校教学实际以及当前房地产行业的形势和发展编写完成。

　　本系列教材共包括以下分册：

　　1.《房地产基本制度与政策》

　　2.《房地产建设项目管理概论（第2版）》

　　3.《房地产开发经营与管理》

　　4.《房地产开发与营销（第2版）》

5.《房地产市场营销》

6.《房地产投资分析》

7.《房地产经济学》

8.《房地产估价》

9.《房地产经纪》

10.《房地产金融》

11.《房地产企业会计》

12.《房地产统计》

13.《房地产测绘》

本系列教材,从酝酿、策划到完稿,进行了大量的市场调研和院校走访,很多院校老师给我们提供了宝贵意见和建议,在此特表示诚挚的感谢!教材在编写体例、内容组织、案例引用等,做了一定创新探索。教材编写紧跟房地产行业发展趋势,突出应用,贴近院校教学实践需求。希望本系列教材的出版,能在优化房地产经营与管理及相关专业培养方案、完善课程体系、丰富课程内容、传播交流有效教学方法,培养房地产行业专业人才,为我国房地产业的持续健康发展做出贡献!

北京理工大学出版社

前言

随着社会经济的发展和社会的进步，房地产企业的经营方式越来越多样化，大部分企业不再局限于单纯的开发活动，而开始重视房地产开发和经营并举，以提高企业经济效益，增强风险抵抗能力，这不仅要求房地产企业具有项目策划、建设方面的知识，而且应具备资本投资和资产管理的能力。

"房地产开发经营与管理"是高等院校房地产经营与管理、房地产检测与估价、物业管理等专业的专业核心课程。本课程以市场经济条件下的房地产投资开发为出发点，与社会实践紧密结合，全面系统地阐述了房地产开发和经营的基本概念、基本理论、基本内容和程序。

本书结合当前高等院校房地产类相关专业学生就业岗位的特点，注重理论与实践结合，每个过程除了知识目标、能力目标、过程小结和思考与练习外，还针对性地设置了一些阅读材料，帮助学生学习。本课程的教学目的是使学生具备进行房地产市场综合分析和房地产开发决策的理论水平和实战能力。本课程的基本任务与要求是通过本课程的教学使学生比较全面系统地掌握房地产开发与经营的基本概念、基本理论、基本方法和基本技能；认识房地产开发与经营特性和规律，了解房地产开发政策、原则、程序和运作过程。本书可作为房地产、建筑工程、建筑工程管理、物业管理等相关专业的教材，也可作为房地产企业员工岗位培训、成人继续教育的辅导用书。

本书在编写过程中参考了大量的著作及资料，在此向原著作者表示最诚挚的谢意。同时，本书的出版得到了北京理工大学出版社各位编辑的大力支持，在此一并表示感谢！

虽经推敲核证，但限于编者的专业水平和实践经验，书中仍难免有疏漏或不妥之处，恳请广大读者指正。

编　者

目录

CONTENTS

第一篇 千里缘定广厦梦

过程 1　房地产行业分析 ·· 2
　任务 1-1　认识房地产与房地产业 ··· 2
　任务 1-2　理解中国房地产市场 ·· 7
　任务 1-3　了解房地产开发流程 ··· 14

过程 2　设立房地产开发企业 ·· 21
　任务 2-1　房地产开发企业设立前的准备工作 ··························· 21
　任务 2-2　房地产开发企业注册和资质认定 ······························ 23
　任务 2-3　房地产开发企业战略管理 ······································ 32

第二篇 万丈高楼平地起

过程 3　房地产开发项目可行性研究 ···································· 41
　任务 3-1　项目可行性研究概念了解 ······································ 41
　任务 3-2　房地产开发目标地块市场调查 ································· 43
　任务 3-3　目标地块项目定位与初步规划 ································· 55
　任务 3-4　目标地块经济测算 ·· 68
　任务 3-5　目标地块财务评价 ·· 75
　任务 3-6　编写目标地块可行性研究报告 ································· 92
　任务 3-7　目标地块项目决策 ·· 95

过程 4　土地使用权的获取 ··· 102
　任务 4-1　土地使用权取得方式的选择 ·································· 105

目 录

任务 4-2　获取土地使用权 ………………………………………………………… 119

过程 5　房地产开发项目融资 ………………………………………………………… 132

任务 5-1　项目融资方式选取 ……………………………………………………… 133
任务 5-2　编制房地产开发项目的资金平衡计划 ………………………………… 140

过程 6　房地产开发项目开发报建 …………………………………………………… 145

任务 6-1　取得《建设工程规划许可证》………………………………………… 145
任务 6-2　房地产开发项目招标管理 ……………………………………………… 153
任务 6-3　取得建设项目《建筑工程施工许可证》……………………………… 158

第三篇　一砖一瓦筑家园

过程 7　房地产开发项目管理 ………………………………………………………… 165

任务 7-1　房地产开发项目合同管理 ……………………………………………… 165
任务 7-2　房地产开发项目成本控制 ……………………………………………… 168
任务 7-3　房地产开发项目质量控制 ……………………………………………… 170
任务 7-4　房地产开发项目进度控制 ……………………………………………… 172

过程 8　房地产开发项目竣工验收 …………………………………………………… 180

任务 8-1　项目竣工验收 …………………………………………………………… 180
任务 8-2　项目联合验收 …………………………………………………………… 186
任务 8-3　项目竣工验收常见质量问题与对策 …………………………………… 199

第四篇　安居乐业好生活

过程 9　房地产开发项目市场营销 …………………………………………………… 207

任务 9-1　选择项目销售模式 ……………………………………………………… 207
任务 9-2　项目营销策划与实施 …………………………………………………… 215

过程 10　项目物业管理 ………………………………………………………………… 227

任务 10-1　项目的承接查验 ………………………………………………………… 227
任务 10-2　项目的前期物业管理 …………………………………………………… 237
任务 10-3　成立业主大会 …………………………………………………………… 253

参考文献 ……………………………………………………………………………………… 264

第一篇　千里缘定广厦梦

安得广厦千万间，
大庇天下寒士俱欢颜。

"要准确把握住房的居住属性，以满足新市民住房需求为主要出发点，以建立购租并举的住房制度为主要方向，以市场为主满足多层次需求，以政府为主提供基本保障，分类调控，地方为主，金融、财税、土地、市场监管等多策并举，形成长远的制度安排，让全体人民住有所居"

——习近平总书记在中央财经领导小组第十四次会议上的讲话

住房问题自古以来是民生的重大问题，关系千家万户的生活保障，关系经济社会发展全局，关系社会和谐稳定。从"房住不炒"定位到房地产长效管理机制，从住房保障到供应体系建设……以习近平同志为核心的党中央高度重视人民的住房问题，始终在一个个百姓"梦圆安居"的精彩故事里，躬身推进"让全体人民住有所居"的庄严承诺。

过程 1　房地产行业分析

知识目标

1. 了解房地产的含义、特性、分类；了解房地产业的概念、基本特征；熟悉房地产业在国民经济中的作用与地位。
2. 掌握房地产市场的概念、特征、发展现状及趋势。
3. 熟悉房地产开发与经营的含义、特点、参与者及房地产开发流程。

能力目标

针对当前对房地产市场影响比较大的环境因素搜索资料，并能分析诸因素对房地产市场的影响。

素养目标

培养和树立行业自信、职业自信，专一做好本职工作。

任务 1-1　认识房地产与房地产业

任务背景

赵亮2021年考入南宁某大学，就读于房地产经营与管理专业，刚进入大学的他非常迷茫，房地产是什么？房地产行业是怎样的一个行业？自己选择这个专业究竟是对是错？

过程1　房地产行业分析

请帮助赵亮理顺房地产的含义、了解我国的房地产行业。

一、房地产概述

(一)房地产的含义

房地产是指土地及固着在土地之上的建筑物和其他附属物的总称。房地产由于自身的特点即位置的固定性和不可移动性又被称为不动产，其有土地、建筑物、房地合一三种存在状态。

土地是指地球表面具有固定位置的空间客体，一般是指地面、地面以上和地面以下的一定空间范围。建筑物是指人工建筑而成，由建筑材料、建筑构配件和设备等组成的整体物。建筑物可分为房屋和构筑物两大类。房屋是指能够遮风避雨并供人居住、生产、储藏物品或进行其他活动的工程建筑；构筑物则是除房屋外的工程建筑，人们一般不直接在其内进行生产和生活。现实生活中有时狭义地将建筑物特指为房屋。其他附属物是指为提高房地产的使用价值或功能而建造的附属物。

(二)房地产的特性

房地产与其他经济物品相比，具有许多不同点，而这些不同点又取决于房地产的特有属性。

(1)位置固定性。由于房地产必须定着在一定的土地上，因此具有空间上的不可移动性，使得房地产的利用具有鲜明的地域特点。

(2)使用长期性。若土地不会毁损，投资者在其上所拥有的权益通常在40年以上，而且拥有该权益的期限还可以依法延长；地上建筑物及其附属物也具有很好的耐久性。因此，房地产具有寿命周期长的特点。

(3)产品异质性。由于房地产位置固定加上不同区位的自然、社会、经济条件各不同，建筑物在式样、朝向、规模、装饰、设备等方面千差万别，以及使用过程中的老化或翻新改造所造成的特征变化不同，使房地产成为一种典型的异质商品或差异化商品，因此，可以说没有完全相同的两宗房地产。

(4)不易变现性。由于房地产有着巨大的价值，以及不可移动性和独一无二性，使得同一宗房地产的买卖并不频繁，一旦需要买卖，要花费相当长的时间来寻找合适的买者并进行讨价还价。因此，当急需资金或有其他特殊情况时，不易将房地产变成现款。

(三)房地产的分类

根据不同的分类标准房地产会有不同的分类结果，具体见表1-1。

过程 1　房地产行业分析

表 1-1　房地产的分类

划分方式	类　别
按开发程度划分	(1)生地，是指不具有城市基础设施的土地，如农地、荒地。 (2)毛地，是指具有一定城市基础设施，但地上有待拆迁房屋的土地。 (3)熟地，是指具有完善的城市基础设施、土地平整、能直接在其上进行房屋建设的土地。 (4)在建工程，是指地上建筑物已开始建设但尚未建成、不具备使用条件的房地产。该房地产不一定正在建设，也可能停工了多年。 (5)现房，是指地上建筑已建成、可直接使用的房地产
按用途划分	(1)居住房地产，包括普通住宅、高档公寓、别墅等。 (2)商业房地产，包括百货商场、购物中心、酒店、游乐场等。 (3)工业和仓储房地产，包括工业厂房、仓库等。 (4)农用房地产，包括农地、农场、林场、牧地等。 (5)其他房地产，包括医院、学校、教堂、寺院等
按是否产生收益划分	(1)收益性房地产，是指能直接产生租赁或其他经济收益的房地产，包括商店、商务办公楼、公寓、旅馆、餐馆、影剧院、游乐场、加油站、厂房、农地等。 (2)非收益性房地产，是指不能直接产生经济收益的房地产，如私人宅邸、未开发的土地、政府办公楼、教堂、寺院等

(四)我国房地产的未来发展

1. 建筑技术的创新

改革开放以来，随着我国人口的不断增加，土地资源越发稀缺，城市建筑开始大量使用钢筋混凝土结构，建筑技术的提高使建筑层数得到大幅度提高，缓解了城市人口压力。随着现代工业技术的发展，建造房屋可以像机器生产那样成批成套地进行，装配式建筑就是由预制构件在工地装配而成的建筑，具有建造速度快、生产成本较低的特点。2020 年 8 月 28 日，住房和城乡建设部等九部门联合印发《关于加快新型建筑工业化发展的若干意见》提出："要大力发展钢结构建筑、推广装配式混凝土建筑……全面贯彻新发展理念，推动城乡建设绿色发展和高质量发展，以新型建筑工业化带动建筑业全面转型升级，打造具有国际竞争力的'中国建造'品牌。"

2. 智能化的革新和节能环保的需要

近年来，随着建筑技术的不断飞跃，互联网＋、云计算等现代科学技术的诞生和使用，绿色环保理念的深入人心，开始出现了智慧建筑、绿色建筑等新型房地产。智慧建筑通过将建筑物的结构、系统、服务和管理根据用户的需求进行最优化组合，将计算机技术、通信技术、控制技术、生物识别技术、多媒体技术和现代建筑艺术有机结合，满足了使用者对建筑物设计功能的需求和现代信息技术应用的需求，实现了高效、安全、节能、舒适、环保和可持续发展的目标。绿色建筑以整体的观点考虑，自然化和可持续的应用，真正做到了节约资源、保护环境、减少污染，为人们提供健康、适用、高效的居住环境。

3. 产品的多元化与质量化发展

"十四五"期间，房地产将会从数量转向质量发展，主要体现在智能、绿色、多功能、品牌化方面。重点发展方向：第一是旧房和老区改造；第二是小区房地产服务；第三是智能房地产家居；第四是房地产专业服务。随着时代的发展、科学技术的进步，未来的房地产必将呈现出集美观、舒适、实用、环保与个性化于一体的高科技、现代化景象，满足居民对宜居环境的多样化追求。

二、房地产业概述

(一)房地产业的概念

房地产业是指进行房地产投资、开发、经营、管理、服务的行业，属于第三产业。

房地产业的内容包括：土地的开发和再开发；房屋的开发和建设；地产的经营；房地产经营；房地产中介服务；房地产物业管理；房地产金融等。

(二)房地产业的基本特征

(1)基础性。由于人们的生活和休息、各行各业开展生产和业务活动都离不开房地产，因此，房地产既是人们生活的重要基础条件，也是社会经济发展的重要基础条件。显而易见，房地产业对于整个社会具有重要的基础性作用。

(2)系统性。房地产的生产、流通、经营、消费直至服务管理的全过程都属于房地产业的范畴，因此，房地产开发的全过程是一项系统工程，每个环节都影响着房地产开发的经济效益、社会效益和环境效益。

(3)预警性。房地产业不但灵敏度高，而且预警性也很高。房地产业这个特点的主要表现是：在国民经济走向繁荣发展之前，它往往会率先超前发展；当国民经济发生衰退和萧条之前，它往往最先受到冲击，所以，它具有明显的预警作用。

(4)关联性。随着社会生产的发展，每个行业都成为社会经济密不可分的组成部分，互相依赖，互相促进。现如今，很多行业的发展都离不开房地产业，房地产业已经成为发展国民经济和改善人民生活的基础产业之一。

(三)房地产业在国民经济中的作用与地位

2020年，房地产业三产占比达13.5%，仅次于社会零售业和金融业，带动了百余个相关产业的发展，为国民经济的发展做出了巨大贡献，其在国民经济中的重要地位毋庸置疑，主要表现在以下几个方面：

(1)房地产业为国民经济发展提供重要的物质条件，带动相关产业和国民经济的发展。房地产是国民经济发展的基本生产要素，很多行业的发展都离不开房地产。房地产业与许多产业部门都存在着比较密切的关系。房地产业的振兴、发展，势必将推动其他相关产业的发展，如建筑、建材、建筑设备、建筑机械、冶金、化工、仪表等行业，还可带动交通运输、邮电、通信、商业服务、金融保险等行业的发展。

(2)房地产业改善了人居环境，有利于推进城市的综合开发，加快旧城改造和城市基础设施建设，改变落后的城市面貌。大力发展房地产业，有利于人们改善居住条件，创造安逸舒适的生产、生活条件。

(3)房地产业有利于扩大城乡就业。房地产业不仅是资金密集、技术密集和知识密集型产业，而且也是劳动力密集型产业。房地产业本身的就业容量大，再加上能促进其他相关产业的繁荣，从而在促进就业方面具有显著的作用。

拓展阅读

我国房地产业的发展历程

从1978年调整土地法等相关法规起，我国的房地产业已经伴随着改革开放经历了40年的风雨历程，即便如此，国内的房地产市场仍不是一个完全竞争的市场，而是一个以政策为主导的市场。

2003年以来，随着中国与世界经济的联系越来越紧密，国内房地产市场的发展也逐步迈进一个更为广阔的政治、经济、人文环境之中，企业和金融机构及各级市场都在不断博弈中发展和成熟。

改革开放以来，我国房地产业发展经历了以下几个阶段。

1. 1978—1991年，理论突破与起步阶段

1979年，经济体制改革开始启动。1980年，邓小平关于发展建筑业和住房制度改革的谈话，首次提出了住房可以买卖的商品经济思想。1980年6月，中央正式提出实行住房商品化政策，准许私人建房、私人买房，准许私人拥有自己的住宅，并进行公有住房出售的试点。商品房开发经营主体由此开始出现，住房建设投资主体开始向多元化发展，住房开始买卖，住房的商品性经营开始启动。

1984年，土地使用制度改革起步，在坚持城市土地国家所有的前提下，实行土地所有权与使用权分离，逐步有偿有期限转让土地使用权，土地供应一级市场开始形成。1991年，国务院发出《关于积极稳妥地推进住房制度改革的通知》，提出了分步提租、交纳租赁保证金、新房新制度、集资合作建房、出售公房等多种形式推进房改的思路，从体制上为房地产业的发展起了保证和推动作用。这一阶段的土地使用制度改革和住房制度改革，促使房地产业获得了初步发展。

2. 1991—1995年，非理性炒作与调整阶段

1992年，邓小平视察南方重要谈话发表，创立了社会主义市场经济理论，房地产业出现第一个快速发展时期。首先，土地使用制度改革取得突破性进展，一方面是外资企业批租地块快速增多，有的地区甚至成倍、几十倍地增加；另一方面，加大了内资企业土地有偿使用的改革力度，扩大了土地有偿使用的覆盖面。其次，城镇住房制度改革进一步深化，1994年《国务院关于深化城镇住房制度改革的决定》，明确住房制度改革的根本目标是建立与社会主义市场经济体制相适应的新的城镇住房制度，实现住房商品化、社会化，加快住房建设，改善居住条件，满足城镇居民不断增长的住房需求。1997年，住房公积金制度已在全国大中城市普遍建立，租金改革逐步提升到成本租金水平，公有住房大量出售，住房自有率迅速提高，大大加快了住宅建设。与此同时，房地产开发规模迅速扩张，房地产开发企业数量猛增，商品房投资规模迅速扩大，施工面积、新开工面积和竣工面积大幅度增加，房地产开发建设以平均每年30%以上的速度增长，个别地区甚至成倍增长。改革的深化促使房地产业发展出现第一个高峰期，同时也带来了增速过快的问题，造成某些地区商品房供过于求，住房供给结构失衡，房地产市场进入调整阶段。

3. 1995—2003 年，相对稳定的协调发展阶段

1995 年，在经历了之前的炒作与调控之后，国内的房地产市场处在一个萎缩的状态。1996 年开始，国家通过控制土地供给总量、调整房地产投资结构等措施，使土地供应量相对减少，形成外资用地以工业为主、内资用地以住宅为主的投资结构。我国政府采取了一系列政策措施，包括降低契税，购房贷款利息抵扣个人所得税，增加贷款购房成数，已购公房上市，鼓励外地人购房，放开搞活二级、三级市场等，由此房地产业逐步走出低迷时期。

整体来说，这一阶段是中国房地产市场发展得最好的一个时期，整体表现稳健，市场价格与销售量平稳增长，各地市场全面稳步地成长，中国的房地产业进入一个稳步上升的通道。

4. 2003—2008 年，快速发展和调控、反调控阶段

这一阶段，宏观经济态势良好，我国国民经济保持了 8% 以上的增长率，居民收入也以 10% 左右的速度增加。同时，城市化进程加快、对外开放扩大、取消福利分房、房地产金融的支持等因素推动了房地产市场走向繁荣。个人购房比例上升到 90% 以上，住宅市场需求旺盛，带动了房地产投资快速增长，出现了供需两旺的市场格局。存量房交易迅速攀升，房地产市场已达到相当大的规模，住房的整体品质有了很大提高。从这一阶段开始，房地产业对经济增长的贡献显著提高，逐步成为支柱产业。

2003 年中后期，国内部分地区的房地产市场开始出现过热的现象，政府为了稳定市场发展，开始进行全面的宏观调控，而 2005—2006 年则是政策出台最为密集的阶段。在此期间，政府先后出台了十多项政策措施，从土地、信贷、经济适用房、房价、产品结构以及外资管理等多方面，来全面调控国内的房地产行业发展。由于中央与地方政府之间存在较大的利益冲突，因此，诸多的政策在落实过程中常常不是被夸大，就是被缩小。

2006—2008 年，在热钱、炒作、人民币升值等因素的影响下，国内房价开始出现爆发式的增长，政府随即开始不断紧缩信贷，以期为"高热"的楼市降温。

5. 2009 年至今，全面调整、规范发展阶段

房地产经过突飞猛进的发展，房地产业积累了一些问题，例如房价上涨过快，少数地区存在房地产泡沫等。针对该情况，中央多次出台房地产调控措施，逐渐改变房地产行业发展中的种种弊端，修正其发展的轨道，市场向着规范化发展的道路前进。

任务 1-2　理解中国房地产市场

任务背景

在前面的学习中，赵亮了解到房地产是国民经济的重要组成部分，住房与人民生活息息相关。"十二五""十三五"规划中均设立了住房供应体系方面的内容。随着"十四五"规划

的到来，房地产市场又将迎来怎样的变化和发展？

通过调研和查找资料，帮助赵亮掌握中国房地产市场的构成、房地产市场的分类与功能、房地产市场的发展状况，以及"十四五"规划期间，房地产市场的变化调整。

一、房地产市场概述

（一）房地产市场的概念

房地产市场是开展房地产活动的场所，是社会统一大市场中的一个重要组成部分。房地产市场有狭义和广义之分。从狭义上来说，房地产市场是房地产交易双方就某宗特点房地产的交易价格达成一致并进行房地产商品交易的领域，是指以房地产作为对象进行交易的场所；从广义上来说，房地产市场是指房地产买卖双方以房地产作为交易对象在某个特定的地理区域内某一待定的时间段内达成所有交易的总和，即进行交易所发生的经济关系的总和，是买卖双方相互作用的一种机制。

（二）房地产市场的特征

房地产商品的特殊性决定了房地产市场具有以下特征：

（1）房地产市场是交易形式多样的专业化市场。一般的商品市场以买卖为主，但房地产市场交易伴随相应的权益产生了多种多样的交易形式。如土地使用权的出让、转让、抵押；房地产的买卖、租赁、调换及派生的房屋抵押、典当、信托等。房地产市场是复杂的专业化市场，市场上的买卖双方存在信息不对称，因此，在进行房地产交易时通常需要求助于各种专业人士和专业机构，如律师、房地产估价师和建筑工程技术人员等，这些降低了房地产市场转手交易的频率。

（2）房地产市场是区域性市场。房地产生产和消费都只能在特定的地点进行，从而使得房地产市场具有区域性。不仅表现在建筑风格、文化环境、生活习惯上，而且还表现在区域经济水平、土地源特点、城市基础设施、生活环境等多方面。

（3）房地产市场是不完全竞争市场。房地产商品是绝对异质的，相互不可替代。在房地产市场上买主和卖主的机会都不是均等的，两者都没有充分的选择权。为保护房地产市场有效供给，抑制不合理需求，政府常采取强有力的干预措施，通过规划、税收等宏观调控和引导市场。因此，房地产市场是受国家严格控制的不完全市场，不同地区之间的房地产价格可比性差。

（4）房地产市场的供给和需求具有较大的弹性。房地产市场供给的弹性主要是由土地的有限性决定的。一方面，现代社会经济的发展和城市化水平的提高及城市人口的不断增长，对土地的需求量日益增加，但土地的供给量基本上是一个定数。房屋是人类生存、享受、发展的基本物质条件，是一切社会经济活动依托和凭借的载体，它与食物和衣服一样，是人们必不可少的基本需求，这种情况在客观上决定了人们对房地产商品具有较大的需求弹性，从而对房地产市场产生重要的影响。

（5）房地产市场的变化具有周期性。房地产周期变化的基本规律是繁荣、衰退、萧条、复苏四个阶段循环往复。房地产市场繁荣时空置率低，租金和价格上升，开发面积、销售面积、土地出让面积增加，市场供应不断加大，市场需求增加，房地产企业利润提高。但由于房地产开发周期长，随着市场需求的降低，市场供应不断增加，供过于求的状况必然产生，空置率上升，从而导致租金和价格下降，开发面积减少，市场进入调整期。随着开发量的减少，价格下调，需求被刺激起来，吸引投资者、投机者及普通消费者购买，消化市场供应，房地产市场调整结束，进入复苏期和下一个繁荣期。

（三）房地产市场的分类

1. 按地域划分

房地产的不可移动性和受制于地区性的需要，决定了房地产市场是区域性市场，所以可以将房地产市场按其所覆盖的区域范围进行分类，如华北地区房地产市场、中国房地产市场、欧洲房地产市场、世界房地产市场等。

2. 按房地产的类型划分

按房地产的类型，还可以把房地产市场分解成许多市场，如居住物业市场、写字楼市场、零售商业（商场、店铺）物业市场、工业物业市场等。

3. 按土地和房地产层次来划分

按土地市场层次划分，可分为土地一级市场（土地出让市场）、土地二级市场（受让土地后的第一次转让市场）、土地三级市场（受让土地后的再转让、抵押等市场）。国家垄断土地一级市场，土地二级、三级市场则处于开放状态。

按房地产市场层次划分，可分为房地产一级市场（商品房销售市场，即房地产增量市场）、房地产二级市场（二手房交易市场，即存量房市场）、房地产三级市场（房地产抵押、保险、典当等市场）。

另外，还可以按购买房地产的目的不同，可将房地产市场分为房地产投资市场和房地产使用市场；按房地产交易方式的不同，可将房地产市场分为销售市场、租赁市场、抵押市场、保险市场等。

（四）房地产市场发展现状

1. 房地产业增加值逐年上涨

随着城市的扩张与发展，居住、商业、办公，多种形态的城市空间日积月累，房地产业已经形成庞大的规模。2000—2020年，我国房地产业占GDP比重由4.1%不断攀升，年复合增长率为15.6%。2020年，我国房地产业增加值为74552.5亿元，占GDP比重的7.3%；2021年上半年我国房地产业增加值为39742.2亿元，占GDP比重的7.5%，如图1-1所示。

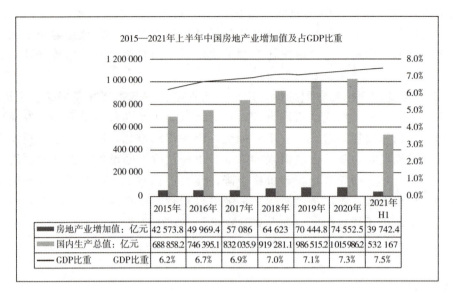

图 1-1 2015—2021 年上半年中国房地产增加值及占 GDP 比重

2. 房地产投资规模增长迅速

随着疫情好转，房地产投资增速正不断回暖。2020 年全国房地产开发投资 141 442.95 亿元，同比增长 7.0%，增速比 2019 年回落 2.9 个百分点。2021 年上半年 1—6 月份，全国房地产开发投资 72 179 亿元，同比增长 15.0%；比 2019 年 1—6 月份增长 17.2%。其中，住宅投资 54 244 亿元，占 75.15%；房地产开发办公楼投资额 2 910 亿元，占 4.03%；房地产开发商业营业用房投资额 6 054 亿元，占 8.39%，在全社会固定资产的投资比重中仍然稳居高位，如图 1-2 所示。

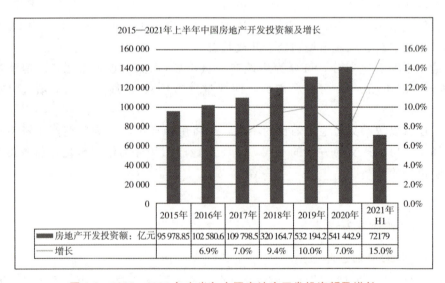

图 1-2 2015—2021 年上半年中国房地产开发投资额及增长

3. 销售总量仍将维持相对高位

2020 年年初，全国商品房销售规模一度大幅下滑。随着疫情防控形势的好转，3 月后市场稳步回升，全国商品房销售面积恢复增长。2020 年中国商品房销售面积为 176 086 万平方米，较上年增长2.6%，商品房销售额为173 613亿元，较上年增长3.2%。2021年1—6月份中国商品房销售面积为88 635万平方米，同比增长27.7%，商品房销售额为92 931亿元，较上年增长38.9%，如图1-3所示。

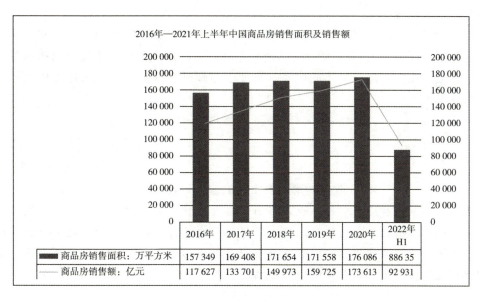

图1-3　2016—2021年上半年中国商品房销售面积及销售额

4. 房地产市场进入新常态

2020年，全国房屋新开工面积为224 433.13万平方米，同比下降1.2%。2021年上半年，中国房地产开发企业新开工房屋面积为101 288万平方米，同比增长3.8%。在经济形式和国家政策调控下，房地产市场进入新常态，市场的发展逻辑正在转换，行业走向从"无序扩张"到"生态发展"，继续探索转型的新格局，构建房地产业的"新生态"，共筑房地产市场的美好未来。

（五）"十四五"规划与房地产市场的发展

2020年10月29日，中国共产党第十九届中央委员会第五次全体会议审议通过了《中共中央关于制定国民经济和社会发展第十四个五年规划和二〇三五年远景目标的建议》，"十四五"规划对房地产市场的发展有积极的指导意义。

(1)明确了"房住不炒"，坚持房子是用来住的、不是用来炒的定位。2016年年底中央经济工作会议首次提出"房住不炒"的概念，成为"十三五"房地产发展的最核心指导思想。"十四五"规划的建议将继续落实"房住不炒"的导向，将其作为一项长期必须坚持的政策，要求各地政府、房企和购房者积极落实，未来的政策将依然打击投机，保护人民的真实居住需求。

(2)落实因城施策。因城施策是指根据城市属性，区分一线、二线等几线城市采取不同的房价，制定不同的房地产政策。因城施策的内容都需要以房住不炒为大前提，进行从上而下的调控，抑制房地产市场过热发展。

(3)推动金融、房地产同实体经济均衡发展。房地产调控未来的核心是要处理好住房消费和投资、房地产和经济增长的协调关系。必须降低房地产的投资属性、回归居住属性。将通过加快住房、土地供应、房地产税收、租赁等制度，以长效机制引导市场稳预期。

过程 1　房地产行业分析

（4）落实租购并举的政策，大力发展租赁住房，有效增加保障性住房供给，完善长租房政策。在十四五阶段，住房保障的供给会在不同的产品线上得到体现。包括已经比较成熟的公租房、这几年持续推进改革的共有产权住房，政策性租赁住房及部分限价房等，都会成为改革的重点内容。

（5）改善土地出让收入分配，完善土地出让收入分配机制。2020年9月，中共中央办公厅、国务院办公厅发布了《关于调整完善土地出让收入使用范围优先支持乡村振兴的意见》，明确了对土地出让收入进行优化的内容，有助于缩减城乡差距，使得农村土地出让收入真正支持农村发展。

拓展阅读

政府对房地产市场的宏观调控手段

对于一个成熟的房地产市场来说，市场的自由运作非常重要。政府的土地政策，不能过分干预房地产市场的自由运作，这样才能保证本地及外来投资者对当地房地产市场的信心，进而保证房地产市场的稳定发展及整个社会经济的安定繁荣。但是宏观调控也非常重要。宏观调控房地产市场的手段包括土地供应、金融、住房税收政策等。

1. 土地供应政策

没有土地供应，房地产开发和商品房供应就无从谈起。在我国当前的土地所有制条件下，政府是唯一的土地供给者，政府的土地供应政策对房地产市场的发展与运行有决定性影响。

土地供应政策的核心是土地供应计划。土地供应计划对房地产开发投资调节的功效非常直接和显著，因为房地产开发总是伴随着对土地的直接需求，政府土地的供应计划所确定的土地供给数量和结构，直接影响到房地产开发的规模和结构，对房地产开发商的盲目与冲动形成有效的抑制。科学的土地供应计划应与国民经济发展规划和城市规划相协调，应有足够的弹性，能够对市场信号作出灵敏的反映。土地供应计划也应该是公开透明的，能够为市场提供近期和中长期的土地供应信息，以帮助市场参与者形成合理的市场预期、减少盲目竞争和不理性行为。

通过土地供应计划对房地产市场进行宏观调控，要求政府必须拥有足够的土地储备和供给能力，还要妥善处理好保护土地资源和满足社会经济发展对建筑空间的需求之间的关系。保护的目的是更好地、可持续地满足需求，但如果对当前的需求都不能很好满足，就很难说这种保护是有效的。要在政府的集中垄断供给和市场的多样化需求之间实现平衡，必须准确把握社会经济发展的空间需求特征，通过提高土地集约利用和优化配置水平，采用科学的地价政策和灵活的土地供给方式，实现保护土地资源和满足需求的双重目标。

2. 金融政策

房地产业与金融业息息相关。金融业的支持是房地产业繁荣必不可少的条件，房地产信贷也为金融业提供了广阔的发展天地。个人住房抵押贷款比率的调整，会明显影响居民购房支付能力，进而影响居民当前购房需求的数量。房地产开发贷款利率、信贷规模和发放条件的调整，也会大大影响房地产开发商的生产成本和利润水平，进而对其开发规模和商品房供给数量产生显著影响。另外，外商投资政策、房地产资本证券化政策及房地产资本市场创新渠道的建立，也会通过影响房地产资本市场上的资金供求关系，进而起到对房地产开发、投资和消费行为的调节作用。因此，发展房地产金融，通过信贷规模、利率水平、贷款方式、金融创新等金融政策调节房地产市场，是政府调控房地产市场的一个重要手段。

3. 住房政策

居住是人类生存的基本要求和权利，住房问题不仅是经济问题，而且是社会问题。各国的经验表明，单靠市场或是全部依赖政府均不能很好地解决住房问题，只有市场和非市场的有效结合，才是解决这一问题的有效途径。目前我国城市住宅供给主要有三类，即廉租房、经济适用房和商品住宅。其中，廉租房面向最低收入家庭，其供给、分配和经营完全由政府控制，廉租房不能进入市场流通；经济适用房是具有社会保障性质的政策性商品住房，政府对其建设在土地供应和税费征收上给予很多优惠，但其销售价格和销售对象，要受政府的指导；商品住宅则采取完全市场化的方式经营，是城市房地产市场的主要组成部分。如果政府对廉租房和经济适用房的供给和分配政策控制不严格，就会使商品住宅受到前两类住宅的冲击。

4. 城市规划政策

城市规划以合理利用土地、协调城市物质空间布局、指导城市健康有序发展为己任，对土地开发、利用起指导作用。原有的城市规划带有传统计划经济的色彩，市场经济体系建立后，其科学性、适用性都面临着严峻的挑战。我国部分城市如深圳特区已开始进行城市规划图则体系的改革，将规划分为发展策略、次区域发展纲要、法定图则、发展大纲图和详细蓝图5个层次。高层次的规划应能指导土地的开发和供应，低层次的细部规划应能为土地出让过程中确定规划要点提供依据，整个规划力求体现超前性、科学性、动态性和适用性。

5. 地价政策

房地产价格是政府调控房地产市场的主要对象，因为房地产价格不但直接影响房地产市场的运作，而且对整体社会经济、投资环境产生直接的影响。虽然房地产价格主要取决于市场供求关系，但由于地价对房地产价格影响很大，城市土地又是政府垄断出让，所以政府可以通过地价对房地产市场进行调控。

地价、建造成本、专业费用、管理费用、财务费用、投资利润、税金等因素极大地影响着房地产市场上的供给价格。在一定时期内，建造成本及与之相关的专业费用、管理费用、财务费用和税金大体固定在一定水平上，通过调控地价来间接调控房地产价格，通常是十分有效的。政府通过调整土地供应数量、调整与土地开发相关的税费政策等经济手段，灵活运用协议、挂牌、招标和拍卖四种出让方式，必要时通过直接的行政干预，都可以对地价进行有效的调控。

6. 税收政策

房地产税收政策是政府调控房地产市场的核心政策之一。正确运用税收杠杆不但可以理顺分配关系、保证政府土地收益，还可以通过赋税差别体现政府的税收政策和产业政策，进而对抑制市场投机、控制房地产价格、规范房地产市场交易行为等方面起到明显的作用。

过程 1　房地产行业分析

7. 租金控制

租赁市场是房地产市场的一个重要组成部分，租金作为房地产的租赁价格同样是政府调控房地产市场的主要对象之一，合理的租金水平应与整体经济发展水平相适应。在正常运行的房地产市场中，租金还与房地产价格保持合理的比例。与交易价格一样，租金也包含土地因素的影响。畸高的租金和租金回报率，往往意味着调控手段的无力和级差地租的流失，不利于房地产市场和整体经济的运行。

任务 1-3　了解房地产开发流程

"十四五"规划从短期工作和远景目标两个层面，擘画出建设社会主义现代化国家新征程的宏伟蓝图，也为房地产行业指明了未来发展方向。通过课上的学习和实地调研，赵亮对房地产行业房地产市场有了更深的了解，进一步确立了行业信心和职业自信。

在房地产市场中，房地产开发的参与者有哪些？请帮助赵亮掌握房地产开发的全流程。

知识链接

一、房地产开发与经营概述

（一）房地产开发的含义

房地产开发是指通过多种资源的组合使用而为人类提供入住空间，并改变人居环境的一种活动。国土开发、区域开发、城市开发等都与房地产开发活动有着密切的关系，可以视为整体上和宏观意义上的房地产开发；狭义的房地产开发主要是指在依据国家的法律取得国有土地使用权的土地上进行基础设施、房屋建设的行为，是在特定地段上所进行的具体的房地产项目的规划、设计和建设、施工等开发活动。

房地产开发是房地产企业的生产和再生产过程，也是完成房地产产品的生产和建设的过程。房地产本身的特殊性、房地产企业的特点及房地产行业的特殊性等，使房地产开发具有与其他项目不同的特点。

（二）房地产开发的特点

房地产开发与经营涉及的范围广、经历的环节多、形式也多，因而，在开发与经营过程中难度大、风险大，受政策等因素的影响大，时机的选择显得尤为重要。

1. 房地产开发的难度较大

房地产商品不同于一般商品，其价值形成和实现往往是多次性的，且具有延续性和增值性。加上价值巨大、价值实现的多样性和逐步性，大大增加了房地产开发与经营的复杂性。另外，由于房地产商品自身的空间不可移动性，加之影响房地产价格的因素复杂多样，因此同类商品的可比性较差，个案性较强，这些都增加了房地产开发与经营的复杂性和难度。

2. 房地产开发的风险较大

房地产开发的资金运转周期长、投入量巨大，无疑要承担更大的时间价值风险。房地产经济运行和资金流程环节较多，每一个环节都影响着整个开发活动的正常运转，无形中也增加了房地产开发的风险。

3. 房地产开发的政策性强

房地产行业的特点、地位与作用决定了房地产开发受到的政策性影响强。房地产资源的分配使用，房地产商品的生产、流通与分配，直接关系到国计民生。在房地产开发的过程中，除强调运用市场机制指导房地产运作外，更要强调政府宏观调控的作用，并通过立法、制定政策等措施，使房地产企业坚持正确的发展方向，力求在开发活动的各个环节自觉遵守国家现行政策、规章制度。

4. 房地产开发专业性强

具有相应资质等级的房地产开发企业才能完成整个开发流程，需要律师、建筑工程技术人员、估价师、营销人员等大量的专业技术人才相互协同合作才能实现最终的目标。

（三）房地产开发的主要参与者

房地产开发是一项庞大的系统工作，从房地产的开发过程、交易过程到使用过程，有众多的参与者。

1. 土地所有者或当前的使用者

在我国，政府垄断了国有土地使用权出让的一级市场，当前的土地使用者也对有关土地的交易有着至关重要的影响。同一开发地块上的当前使用者越多，对开发的影响也就越大，因为开发商要逐一与他们谈判拆迁、安置、补偿方案，不仅会使开发周期延长，还会大大增加房地产开发的前期费用。

2. 房地产开发企业

房地产开发企业是进行城市房地产开发经营的企业。房地产开发企业的具体业务非常多，如开发项目策划、土地征用、拆迁安置、组织施工、房地产销售、资金筹措等，但是一切业务都是围绕着房地产开发项目而展开的，是为了通过房地产开发经营而获取盈利服务的。这是房地产开发企业区别于其他类型企业的根本标志。

3. 建筑承包商

房地产开发企业往往把自己各类商品房的建设发包给建筑承包商。建筑承包商所承担的任务在商品房建设过程中，对房屋的质量起着十分重要的作用，也是房地产开发过程中的一个重要环节。建筑承包商是房地产开发项目建设的主体，他们按照合同要求，组织人

过程 1　房地产行业分析

员、设备、技术进行施工，是建筑产品质量的直接负责人。如何控制建设工期、开发成本和工程质量是他们关心的主要问题。

4. 政府及政府机构

政府及政府机构在房地产开发过程中，既有监督、管理的职能，又提供有关服务。房地产开发企业只要进行开发，就需要不断地和政府的土地管理、城市规划、建设管理、市政管理、房地产管理部门打交道，以获取投资许可证、土地使用权、规划许可证、开工许可证、市政设施和配套设施使用许可证、销售许可证、产权证书等。政府除通过各个职能部门进行管理外，还通过颁布一系列的法律、法规和制定一系列的具体的开发、经营、税收政策等规定来管理房地产开发行为。因此，政府及政府机构在房地产开发过程中，也是一个积极的参与者。

5. 金融机构

金融机构是房地产开发项目的重要参与者。由于房地产开发项目投资金额巨大，资金回收期长，若没有金融机构的参与，绝大多数的房地产项目几乎无法完成。另外，在房地产交易过程中，还需要金融机构提供金融支持。

6. 专业技术顾问

由于房地产开发过程相当复杂，大多数开发商不可能有足够的经验和技能来处理开发过程中遇到的各种问题，因此房地产开发企业在开发过程的不同的阶段都需要聘请专业顾问公司提供咨询顾问服务。有些大型房地产开发企业内部，还聘用许多专业技术人员为其提供技术支持。通常这些专业技术顾问有建筑师、结构工程师、设备工程师、经济师、估价师、律师与代理人等。

二、房地产开发流程

一个房地产项目开发的整个流程大体上包括 8 个环节，各环节并不是完全顺序作业，有些环节是平行作业，工作同时进行。

1. 项目可行性研究

可行性研究是指在投资决策前，对项目进行全面、综合的技术经济分析和论证，从而为项目投资决策提供可靠依据的一种科学方法，是房地产项目开发不可缺少的一个阶段，也是非常关键的一步。包括目标地块市场调研、目标地块项目定位与初步规划、经济测算、经济评价和项目决策等。可行性研究必须从系统总体出发，对技术、经济、财务、商业以至环境保护、法律等多个方面进行分析和论证，以确定建设项目是否可行，为正确进行投资决策提供科学依据，它需要有各方面知识的专业人才通力合作才能完成。可行性研究不仅应用于建设项目，还可应用于科学技术和工业发展的各个阶段与各个方面。

2. 土地使用权的获取

土地是所有房屋建筑的基础，申请土地是房地产开发正式启动的第一步。由于我国人多地少，土地资源成为极为稀缺的资源，对许多开发商来说，拿到土地才是最关键的一步，有了土地就有了开发的首要条件。我国规定有划拨和出让两种获得土地的方式。

3. 项目融资

交完土地出让金取得土地使用权后，一些房地产开发商自己所拥有的资金就基本上花

过程 1 房地产行业分析

费殆尽,如何筹措进一步开发所需的房地产开发资金,就成了房地产开发商最头痛的工作。开发商需要制订资金使用计划确定所需要筹措的资金数量,再通过各种融资方案的选择,确定合理的融资方案,适时地筹措房地产开发资金。目前,我国房地产开发商的融资渠道较少,基本上是通过商业银行贷款,但房地产开发风险极大,会牵连银行体系,威胁我国金融安全,所以中国人民银行大幅度提高了对房地产开发商贷款的门槛。

4. 项目开发报建

在取得房地产开发项目建设工程规划许可证之后,房地产开发商通过发布招标公告或以向承包企业发出投标邀请的形式,招引有能力的承包企业参加投标竞争(或进行协商),直至签订工程发包合同。通过招标,房地产开发商可以选择合适的项目承包商,以确保工程投资不超过预算、质量符合设计要求、工期达到预期目标。另外,房地产开发商还可以通过招标选择合适的监理单位,以便对工程进行建设监理。

5. 项目建设管理

房地产项目建设管理是指房地产开发企业在整个项目的开发建设过程中,通过计划、指挥、检查和调整等手段进行质量、进度、成本、合同与安全等方面的全面管理,并与社会各相关部门进行联络、协调,以实现项目的经济效益、社会效益和环境效益。包括房地产开发项目合同管理、投资控制与成本管理,房地产开发项目质量控制和进度控制。

6. 项目竣工验收

建设工程项目竣工后,由投资主管部门会同建设、设计、施工、设备供应单位及工程质量监督等部门,对该项目是否符合规划设计要求及建筑施工和设备安装质量进行全面检验,取得竣工合格资料、数据和凭证。竣工验收是全面考核建设工作,检查是否符合设计要求和工程质量的重要环节,对促进建设项目(工程)及时投产,发挥投资效果,总结建设经验有重要作用。具体分为项目分户竣工验收、项目综合竣工验收等。

7. 项目市场营销

项目开发最终要投放到房地产市场,市场营销与策划是实现房地产项目开发经济效益的关键一步。所以,房地产开发商的营销策划在项目前期就要开始。近年来房地产市场营销理论与实践的不断发展,以及不同时期消费群体主流的变化,必然会导致消费理念的变化和更新,房地产市场营销要迎合这些变化的需求,不断引导或推出一些新的消费和营销观念,才能在市场中居于积极和主动地位。

8. 项目物业管理

项目进行接管验收后,待前期物业管理合同到期后,业主将通过选聘物业管理企业,由业主和物业管理企业按照物业服务合同约定进行物业管理,即对房屋及配套的设施设备和相关场地进行维修、养护、管理,维护相关区域内的环境卫生和秩序。

过程小结

本过程主要介绍对房地产、房地产业的基本认知,房地产市场和房地产开发的流程。房地产业作为我国国民经济的支柱产业,它的发展已经越来越成熟。特别是改革开

过程1 房地产行业分析

放以来,房地产业和房地产市场伴随着国民经济的发展得到了有效的发展。房地产是社会经济体制改革的热点,住房制度改革是千家万户关注的热点。房地产市场除具备一般市场的特性外,还有其独特的运行规律。一个房地产项目开发的整个流程大体上包括项目可行性研究、土地使用权的获取、项目融资、项目开发报建、项目建设管理、项目竣工验收、项目市场营销和项目物业管理等八个环节。各环节并不是完全顺序作业,有些环节是平行作业,工作同时进行。

任务工单1

任务名称	完成房地产市场调研报告				
任务目的	通过了解房地产行业现状,分析房地产市场的影响因素,进一步掌握中国房地产市场的构成、房地产市场的分类与功能、房地产市场的发展状况,以及"十四五"规划期间房地产市场的变化调整				
任务内容	从"十四五"规划期间房地产市场的变化调整入手,归纳和总结房地产市场的现状和发展趋势,完成一份房地产市场调研报告				
第( )组	姓名				
	学号				
任务实操					

考核评价表1

任务完成考核评价表			
任务名称	完成房地产市场调研报告		
班级		学生姓名	
评价方式	评价内容	分值	成绩
自我评价	任务工单1的完成情况	30	
	对知识和技能的掌握程度	30	
	对房地产市场分析的准确性	20	
	我胜任了小组内的工作	20	
	合计		
小组评价	小组本次任务完成质量	30	
	个人本次任务完成质量	30	
	个人对理论应用实践的能力	20	
	个人的团队精神与沟通能力	20	
	合计		
教师评价	小组本次任务完成质量	30	
	个人本次任务完成质量	30	
	个人对小组任务的贡献度	20	
	个人对小组任务的参与度	20	
	合计		
总评＝自我评价×(　　)％＋小组评价×(　　)％＋教师评价×(　　)％＝			

思考与练习

一、思考题

1. 房地产业在国民经济中的作用表现在哪几个方面？
2. 房地产开发的流程主要有哪些？房地产开发的流程之间有什么相互关系？
3. 通过收集和查阅资料，分析环境因素对房地产市场的影响，完成一份调研报告。

二、多项选择题

1. 房地产具有(　　)等特性。
   A. 位置固定性　　B. 异质性　　C. 使用长期性　　D. 不易变现性
2. 按房地产的类型划分，可将房地产市场分为(　　)。
   A. 居住物业市场　　　　　　B. 写字楼物业市场
   C. 零售商业物业市场　　　　D. 工业物业市场
3. 房地产商品的特殊性决定了房地产市场具有(　　)特征。
   A. 房地产市场是专业化的复杂市场

过程1　房地产行业分析

B. 房地产市场交易形式多样
C. 房地产市场是典型的区域性市场
D. 房地产市场是完全竞争市场
E. 房地产市场的变化具有周期性

4. 房地产开发的主要参与者有（　　）。

A. 房地产开发企业　　　　　　　　B. 建筑承包商
C. 政府及政府机构　　　　　　　　D. 金融机构

过程 2　设立房地产开发企业

知识目标

1. 了解房地产开发企业设立前的准备工作。
2. 熟悉房地产开发企业注册和资质认定的相关流程及规定。
3. 掌握房地产开发企业战略管理的目标及主要内容。

能力目标

通过本过程的学习，使学生熟知房地产开发企业在设立、注册、资质认定过程中的主要流程及内容；能够在制定房地产开发企业战略时做到清楚准确。

素养目标

选定行业，就应专一，努力做好。没有规矩，不成方圆，遵循流程，合理合规办事。

任务 2-1　房地产开发企业设立前的准备工作

任务背景

到了公司，赵亮作为职场新人，跟着李总在总经办开始筹备设立房地产开发企业，并按正常流程办理了相关的手续，成立了邕投地产有限责任公司。公司致力于打造舒适、宜居的精品住宅项目。

过程 2　设立房地产开发企业

赵亮需通过查阅相关部门的文件，弄清楚房地产开发企业设立的哪些要求？准备好设立前的哪些材料？请帮助赵亮。

知识链接

一、房地产开发企业设立的程序

设立房地产开发企业，必须按照法律规定的程序进行。一般来说，设立房地产开发企业的法律程序包含以下几个阶段：

(1)公司设立准备；

(2)申请办理企业名称预先核准；

(3)办理工商注册登记；

(4)办理税务登记；

(5)申请资质等级审批。

二、设立房地产开发企业的条件

根据《中华人民共和国城市房地产管理法》(以下简称《城市房地产管理法》)的规定，房地产开发企业是以营利为目的，从事房地产开发和经营的企业。根据《城市房地产开发经营管理条例》的规定，房地产开发经营是指房地产开发企业在城市规划区内国有土地上进行基础设施建设、房屋建设，并转让房地产开发项目或者销售、出租商品房的行为。

设立房地产开发企业，应当具备下列条件。

1. 有自己的名称和组织机构

《城市房地产管理法》第二十九条规定，房地产开发企业均必须拥有自己的名称和组织机构。房地产开发企业的组织机构是对内管理企业事务、对外代表企业从事民事活动的机构总称，是房地产开发企业从事开发、经营业务活动正常运行的重要保证。一般来说，房地产开发企业的组织机构主要包括：股东会(股东大会)——是房地产开发的决策机构，即形成企业意志、决定企业重大事务的机构，它是企业的最高权力机关；董事会——是房地产开发企业的最高执行机构。经理层——受董事会聘用，进行企业日常业务活动的管理机构，负责贯彻执行决策机关的决议、指示；监事会——是房地产开发的监督机构，对企业执行机构的活动进行监督。在房地产开发有限公司，如股东人数较少或规模较小的，可以不设监事会，只设 1 至 2 名监事。

2. 有固定的经营场所

房地产开发企业必须拥有固定的经营场所，有企业法人的固定地址，而不能游动性地从事生产经营活动。经营场所可以是自有的，也可以是租赁的。

过程 2 设立房地产开发企业

3. 有符合国务院规定的注册资本

《城市房地产开发经营管理条例》第五条第一款规定，设立房地产开发企业，除应当符合有关法律、行政法规规定的企业设立条件外，还应当具备：有 100 万元以上的注册资本。房地产开发企业是资金密集性企业，其对注册资金的要求高于一般经营性、劳务性、中介性的企业。按照房地产开发企业的不同资质等级，国家规定了不同的注册资本要求，这有助于扼制房地产开发领域过于严重的投机态势，降低房地产投资风险，保障交易安全。

4. 有足够的专业技术人员

由于房地产开发经营活动复杂，开发流程涉及多个专业领域，所以房地产企业必须有足够的、具有相当水平的策划、规划、设计、施工等方面的工程技术人员；以及会计、统计、财务、营销、物业等方面的经济管理人员，从技术上满足房地产开发的需要。《城市房地产开发经营管理条例》第五条第二款规定，设立房地产开发企业，除应当符合有关法律、行政法规规定的企业设立条件外，还应当具备：有 4 名以上持有资格证书的房地产专业、建筑工程专业的专职技术人员，2 名以上持有资格证书的专职会计人员。

5. 法律、行政法规规定的其他条件

略。

任务 2-2 房地产开发企业注册和资质认定

任务背景

赵亮准备好了房地产开发企业设立前的各项材料，准备按照正常程序进行注册并且进行暂定资质的认定工作。

任务设定

赵亮具体应该怎么做？请帮助赵亮。

知识链接

任何企业的设立均应满足一定的条件，《中华人民共和国公司法》及其他法律、法规对此均有详尽的规定，房地产开发企业也不例外。

简单地说，房地产开发企业注册和资质认定，一般应经过以下程序：①向工商行政管理部门申请设立登记，应向县级以上工商行政管理部门提交企业名称预先核准申请书，获批准后再提交企业法人开业登记资料，具体包括登记申请书、公司章程、验资证明、法定代表人身份证明、住所和经营场所使用证明、其他有关文件等。工商行政管理部门经审查，

对符合设立条件的予以登记。工商行政管理部门在设立审查时还应当听取同级房地产开发主管部门的意见。工商行政管理部门对不符合上述条件的，不予登记。②房地产开发企业在领取营业执照后的1个月内，应当到登记所在地的县级以上地方人民政府规定的部门备案。符合条件的，核发《暂定资质证书》。

一、房地产开发企业注册

房地产开发企业的注册流程如下。

1. 企业名称核准

（1）企业需要预先起多个名字以备查询。

（2）企业名称查询。企业名称查询前，需确定企业的注册资本、股东姓名及出资比例，确定企业的经营范围。

（3）准备股东身份证原件、股东签署的《企业名称预先核准申请书》，如果是委托办理的还需要委托代理人身份证明。

（4）企业名称核准。

（5）取得《名称预先核准通知书》，名称的有效期为半年。

2. 开户验资

（1）在银行开设临时验资账户，按股东的出资比例，以现金或转账方式打到临时验资账户中。

（2）会计师事务所出验资报告。

3. 办理工商营业执照

（1）所需资料：股东身份证、企业章程、《名称预先核准通知书》、企业住所证明。

（2）办理营业执照。

4. 刻章

拿到营业执照后，可以刻制企业公章、法人章、财务章。

5. 办理组织机构代码证

所需材料：营业执照复印件、法人身份证复印件、公章。

6. 办理税务登记

所需材料：营业执照复印件、组织机构代码证复印件、公章、企业住所证明、会计人员身份证明、法人身份证明。

以江苏省为例，房地产开发企业注册办理流程如图2-1所示。

二、有限责任公司的设立

（1）根据《中华人民共和国公司法》的规定，设立有限责任公司应当具备下列条件：

1）股东符合法定人数；

2）有符合公司章程规定的全体股东认缴的出资额；

3）股东共同制定的公司章程；

4）有公司名称，建立符合有限责任公司要求的组织机构；

过程 2　设立房地产开发企业

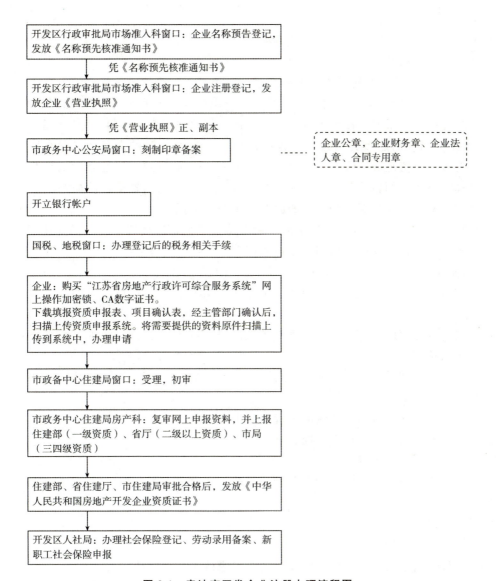

图 2-1　房地产开发企业注册办理流程图

（资料来源：http://ntkf.jszwfw.gov.cn/art/2016/12/5/art_135063_1772.html）

5) 有公司住所。
(2) 有限责任公司由 50 个以下股东出资设立。
(3) 有限责任公司章程应当载明下列事项：
1) 公司名称和住所；
2) 公司经营范围；
3) 公司注册资本；
4) 股东的姓名或者名称；
5) 股东的出资方式、出资额和出资时间；
6) 公司的机构及其产生办法、职权、议事规则；

过程2　设立房地产开发企业

7) 公司法定代表人；
8) 股东会会议认为需要规定的其他事项。
股东应当在公司章程上签名、盖章。
（4）有限责任公司的注册资本为在公司登记机关登记的全体股东认缴的出资额。
（5）股东可以用货币出资，也可以用实物、知识产权、土地使用权等可以用货币估价并可以依法转让的非货币财产作价出资；但是法律、行政法规规定不得作为出资的财产除外。
（6）股东应当按期足额交纳公司章程中规定的各自所认缴的出资额。股东以货币出资的，应当将货币出资足额存入有限责任公司在银行开设的账户；以非货币财产出资的，应当依法办理其财产权的转移手续。股东不按照前款规定交纳出资的，除应当向公司足额交纳外，还应当向已按期足额交纳出资的股东承担违约责任。
（7）股东认足公司章程规定的出资后，由全体股东指定的代表或者共同委托的代理人向公司登记机关报送公司登记申请书、公司章程等文件，申请设立登记。
（8）有限责任公司成立后，发现作为设立公司出资的非货币财产的实际价额显著低于公司章程所定价额的，应当由交付该出资的股东补足其差额；公司设立时的其他股东承担连带责任。
（9）有限责任公司成立后，应当向股东签发出资证明书。出资证明书应当载明下列事项：
1) 公司名称；
2) 公司成立日期；
3) 公司注册资本；
4) 股东的姓名或者名称、交纳的出资额和出资日期；
5) 出资证明书的编号和核发日期。
出资证明书由公司盖章。
（10）有限责任公司应当置备股东名册，记载下列事项：
1) 股东的姓名或者名称及住所；
2) 股东的出资额；
3) 出资证明书编号。
记载于股东名册的股东，可以依股东名册主张行使股东权利。
公司应当将股东的姓名或者名称向公司登记机关登记；登记事项发生变更的，应当办理变更登记。未经登记或者变更登记的，不得对抗第三人。
（11）股东有权查阅、复制公司章程、股东会会议记录、董事会会议决议、监事会会议决议和财务会计报告。
股东可以要求查阅公司会计账簿。股东要求查阅公司会计账簿的，应当向公司提出书面请求，说明目的。公司有合理根据认为股东查阅会计账簿有不正当目的，可能损害公司合法利益的，可以拒绝提供查阅，并应当自股东提出书面请求之日起15日内书面答复股东并说明理由。公司拒绝提供查阅的，股东可以请求人民法院要求公司提供查阅。
（12）股东按照实缴的出资比例分取红利；公司新增资本时，股东有权优先按照实缴的出资比例认缴出资。但是，全体股东约定不按照出资比例分取红利或者不按照出资比例优先认缴出资的除外。
（13）公司成立后，股东不得抽逃出资。

三、股份有限公司的设立

(1)设立股份有限公司,应当具备下列条件:
1)发起人符合法定人数;
2)有符合公司章程规定的全体发起人认购的股本总额或募集的实收股本总额;
3)股份发行、筹办事项符合法律规定;
4)发起人制订公司章程,采用募集方式设立的经创立大会通过;
5)有公司名称,建立符合股份有限公司要求的组织机构;
6)有公司住所。

(2)股份有限公司的设立,可以采取发起设立或募集设立的方式。
1)发起设立,是指由发起人认购公司应发行的全部股份而设立公司。
2)募集设立,是指由发起人认购公司应发行股份的一部分,其余股份向社会公开募集或向特定对象募集而设立公司。

(3)设立股份有限公司,应当有2人以上、200人以下为发起人,其中须有半数以上的发起人在中国境内有住所。

(4)股份有限公司发起人承担公司筹办事务。发起人应当签订发起人协议,明确各自在公司设立过程中的权利和义务。

(5)股份有限公司采取发起设立方式设立的,注册资本为在公司登记机关登记的全体发起人认购的股本总额。在发起人认购的股份缴足前,不得向他人募集股份。

股份有限公司采取募集方式设立的,注册资本为在公司登记机关登记的实收股本总额。法律、行政法规及国务院决定对股份有限公司注册资本实缴、注册资本最低限额另有规定的,从其规定。

(6)股份有限公司章程应当载明下列事项:
1)公司名称和住所;
2)公司经营范围;
3)公司设立方式;
4)公司股份总数、每股金额和注册资本;
5)发起人的姓名或者名称、认购的股份数、出资方式和出资时间;
6)董事会的组成、职权和议事规则;
7)公司法定代表人;
8)监事会的组成、职权和议事规则;
9)公司利润分配办法;
10)公司的解散事由与清算办法;
11)公司的通知和公告办法;
12)股东大会会议认为需要规定的其他事项。

(7)以发起设立方式设立股份有限公司的,发起人应当书面认足公司章程规定其认购的股份,并按照公司章程规定缴纳出资。以非货币财产出资的,应当依法办理其财产权的转移手续。

发起人不依照规定交纳出资的,应当按照发起人协议承担违约责任。发起人认足公司章程规定的出资后,应当选举董事会和监事会,由董事会向公司登记机关报送公司章程及法律、行政法规规定的其他文件,申请设立登记。

(8)以募集设立方式设立股份有限公司的,发起人认购的股份不得少于公司股份总数的35%;但是,法律、行政法规另有规定的,从其规定。

(9)发起人向社会公开募集股份,必须公告招股说明书,并制作认股书。认股书应当由认股人填写认购股数、金额、住所,并签名、盖章。认股人按照所认购股数缴纳股款。

(10)招股说明书应当附有发起人制订的公司章程,并载明下列事项:

1)发起人认购的股份数;

2)每股的票面金额和发行价格;

3)无记名股票的发行总数;

4)募集资金的用途;

5)认股人的权利、义务;

6)本次募股的起止期限及逾期未募足时认股人可以撤回所认股份的说明。

(11)发起人向社会公开募集股份,应当由依法设立的证券公司承销,签订承销协议。

(12)发起人向社会公开募集股份,应当同银行签订代收股款协议。

代收股款的银行应当按照协议代收和保存股款,向交纳股款的认股人出具收款单据,并负有向有关部门出具收款证明的义务。

(13)发行股份的股款缴足后,必须经依法设立的验资机构验资并出具证明。发起人应当自股款缴足之日起30日内主持召开公司创立大会。创立大会由发起人、认股人组成。

发行的股份超过招股说明书规定的截止期限尚未募足的,或者发行股份的股款缴足后,发起人在30日内未召开创立大会的,认股人可以按照所缴股款并加算银行同期存款利息,要求发起人返还。

(14)发起人应当在创立大会召开15日前将会议日期通知各认股人或者予以公告。创立大会应有代表股份总数过半数的发起人、认股人出席,方可举行。创立大会行使下列职权:

1)审议发起人关于公司筹办情况的报告;

2)通过公司章程;

3)选举董事会成员;

4)选举监事会成员;

5)对公司的设立费用进行审核;

6)对发起人用于抵作股款的财产的作价进行审核;

7)发生不可抗力或者经营条件发生重大变化直接影响公司设立的,可以做出不设立公司的决议。

创立大会对前款所列事项做出决议,必须经出席会议的认股人所持表决权过半数通过。

(15)发起人、认股人缴纳股款或者交付抵作股款的出资后,除未按期募足股份、发起人未按期召开创立大会或者创立大会决议不设立公司的情形外,不得抽回其股本。

(16)董事会应于创立大会结束后30日内,向公司登记机关报送下列文件,申请设立登记:

1)公司登记申请书;

2)创立大会的会议记录;

3）公司章程；

4）验资证明；

5）法定代表人、董事、监事的任职文件及其身份证明；

6）发起人的法人资格证明或者自然人身份证明；

7）公司住所证明。

以募集方式设立股份有限公司公开发行股票的，还应当向公司登记机关报送国务院证券监督管理机构的核准文件。

(17) 股份有限公司成立后，发起人未按照公司章程的规定缴足出资的，应当补缴；其他发起人承担连带责任。

股份有限公司成立后，发现作为设立公司出资的非货币财产的实际价额显著低于公司章程所定价额的，应当由交付该出资的发起人补足其差额；其他发起人承担连带责任。

四、房地产开发企业资质认定

根据《城市房地产开发经营管理条例》第九条规定，房地产开发主管部门应当根据房地产开发企业的资产、专业技术人员和开发经营业绩等，对备案的房地产开发企业核定资质等级。房地产开发企业应当按照核定的资质等级，承担相应的房地产开发项目。具体办法由国务院住房城乡建设主管部门制定。

根据《城市房地产开发经营管理条例》第三十四条规定，未取得资质等级证书或者超越资质等级从事房地产开发经营的，由县级以上人民政府房地产开发主管部门责令限期改正，处 5 万元以上 10 万元以下的罚款；逾期不改正的，由工商行政管理部门吊销营业执照。

《房地产开发企业资质管理规定》中，对房地产开发企业的资质做出了详细规定。

房地产开发企业按照企业条件，分为一、二、三、四共四个资质等级。房地产开发企业申请资质应满足以下条件：①房地产开发企业应具有经房地产开发主管部门备案的房地产开发项目手册；②房地产开发企业近 3 年内无特定违法违规行为；③房地产开发企业应具有完善的质量保证体系，商品住宅销售中实行了《住宅质量保证书》和《住宅使用说明书》制度；④房地产开发企业申请资质应未发生过重大工程质量事故。

（一）各资质等级企业的条件

1. 一级资质

(1) 从事房地产开发经营 5 年以上；

(2) 近 3 年房屋建筑面积累计竣工 30 万平方米以上，或者累计完成与此相当的房地产开发投资额；

(3) 连续 5 年建筑工程质量合格率达 100%；

(4) 上一年房屋建筑施工面积 15 万平方米以上，或者完成与此相当的房地产开发投资额；

(5) 有职称的建筑、结构、财务、房地产及有关经济类的专业管理人员不少于 40 人，其中具有中级以上职称的管理人员不少于 20 人，持有资格证书的专职会计人员不少于 4 人；

(6)工程技术、财务、统计等业务负责人具有相应专业中级以上职称；

(7)具有完善的质量保证体系，商品住宅销售中实行了《住宅质量保证书》和《住宅使用说明书》制度；

(8)未发生过重大工程质量事故。

2. 二级资质

(1)从事房地产开发经营3年以上；

(2)近3年房屋建筑面积累计竣工15万平方米以上，或者累计完成与此相当的房地产开发投资额；

(3)连续3年建筑工程质量合格率达100%；

(4)上一年房屋建筑施工面积10万平方米以上，或者完成与此相当的房地产开发投资额；

(5)有职称的建筑、结构、财务、房地产及有关经济类的专业管理人员不少于20人，其中具有中级以上职称的管理人员不少于10人，持有资格证书的专职会计人员不少于3人；

(6)工程技术、财务、统计等业务负责人具有相应专业中级以上职称；

(7)具有完善的质量保证体系，商品住宅销售中实行了《住宅质量保证书》和《住宅使用说明书》制度；

(8)未发生过重大工程质量事故。

3. 三级资质

(1)从事房地产开发经营2年以上；

(2)房屋建筑面积累计竣工5万平方米以上，或者累计完成与此相当的房地产开发投资额；

(3)连续2年建筑工程质量合格率达100%；

(4)有职称的建筑、结构、财务、房地产及有关经济类的专业管理人员不少于10人，其中具有中级以上职称的管理人员不少于5人，持有资格证书的专职会计人员不少于2人；

(5)工程技术、财务等业务负责人具有相应专业中级以上职称，统计等其他业务负责人具有相应专业初级以上职称；

(6)具有完善的质量保证体系，商品住宅销售中实行了《住宅质量保证书》和《住宅使用说明书》制度；

(7)未发生过重大工程质量事故。

4. 四级资质

(1)从事房地产开发经营1年以上；

(2)已竣工的建筑工程质量合格率达100%；

(3)有职称的建筑、结构、财务、房地产及有关经济类的专业管理人员不少于5人，持有资格证书的专职会计人员不少于2人；

(4)工程技术负责人具有相应专业中级以上职称，财务负责人具有相应专业初级以上职称，配有专业统计人员；

(5)商品住宅销售中实行了《住宅质量保证书》和《住宅使用说明书》制度；
(6)未发生过重大工程质量事故。

(二)备案

新设立的房地产开发企业应当自领取营业执照之日起30日内，持下列文件到房地产开发主管部门备案：
(1)营业执照复印件；
(2)企业章程；
(3)企业法定代表人的身份证明；
(4)专业技术人员的资格证书和劳动合同；
(5)房地产开发主管部门认为需要出示的其他文件。

房地产开发主管部门应当在收到备案申请后30日内向符合条件的企业核发《暂定资质证书》。

《暂定资质证书》有效期1年。房地产开发主管部门可以视企业经营情况延长《暂定资质证书》有效期，但延长期限不得超过2年。自领取《暂定资质证书》之日起1年内无开发项目的，《暂定资质证书》有效期不得延长。房地产开发企业应当在《暂定资质证书》有效期满前1个月内向房地产开发主管部门申请核定资质等级。房地产开发主管部门应当根据其开发经营业绩核定相应的资质等级。

(三)申请核定资质等级

申请核定资质等级的房地产开发企业，应当提交下列证明文件：
(1)企业资质等级申报表；
(2)房地产开发企业资质证书(正、副本)；
(3)企业资产负债表；
(4)企业法定代表人和经济、技术、财务负责人的职称证件；
(5)已开发经营项目的有关证明材料；
(6)房地产开发项目手册及《住宅质量保证书》《住宅使用说明书》执行情况报告；
(7)其他有关文件、证明。

我国实行房地产开发企业资质等级分级审批。一级资质由省、自治区、直辖市人民政府住房城乡建设主管部门初审，报国务院住房城乡建设主管部门审批。二级资质及二级资质以下企业的审批办法由省、自治区、直辖市人民政府住房城乡建设主管部门制定。经资质审查合格的企业，由资质审批部门发给相应等级的资质证书。资质证书由国务院住房城乡建设主管部门统一制作。资质证书分为正本和副本，资质审批部门可以根据需要核发资质证书副本若干份。企业发生分立、合并的，应当在向工商行政管理部门办理变更手续后的30日内，到原资质审批部门申请办理资质证书注销手续，并重新申请资质等级。企业发生变更名称、法定代表人和主要管理、技术负责人等情况，应当在变更30日内，向原资质审批部门办理变更手续。企业破产、歇业或者因其他原因终止业务时，应当在向工商行政管理部门办理注销营业执照后的15日内，到原资质审批部门注销资质证书。

房地产开发企业的资质实行年检制度。对于不符合原定资质条件或者有不良经营行为的企业，由原资质审批部门予以降级或者注销资质证书。一级资质房地产开发企业的资质年检由国务院住房城乡建设主管部门或者其委托的机构负责。二级资质及二级资质以下房地产开发企业的资质年检由省、自治区、直辖市人民政府住房城乡建设主管部门制定办法。房地产开发企业无正当理由不参加资质年检的，视为年检不合格，由原资质审批部门注销资质证书。

一级资质的房地产开发企业承担房地产项目的建设规模不受限制，可以在全国范围承揽房地产开发项目。二级资质及二级资质以下的房地产开发企业可以承担建筑面积25万平方米以下的开发建设项目，承担业务的具体范围由省、自治区、直辖市人民政府住房城乡建设主管部门确定。各资质等级企业应当在规定的业务范围内从事房地产开发经营业务，不得越级承担任务。

企业未取得资质证书从事房地产开发经营的，由县级以上地方人民政府房地产开发主管部门责令限期改正，处5万元以上10万元以下的罚款；逾期不改正的，由房地产开发主管部门提请工商行政管理部门吊销营业执照。企业超越资质等级从事房地产开发经营的，由县级以上地方人民政府房地产开发主管部门责令限期改正，处5万元以上10万元以下的罚款；逾期不改正的，由原资质审批部门吊销资质证书，并提请工商行政管理部门吊销营业执照。企业有下列行为之一的，由原资质审批部门公告资质证书作废，收回证书，并可处以1万元以上3万元以下的罚款：隐瞒真实情况、弄虚作假骗取资质证书的；涂改、出租、出借、转让、出卖资质证书的。

如果房地产开发企业开发的建设项目工程质量低劣，发生重大工程质量事故，则由原资质审批部门降低资质等级；情节严重的吊销资质证书，并提请工商行政管理部门吊销营业执照。如果房地产开发企业在商品住宅销售中不按照规定发放《住宅质量保证书》和《住宅使用说明书》，则由原资质审批部门予以警告、责令限期改正、降低资质等级，并可处以1万元以上2万元以下的罚款。如果房地产开发企业不按照规定办理变更手续，则由原资质审批部门予以警告、责令限期改正，并可处以5 000元以上1万元以下的罚款。如果各级住房城乡建设主管部门工作人员在资质审批和管理中玩忽职守、滥用职权、徇私舞弊，则由其所在单位或者上级主管部门给予行政处分；构成犯罪的，由司法机关依法追究刑事责任。

任务 2-3　房地产开发企业战略管理

任务背景

赵亮按照正常程序完成了企业注册且取得了房地产开发企业暂定资质证书，也顺利完成了刻制公章、银行账户开立和税务登记等一系列工作，接下来，为企业将制定适合的发展战略。

过程 2　设立房地产开发企业

赵亮该如何做？请帮助赵亮。

任何企业的发展都需要有一定的战略规划及战略管理，通过遵循良性的发展规律实现企业目标，房地产企业也不例外。

一、战略管理概述

战略管理（Strategic Management），是指一个组织在制定和实施关于其未来发展方向、总体目标和行动方案的规划过程中，所进行的决策、计划、组织、领导、协调、评价和控制等一系列的活动，以及从事这些活动的艺术和科学。

1. 战略管理的层次

战略在企业组织中可分为不同的层次。这种层次的划分不仅与管理的层次相对应，而且与企业目标有关。一般来说，企业战略可分解为总体战略、经营单位战略、职能部门战略三个层次。

战略管理的第一个层次——总体战略，解决的首要问题就是企业要在什么领域里经营，有时也称为企业战略。它的决策和实施是由企业总部进行的。战略管理的第二个层次——经营单位战略，也称为竞争战略或从业战略。这个层次解决的问题是如何在选定的经营领域里与竞争者竞争。它是由企业总部和业务部共同决定，由业务部执行的。战略管理的第三个层次——职能战略，也称为功能战略。它是在经营单位战略的指导下，各业务部门进行各项业务活动的战略。其内容大部分是由经营单位战略所决定的，但其贯彻执行则主要由职能部门负责。

2. 战略管理的内容

战略管理的内容如图 2-2 所示。

3. 房地产开发企业战略管理

房地产开发企业的战略管理过程如图 2-3 所示。房地产开发企业的战略管理主要包括以下几个方面：

(1) 房地产开发模式战略；

(2) 土地战略；

(3) 品牌战略；

(4) 产品战略；

(5) 价格战略；

(6) 渠道战略；

(7) 营销战略；

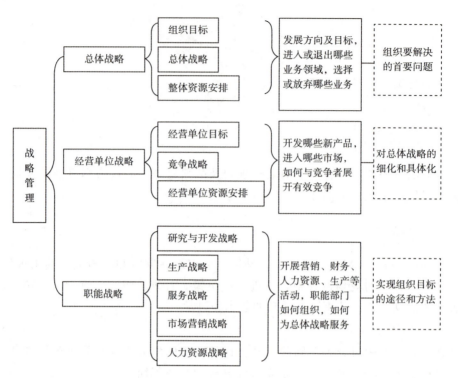

图 2-2 战略管理的内容

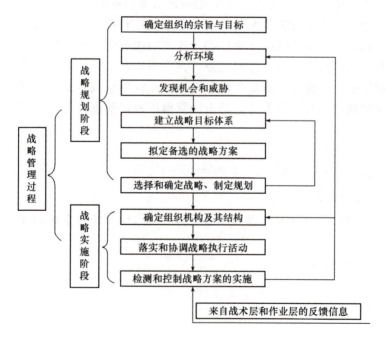

图 2-3 房地产开发企业的战略管理过程

(8)融资及财务战略；

(9)人才战略；

(10)技术战略；

(11)服务战略；

(12)合作伙伴战略等。

在上述内容中，有资金、人才、品牌三个方面最为重要。可以说资金是根本，人才是保障，品牌是提升。

资金是任何企业发展的根本。缺乏资金会导致企业无法发展，严重者甚至会威胁到其能否生存。只有资金有保证，才能谈到房地产企业的壮大和发展。

在房地产企业战略管理中，资金保证是根本问题，但不是唯一问题。房地产企业的发展离不开人才，人是核心要素，人才是企业健康发展的保障。房地产企业的人才战略管理，不仅需要为企业发展贡献出力的专业人才，更需要建立能够充分发挥企业人才的积极性的良性循环机制，这样才能从人才发展战略上使得企业立于不败之地。

有了资金和人才的保障，房地产企业的发展提升还需要品牌的提升。品牌是企业核心竞争力的体现，是房地产企业重要的无形资产。房地产企业的品牌建立需要两个核心，即品质与服务。品质主要体现在产品质量方面，房地产产品质量以工程质量为核心；品牌离不开服务，通过销售服务和物业服务体现。

二、房地产开发企业战略管理方法

房地产开发企业的战略管理方法有很多，这里仅介绍其中的一种，即SWOT分析法。

SWOT分析法是一种企业战略分析、确定目标的方法，是基于企业自身的实力，对比竞争对手，并分析企业外部环境的变化影响可能给企业带来的机会和企业面临的挑战，进而制定企业最佳战略的一种分析方法。这种方法的思路是根据企业自身的既定内在条件和所在的外部环境进行综合分析，找出企业内在的优势、劣势，外部的机会、威胁，并确定企业的核心竞争力。其中，S代表Strength(优势)，W代表Weakness(弱势)，O代表Opportunity(机会)，T代表Threat(威胁)；其中S、W是内部因素，O、T是外部因素。

SWOT分析法，实际上是企业外部环境分析和企业内部要素分析的组合分析方法。它将企业内部、外部条件等各方面的内容进行综合概括，分析企业拥有的优势、劣势；分析企业面临的机会和威胁。其中：优势、劣势分析主要着眼于企业的自身实力，包括拥有的各种资源的状况和与竞争对手的比较；而机会和威胁则将注意力放在外部环境的变化和对企业可能的影响上，这时考虑的因素包括宏观环境(包括政治、经济、法律、文化、社会等)和微观环境(包括顾客的需求、竞争对手等)。但是，同样的外部环境的变化，对拥有不同资源的企业，所带来的机会与威胁是不同的。

三、房地产开发企业的战略选择

战略选择是战略管理的核心。解决这个问题时，要考虑两个方面的内容：一是可选战略，回答企业目前有哪些可选择的战略方案；二是战略评价，用什么样的方法进行选择。

1. 成本领先战略

成本领先战略也称低成本战略，这种战略的主导思想是以低成本优势取得行业中的领先地位，并按照这一目标的要求采取针对性的措施。低成本与高利润相连，即使存在强大的竞争对手，处于低成本状况下的企业也可以获得高于行业平均水平的收益。

成本领先要求建立大规模、高效率的生产设施，在丰富经验的基础上控制各项管理费用，最大限度地减小研究开发、服务、广告等方面的支出，尽量降低成本，使产品的单位成本低于竞争对手。为了达到这些目标，就要在管理方面对成本控制给予足够的重视。

2. 差异化战略

差异化战略的基本思路是将整个市场细分后，选择几个或全部的细分市场作为目标市场，根据不同细分市场的特点，分别生产不同的产品，制定不同的营销策略，满足不同细分市场上顾客的不同需求。差异化战略的方式有多种，可以通过提高产品的性能、改善包装、完善客户服务、树立品牌形象途径实现。差异化是企业在本行业中追求独特性，把产品、服务、经营理念、管理方法、技术、人员、形象等与其他企业有意识地保持不同，以此作为保持市场份额、追求利润的出发点，并且建立起竞争方面的优势。

3. 集中化战略

集中化战略就是企业的产品或服务只为某个细分市场、某一特定地区或某类特殊顾客而制定，对于其他的细分市场则不予考虑。前面所述的两种战略都是适用于整个市场的战略，而集中化战略是针对整个市场中的某个细分市场或某种产品的战略。

集中化战略同低成本战略、差异化战略的区别在于集中化战略将注意力集中于整体市场的一个狭窄部分，其他战略则以广大市场为目标。如果将集中化战略与成本领先战略和差异化战略结合，可以得到两种不同形式的集中化战略：成本集中和差异化集中。前者是企业关注于在目标市场上取得成本方面的优势；后者是企业关注于在目标市场上取得差异化优势。无论哪一种，都是以市场细分后的目标市场作为基础的。

4. 战略评价

可供选择的战略方案产生以后，要想知道战略对于企业是否合适，企业如何选定适宜自己的方案，就需要通过战略进行评价才能寻找到最优或满意的方案。评价是选优的基础。评价意味着确定事物的价值，它是一个探索、理解和叙述每个方案可能结果的过程。

战略评价常用的指标有投资费用、投资收益率、投资回收期、劳动生产率、技术的先进性、质量的可靠性、环境保护等。评价时并不是把所有的因素都考虑进去，而是选择一些能反映方案优劣程度的主要指标。虽然评价的因素有很多，但通常要考虑方案的可行性、方案的可接受性和方案的可靠性三个方面。可行性是指采取这一方案的困难程度，所需的人力、物力、财力、资金和技术的投入；可靠性是指方案实施后的出错程度，它关注于所承担风险的大小；可接受性是指方案能对现实目标起多大的作用，达到目标的程度，谁是受益者，能带来多大的回报。

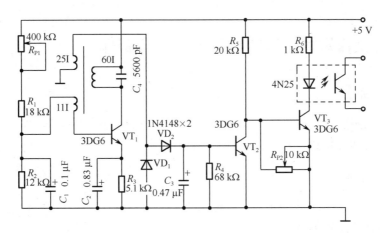

图 5-37 电感式开关原理

2. 工作原理

金属不靠近探头时，高频振荡器工作，振荡信号经 VD_1、VD_2 倍压整流，得到一直流电压使 BG_2 导通，BG_3 截止，后续电路不工作。当有金属靠近探头时，由于涡流损耗，高频振荡器停振，BG_2 截止，BG_3 得电导通，光耦合器 4N25 内藏发光管发光，光敏三极管导通，控制后级电路工作。

3. 元件选择

磁芯电感（探头）需自制，在 5 mm×4 mm 磁芯上，用 0.12 mm 的漆包线绕制，绕制匝数如图 5-37 所示，其他元件按图取值。一般只要元件好，焊接无误，即可正常工作。

调试：接通电源，调节 R_{P1}，用万用表监测 VT_2，使 c、e 两极之间刚好完全导通。这时高频振荡器处于弱振状态。然后用一金属物靠近探头，VT_2 应马上截止。再细调 R_{P2} 使 VT_3 刚好完全导通，此时灵敏度高，范围大（感应距离在几毫米到数十毫米），再根据自己的使用情况，细心调整 R_{P1} 和 R_{P2}，使感应距离适合自己使用即可。

六、任务练习题

（1）电感式传感器的工作原理是什么？

（2）根据电感式传感器的转换原则，可分为_____、_____和_____传感器。

（3）自感式传感器主要有_____、_____和_____ 3 种类型。

（4）改善变气隙电感传感器的非线性的方法主要有_____和_____。

（5）什么叫做电涡流效应？根据电涡流效应可以测量哪些量？

（6）什么是零点残余电压？如何消除零点残余电压？

（7）试画出差动变压器式传感器的连接方式，并简述其测量位移的原理。

（8）磁电式传感器是利用_____将被测量转换成电信号的一种传感器，不需要辅助电源，是一种_____传感器。

过程2 设立房地产开发企业

拓展阅读

万科企业股份有限公司集团介绍[①]

万科企业股份有限公司成立于1984年，经过三十余年的发展，已成为国内领先的城乡建设与生活服务商，公司业务聚焦全国经济最具活力的三大经济圈及中西部重点城市。2016年公司首次跻身《财富》"世界500强"，位列榜单第356位，2017年、2018年、2019年、2020年和2021年接连上榜，分别位列榜单第307位、第332位、第254位、第208位和第160位。

2014年，万科将公司的"三好住宅供应商"的定位延展为"城市配套服务商"。在2018年将这一定位进一步迭代升级为"城乡建设与生活服务商"，并具体细化为四个角色：美好生活场景师、实体经济生力军、创新探索试验田、和谐生态建设者。

2017年，深圳地铁集团成为本集团第一大股东，始终支持万科的混合所有制结构，支持万科城乡建设与生活服务商战略和事业合伙人机制，支持万科管理团队按照既定战略目标，实施运营和管理，支持深化"轨道＋物业"发展模式。

万科始终坚持为普通人提供好产品、好服务，通过自身努力，为满足人民对美好生活的各方面需求，做出力所能及的贡献。目前，公司所搭建的生态体系已初具规模：在住房领域，公司始终坚持住房的居住属性，坚持"为普通人盖好房子，盖有人用的房子"，在巩固住宅开发和物业服务固有优势的基础上，业务已延伸至商业、长租公寓、物流仓储、冰雪度假、教育等领域，为更好地服务人民美好生活需要、实现可持续发展奠定了良好基础。未来，公司将始终坚持"大道当然，合伙奋斗"，以"人民的美好生活需要"为中心，以现金流为基础，深入践行"城乡建设与生活服务商"战略，持续创造真实价值，力争成为无愧于伟大新时代的好企业。

过程小结

注册成立房地产开发企业并获得房地产资质认定，是从事房地产开发经营活动的必备条件。房地产开发企业必须熟知我国法律法规的相关规定，做好房地产开发企业设立的准备工作，为从事房地产开发经营活动打好基础。

房地产开发企业战略管理，是房地产开发企业的一项重要工作。战略目标的确定、战略方法的采用、战略措施的选择、战略评价的指标，均会影响房地产企业的未来发展。

[①] https://www.vanke.com/about.aspx

过程 2　设立房地产开发企业

任务工单 2

任务名称	设立房地产开发企业				
任务目的	了解房地产开发企业设立的程序及应具备的条件，明确房地产开发企业资质在房地产开发经营活动中的作用，掌握房地产开发企业战略管理选择及战略管理方法在房地产开发经营中的重要性。 　　寻找房地产开发企业设立的成功案例，分析并强化房地产开发企业设立在房地产开发经营中的意义、目的及重要性				
任务内容	1. 分别寻找至少一个有限责任公司及股份有限公司，分析其在注册、资质认定方面的差异，并给出结论。 　　2. 登录国内知名房地产企业官方平台，或观看上市房地产企业的年报，运用实际房地产开发项目，分析其如何进行战略选择，采用何种战略管理方法，以及由此产生的不同结果。 　　3. 剖析战略选择在房地产开发经营中的作用及成果				
第（　　）组	姓名				
	学号				
任务实操	万科企业股份有限公司				
	万科房地产战略				
	"城乡建设与生活商"定位				
	案例分析				
	恒大集团				
	恒大房地产战略				
	"恒大八次重大战略决策"				
	案例分析				
	碧桂园				
	碧桂园战略				
	碧桂园——给您一个五星级的家				
	案例分析				

过程 2 设立房地产开发企业

考核评价表 2

任务完成考核评价表			
任务名称	战略选择在房地产开发经营中的作用及成果分析		
班级		学生姓名	
评价方式	评价内容	分值	成绩
自我评价	万科企业股份有限公司分析	20	
	恒大集团分析	20	
	碧桂园分析	20	
	对知识和技能的掌握程度	20	
	个人对战略选择的认识和理解	10	
	我胜任了小组内的工作	10	
	合计		
小组评价	小组本次任务完成质量	30	
	个人本次任务完成质量	30	
	个人对理论应用实践的能力	20	
	个人的团队精神与沟通能力	20	
	合计		
教师评价	小组本次任务完成质量	30	
	个人本次任务完成质量	30	
	个人对小组任务的贡献度	20	
	个人对小组任务的参与度	20	
	合计		
总评＝自我评价×( )％＋小组评价×( )％＋教师评价×( )％＝			

思考与练习

1. 房地产开发企业在设立与资质认定上有什么特点？
2. 请从房地产开发企业各资质等级的认定条件角度，分析各种资质企业的开发经营能力有何不同。
3. 比较房地产企业与其他行业的企业在注册流程及具体要求方面有什么区别？
4. 请寻找一家房地产开发企业，用房地产开发企业战略管理的相关知识，分析其战略目标、战略措施。

过程 2　设立房地产开发企业

第二篇　万丈高楼平地起

> 九层之台，起于累土；
> 千里之行，始于足下。

"中共十九大描绘了我国发展今后 30 多年的美好蓝图。九层之台，起于累土。要把这个蓝图变为现实，必须不驰于空想、不骛于虚声，一步一个脚印，踏踏实实干好工作。"

——习近平总书记在二〇一八年新年贺词

"不积跬步，无以至千里；不积小流，无以成江海。"一个人要想立身成才，须从点滴做起，一幢建筑要想筑高筑牢，须把基础夯实，而一个民族要想创立千秋伟业，须以实干为荣，一步一个脚印，为实现中华民族伟大复兴的中国梦不懈奋斗。

过程 3　房地产开发项目可行性研究

过程 3　房地产开发项目可行性研究

知识目标

1. 了解可行性研究的概念、特点和作用；掌握可行性研究的具体步骤、内容。
2. 熟悉房地产开发项目策划、开发项目初步规划、选择基础参数。
3. 掌握房地产开发项目的投资估算、房地产开发项目的收入估算。
4. 掌握房地产开发项目财务评价、房地产开发项目财务评价的基本报表。
5. 熟悉可行性研究报告的基本构成、房地产开发项目可行性研究报告正文的写作要点。

能力目标

能够参与房地产开发项目可行性研究工作；能够编写可行性研究报告。

素养目标

培养统筹安排、精打细算、注意细节的习惯。

任务 3-1　项目可行性研究概念了解

任务背景

赵亮完成了企业注册的所有流程后，企业正式开始运营。赵亮从企业的总经办调到了工程管理中心的项目拓展部。企业即将开展第一个房地产开发项目启动工作。在开始一个项目之前，通常会先做项目的可行性研究，以便为企业高层做决策提供依据，因此，可行性研究质量的高低，可能会影响项目成功与否。项目拓展部的李总给赵亮看了一个案例，希望他能有所收获。具体如下：

过程 3　房地产开发项目可行性研究

2010 年 1 月 28 日，广西南宁市国土资源局（现南宁市自然资源局）发布了南宁市 2010 年第一期国有建设用地使用权公开出让公告。该出让公告中，位于金浦路的 GC2010－003（图 3-1），引起了诸多房企的注意，该地块位于金浦路 141－1 号，民歌湖旁。该占地仅 18.405 亩的迷你地块最终在 2010 年 3 月 10 日，经过 23 轮激烈竞价，该地块最终由广西红旭集团以总价约 15.9 亿元、单价 8 650 万元/亩、楼面地价高达 11 033 元/m² 竞得，一时之间震惊全国地产圈。根据 2010 年的数据显示，当时南宁楼市商品住宅成交均价仅为 6 307 元/m²，"金浦路地王"的出现直接让金浦路成为楼市高光。

图 3-1　南宁市金浦路 GC2010－003 地块位置图

但是，金浦路地块开工不到半年便遭停工，后因广西红旭集团未按合同约定的期限支付地价款，该地块被南宁市政府收回。据专业人士分析：高额地价、超高层高难度的开发条件、调控政策的变化等因素被认为是"金浦路地王"退地的几大原因。

从以上失败的案例，赵亮明白了：房地产开发项目可行性研究非常重要，一旦决策失误，企业损失巨大。

一、可行性研究的概念

可行性研究又称可行性分析，是指在投资决策前，对项目进行全面、综合的技术经济分析和论证，从而为项目投资决策提供可靠依据的一种科学方法。其是一种科学性、技术性很强的工作，同时，也是决定投资项目开发成败的关键。

可行性研究必须从系统总体出发，对技术、经济、财务、商业以至环境保护、法律等多个方面进行分析和论证，以确定建设项目是否可行，为正确进行投资决策提供科学依据。项目的可行性研究是对多因素、多目标系统进行不断的分析研究、评价和决策的过程，它需要有各方面知识的专业人才通力合作才能完成。可行性研究不仅应用于建设项目，还可应用于科学技术和工业发展的各个阶段与各个方面。

可行性并非最优而可行，只有在可行的基础上才能进一步做出最优决策。可行性研究工作不仅要重视微观的可行性研究，更要重视宏观的可行性研究。

二、房地产开发项目可行性研究的步骤

房地产开发项目可行性研究的具体步骤如图 3-2 所示。

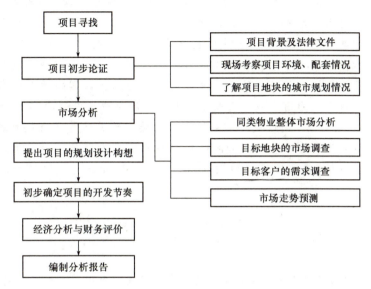

图 3-2　房地产开发项目可行性研究流程图

任务 3-2　房地产开发目标地块市场调查

任务背景

赵亮和团队的其他成员在南宁市自然资源局网站上搜寻一则最近的国有土地使用权出让公告(南宁市 GC2018—075 地块),公司高层有意将其作为在南宁的第一个房地产开发项目,要求赵亮负责这个项目的可行性研究工作。由于经验不足,赵亮将此工作委托给广西理想房地产咨询有限公司完成。广西理想房地产咨询有限公司成立了项目团队,将运用市场调查相关知识,完成该地块的市场调查任务并撰写市场调研报告。

南宁市 GC2018—075 地块介绍如下:

(摘自南宁市 2018 年第七十期国有建设用地使用权公开出让公告①)

南宁市 GC2018—075 地块位于江南区星光大道 38 号,出让蓝线图编号:CR0101201800034,宗地号:450105001005GB00198,实际出让用地面积 40 533.29 m^2(折合 60.800 亩)。其中绿化用地面积为 4 379.39 m^2,内部道路用地

---

① http://zrzyj.nanning.gov.cn/zwgk_57/xxgk/scxx/tdsc/t4168120.html

面积为 1 711.18 m²，均参与计容，上述绿地及道路建成后保持对外开放且不参与权属划分。土地批准用途：城镇住宅用地、批发零售用地；土地使用年限：城镇住宅用地 70 年，批发零售用地 40 年。

　　主要规划设计条件：容积率≥2.0 且≤4.0（其中住宅容积率≤3.9），商业占总计容建筑面积的比例为 2%~3%，其余为居住。建筑密度≥20% 且≤35%，绿化率≥25%，建筑高度≤190 m，其中临邕江第一排基准高度 60 m，不大于 100 m，第二排不大于 190 m，且要求高低错落富有层次和韵律，保留视线通廊，并按邕江沿岸城市设计管控要求进行设计。项目用地内须结合西园路于两侧各设置不小于 1.5 m 开放性人行通道，以完善西园道路的功能。项目内部道路1、道路2、道路3、道路4、道路5，周边成片改造具备与相接市政道路贯通条件时或因城市交通需要时，该道路应作为开放式街区道路保持对公众开放使用。其他规划设计要求按南宁市规划局《建设项目规划设计条件通知书》（审批号：2018-076）的规定执行。

广西理想房地产咨询有限公司应该如何进行市场调查？会用到哪些市场调查方面的知识？请帮助广西理想房地产咨询有限公司完成本次任务。

一、房地产市场调查的含义与作用

1. 房地产市场调查的含义

房地产市场调查是指以房地产为特定对象，对相关市场信息进行系统的收集、整理、记录和分析，对房地产市场进行研究和预测，并最终为房地产投资项目提供决策服务的一种活动。

房地产市场调查有广义和狭义之分。广义的市场调查不只局限于消费者的购买行为，而是将其调查范围扩大到了房地产开发经营与管理的每个阶段；狭义的市场调查是指针对消费者购买行为所做的调查，即对消费者及其行为的研究。

2. 房地产市场调查的作用

市场调查不但是房地产企业整体活动的起点，而且还贯穿企业整体营销活动的全过程。市场调查的作用具体表现在以下几个方面：

（1）有助于确定正确的投资方向。通过市场调查可以了解到房地产市场的现状与其未来变动趋势及市场的需求、资源供求情况、竞争对手活动状况，从而确定企业今后的经营方向，于错综复杂的房地产市场状况中寻找企业生存和发展的立足点。

（2）有助于适时进行产品更新换代。房地产产品也有着特定的市场生命周期。市场调查可以帮助经营者随时掌握本企业产品处在市场生命周期的哪一阶段，从而制定出正确的产品策略。

(3)有助于制订科学的营销和开发计划。市场调查可以使项目投资者准确把握市场供求状况,据此制订出产品营销计划。然后,按照营销计划,确定出年度、季度及月度开发计划。在此基础上,又可制订出科学的资金、资源计划,提高房地产开发活动的效率。

(4)有助于投资者实施正确的价格策略。房地产产品价格不仅取决于市场需求状况,而且受土地价格、建筑成本及竞争状况等多种因素的影响。市场调查可以帮助项目投资者依据消费需求及承受能力,考虑成本及竞争情况,制定合理、可行的市场价格,从而确保销售成功。

(5)有助于企业改善经营管理、提高经济效益。不少房地产企业经营不善的症结就在于对市场的背离或盲目经营。重视市场调查,才能按市场需求,改善企业经营管理,促进经营效益的提高。

二、房地产市场调查的类型

房地产市场调查可分为不同的类型,表现出不同的特征。

1. 按调查目标分类

市场调查是为了解决各类问题而进行的,根据不同的市场调研目标,可将其分为以下几类:

(1)产品调查。产品是连接企业与消费者的纽带。企业在设计产品时,要根据消费者的需求来确定;既要把消费者的内在物质需求反映到产品的使用功能上,又要注意用包装和品牌形象来满足消费者的心理需要。

(2)广告调查。房地产属于不动产,难以将产品实体带到集中设置的市场展示或沿街兜售,因此广告就起着极其重要的促销作用。广告调查包括三部分:一是消费者行为的调查;二是广告制作方面的调查;三是广告媒体的调查。媒体的调查可以使企业选择更有效的通向目标顾客群体的传播途径,并对其效果进行测定,减少浪费。

(3)销售调查。销售调查以提高销售效率为目的,企业应对销售记录进行分析研究。通过销售分析与控制研究,可以建立有效的销售方案和销售组织,降低销售成本,增加利润。

2. 按市场调查范围分类

(1)专题性市场调查。专题性市场调查是指市场调研主体为解决某个具体问题而进行的对市场中的某个方面进行的调查。这种市场调查具有组织实施灵活方便、所需人力物力有限、对调查人员的要求相对较低的优点。但是,它也存在提供的信息具有某种局限性的不足,市场调研主体无法仅凭此对市场作全面了解。

(2)综合性市场调查。综合性市场调查是指市场调查主体为全面了解市场的状况而对市场的各个方面进行的全面调查。由于这种市场调查涉及面广,组织实施比较困难,不但需要投入相当多的人力物力,费时费钱,而且对调查人员的要求也相对较高。一般来说,这种市场调查在实践中比较少见,只有在必要时才组织实施。

3. 按市场调查功能分类

(1)探测性调查。探测性调查又称非正式调查。当企业需要研究的问题和范围不明确,无法确定应该调查哪些内容时,可以采用探测性调查来找出症结所在,然后再作进一步研究，以明确调查对象、确定调查重点、选择调查方法、寻找调查时机。

探测性调查只是收集一些有关资料，以确定问题所在，至于问题应该如何解决，则有待于进一步的调查研究。

（2）因果性调查。因果性调查是对导致研究对象存在或变化的内在原因和外部因素的相互联系与制约关系作出说明，并对诸因素之间因果关系、主从关系、自变量与因变量的关系进行定量和定性的分析，指出调查对象产生的原因及其形成的结果。

（3）描述性调查。描述性调查是指对确定调查的问题通过收集资料并经甄别、审核、记录、整理、汇总，作更深入、更全面的分析，确认问题真相，并对问题的性质、形式、存在、变化等具体情况作出现象性的描述，并不涉及事物的本质及影响事物发展变化的内在原因。

（4）预测性调查。预测性调查是在取得过去和现在的各种市场情报资料的基础上，经过分析研究，动用科学的方法和手段，估计未来一定时期内市场对某种产品的需求量及其变化趋势的调查。

三、房地产市场调查的方法

房地产市场调查的方法是指市场调查人员在实地调查中收集各种信息资料所采用的具体方法。根据《房地产开发项目经济评价方法》的规定，市场调查的方法主要包括普查法、抽样调查法、直接调查法、间接调查法四种。

1. 普查法

普查又称全面调查，是指对对象总体所包含的全部单位都进行调查。对房地产市场在售项目的户型结构、面积进行全面普查，可获得全面的数据，正确反映客观实际，效果明显。如果对一个城市的人口年龄、人口结构、职业收入分配情况进行系统调查了解，对房地产开发将是十分有利的。但是，当调查的对象繁多而调查的问题较为复杂时，往往需要动用较多的人力和物力，调查周期也较长。所以，在房地产开发经营中，只有对特定的、有限的对象或较简单的问题，才考虑采用普查法。当然，有些资料可以借调国家权威机关的普查结果。

2. 抽样调查法

抽样调查法是指从调查对象的总体中，抽取有代表性的若干样本进行调查，并据以从数量上推断总体的专门调查方法。这是房地产市场调查中广泛采用的一种方法。

抽样调查法要求抽选出的样本必须是母体的浓缩，要能代表母本的特征。因此，一方面要有足够的容量；另一方面要有正确的抽取法，才能把调查误差降低到最低限度。抽样调查法主要分为两大类：一类是随机抽样法；另一类是非随机抽样法，见表3-1。

表 3-1　抽样调查法

类别		方法
随机抽样法	简单随机抽样法	简单随机抽样法是在母体中随机抽取若干个个体为样本。抽样者不作任何有目的的选择，采用纯粹偶然的方法抽取样本。如要调查一个有 8 000 户居民街区对住房需求情况，拟抽出 200 户样本分析总体。可将 8 000 户全部编上号码，采用抽签法随机抽出 200 户作为样本。有时还可以使用乱数表（随机数表）法和等距抽样法来取样
	分层随机抽样法	分层随机抽样法又称分类随机抽样法，是将母体按其属性特征分成若干类型或若干层，然后再从中随机抽取样本。如上例中，若想了解不同年龄段的人的住房需求情况，则可把全街区 8 000 个户主按 20~30 岁、31~40 岁、41~50 岁、51~60 岁、60 岁以上分出几个年龄层，然后再随机抽样，即可得到较为符合实际的数据。此法常在母体中个体分布不均衡时使用
	分群随机抽样法	分群随机抽样法是指将调查总体按一定的标准分成若干群，然后在其中随机抽取部分群体单位进行普查的方法。在房地产市场调查中，当个体范围广而不均匀、类别混乱不易分层时，可采用此法。而使用较多的是其中的"地域抽样法"。假如调查某市青年结婚用房需求情况，可从全市随机抽出一个居民委员会，然后对该居民委员会所有新婚青年进行普查
非随机抽样法	配额抽样法	配额抽样法是按照一定的标准和比例分配样本数额，然后由调查者在分配的额度内任意抽取样本
	任意抽样法	任意抽样法又称偶遇抽样，是一种随意选取样本的方法。一般在母本同质时采用此法
	判断抽样法	判断抽样法是根据专家或调查者的主观判断而决定所选的样本。在房地产调查中许多典型调查，如区域土地和房地产价格调查，就经常采用此法

3. 直接调查法

直接调查法是市场调查的一种基本方法，指的是调查人员与被调查者正面接触，向被调查者直接询问的调查方法，有时也称询问调查法。询问调查法按其内容及传递方式不同，又可分为如下几种具体方法：

(1) 访谈调查法。访谈调查是调查者面对面地向被调查者询问有关问题，应答者的回答可以当场记录。可以采用请进来、走出去（实地调查）、召开座谈会的形式进行一次或多次调查。

(2) 电话调查法。电话调查法是市场调查人员根据抽样的要求，在样本要求范围内或针对某些重点调查对象，借助电话来了解被调查者意见以收集资料的一种方法。

(3) 邮函调查法。邮函调查又称通信调查，此法是将预先设计好的调查问卷寄给被调查者，或借助网络以电子邮件传递给被调查者，由被调查者按表中要求填写后寄回。

(4) 留置问卷调查法。留置问卷调查法是访谈法与邮寄法的结合，调查者将设计好的问卷交给被调查者，并说明填写要求，当填写好后，再由调查人员定期收回。

4. 间接调查法

间接调查法是指调查人员不与被调查者正面接触，而是通过间接方式对要了解的问题进行调查的方法。其主要包括以下两种：

(1) 观察法。观察法是由调查人员亲赴现场，通过直接观察或设备测定来收集资料的方

过程 3　房地产开发项目可行性研究

法。由于调查人员只是在调查现场，从旁边观察被调查者的行为或是利用照相机、录像机、监视器等测录仪器来记录被调查者的行为，并不向被调查者提问，因此，被调查者并没有感受到调查正在进行，从而使得调查结果具有较高的真实性。利用机器设备作为调查工具可避免人为的失误。

（2）实验法。实验法是指将调查范围缩小到一个比较小的规模上，进行实验后取出一定结果，然后推断出样本总体可能的结果。

实验法是从科学领域中引入的，它的优点是可以获得较为正确的信息，所以客观上讲，实验调查法要比访问调查法先进。但由于房地产产品以及房地产市场的特性，使用实验法在技术上有很多困难，因此，无法广泛应用。

上述介绍的调查方法，具体到房地产项目的不同阶段会有很强的选择性。

通常，在房地产项目的定位阶段，直接调查法中常用的形式是实地调查法和座谈会法；在房地产项目的市场推广阶段，常用的方法是实地调查法、座谈会法和二手资料调查法；在房地产项目的销售阶段，常用的方法是实地调查法、座谈会法和成交客户问卷调查法；而在房地产三级市场上，常用的方法是实地调查法和二手资料共享调查法。

四、房地产市场调查的内容

一般来说，房地产市场调查的内容主要包括房地产市场环境调查、房地产市场需求调查、房地产市场供给调查和房地产市场营销环境调查四个方面。

1. 房地产市场环境调查

房地产市场环境调查可分为宏观环境调查、区域环境调查和微观环境调查三个层面。在房地产市场环境调查中，由于研究者的经验以及项目具体情况不同，每一次的调查工作不一定从这三个层面按顺序展开。

（1）宏观环境调查。房地产市场调查最重要的任务，就是要摸清企业当前所处的宏观环境，为科学决策提供宏观依据。房地产市场宏观环境主要包括：

1）经济环境。经济环境包括国民经济生产总值、国民收入总值以及发展速度，物价水平、CPI 数据、通货膨胀率、金融市场环境、进出口税率及股市波动情况，城乡居民家庭收入、个人收入水平，通信及交通运输、能源与原材料供应、技术协作条件等。

一般来说，经济环境对房地产项目的市场营销有直接影响。经济发展速度快，人民收入水平高，购买力增强，市场需求增大；反之则小。如果一个国家或地区的基础设施完善，投资环境良好，则有利于吸引投资，发展经济，促进房地产市场的发展。

2）政策环境。政策环境包括与房地产市场有关的财政政策、货币政策、产业政策、土地政策、住房政策、户籍政策等。政策环境的调查非常必要，可以帮助开发商充分了解宏观政策环境，从而为项目开发提供政策和法律的保障。

3）人口环境。人口是构成市场的主要因素之一。通常，人口越多，收入越高，市场需求量就越大。人口环境调查的内容包括人口的总量、年龄结构、家庭结构、知识结构及人口的迁移特征等。通过对这些因素的判断分析，开发商能够做好开发方向的战略性选择。

另外，宏观环境还包括文化环境、作业环境、技术环境及对外开放程度等。

（2）区域环境调查。区域环境调查是指对项目所在区域的城市规划、景观、交通、人口构成、就业中心、商圈等区位条件进行分析，对项目地块所具有的区位价值进行判断。它主要包括结合项目所在城市的总体规划，分析项目的区域规划、功能定位、开发现状及未来定位，进行区域的交通条件研究，对影响区域发展的其他因素和条件进行研究等内容。

(3) 微观环境调查。微观环境调查又称为项目开发条件分析，其目的是分析项目自身的开发条件及发展状况，对项目自身价值提升的可能性与提升途径进行分析，同时为以后的市场定位作准备。微观环境调查具体包括：

1) 对用地现状及开发条件进行分析。用地现状调查主要对项目的地形地貌、地质条件、地上附着物等情况进行现场勘察和分析。

2) 对项目所在地周围环境调查与分析。房地产位置的固定性决定了周边环境对项目开发具有重要的影响作用。周边环境主要指地块周围的物质和非物质的环境与配套情况，包括水、电、气、道路等市政基础设施情况，项目的对外联系程度、交通组织等因素的调查，周边的公园、学校、医院、邮局、银行、超市、体育场馆、集贸市场等生活配套情况，以及空气质量、自然景观等生态环境状况，还包括由人口数量和素质所折射出来的人文环境等。

3) 对竞争楼盘调查与分析。在区域环境层面调查中，对区域内的竞争性楼盘有了一个初步的、概括性的认识后，进入项目微观环境调查层面，就应当对竞争性楼盘进行重点调研。

2. 房地产市场需求调查

房地产市场需求调查包括市场需求容量调查和消费者调查。

(1) 市场需求容量调查。需求容量是指对房地产产品有购买欲望且具有购买能力的市场需求总量。房地产市场需求容量调查主要包括：项目所在城市人口总量、家庭数量及家庭结构；有购房需求的人口数量和整体特征；居民对各类房地产商品的需求总量；居民的消费结构；居民的收入水平、储蓄余额和支付能力；影响房地产市场需求的因素。

市场需求由购买者、购买欲望、购买能力组成。三者共同构成了实质性需求。为使产品适销对路，开发商必须事先了解消费者特征、购买动机和购买行为特征。

(2) 消费者调查。一般来说，研究买家时需要回答七个问题(5W+2H)：哪些人是买家(Who)，买家要买什么样的房(What)，买家为什么要买这些房子(Why)，买家什么时候买房(When)，买家在哪里买房(Where)，买家以什么样的方式买房(How)，买家的支付能力如何(How much)。总之，消费者的调查包括消费者的个人特征、购买动机及购买力水平三个方面。

3. 房地产市场供给调查

房地产市场供给调查包括房地产市场供给总体调查、竞争楼盘调查和竞争对手调查。

(1) 房地产市场供给总体调查。对整个地区房地产市场供给情况的总体调查主要包括房地产市场产品的供给结构、供给总量、供给变化趋势、供给的充足程度、房地产产品价格现状、本地及外埠房地产企业的生产与经营等方面的调查等。

(2) 竞争楼盘调查。竞争楼盘有两种：一种是与所在项目处于同一区域的楼盘；另一种是在不同区域但市场定位相似的楼盘。竞争楼盘调查包括产品、价格、广告、销售推广和物业管理等方面的内容，见表3-2。

过程 3　房地产开发项目可行性研究

表 3-2　竞争楼盘调查的内容

项目	调查内容
产品	（1）区位。区位调查主要包括地点位置、交通条件、区域特征、发展规划及周边环境等。 （2）产品特征。产品特征主要包括建筑参数、面积户型、装修标准、配套设施、绿化率。 （3）公司组成。一个楼盘主要的营运公司包括开发商、设计单位、承建商和物业管理企业这四家，它们分别负责项目的投资建设、建筑设计、工程建造和物业服务。这四家公司的雄厚实力和有效联合是楼盘成功的保证，而其中开发商的实力是最为关键的因素。 （4）交房时间。对期房楼盘而言，交房日期是影响购房人购买决策的重要因素
价格	（1）单价。单价是楼盘各种因素的综合反映，可以从起价、均价、主力户型单价、成交价等指标判断一个楼盘的价值。其中，主力户型单价是指占总销售面积比例最高的房屋的标定单价，是判断楼盘客户定位的重要依据。 （2）总价。单价反映的是楼盘品质的高低，而总价反映的是目标客户群的选择结果。通过对楼盘总价的调研，能够正确掌握产品定位和目标市场。 （3）付款方式。通过付款方式的设计也可以达到价格调整和促销的目的，可以缓解购房人的付款压力，扩大目标客户群的范围，提高销售率。常见的付款方式主要有一次性付款、分期付款、按照约定时间付款、利用商业贷款或公积金贷款等
广告	（1）售楼部。售楼部是指实际进行楼盘促销的主要场所。其地点选择、装修设计、形象展示是整个广告策略的体现。 （2）广告媒体。广告媒体是指一个楼盘选择的主要报刊和户外媒体，是其楼盘信息的主要载体。在实际工作中，选择的媒体应与产品的特性相吻合。 （3）广告投入强度。从报纸广告的刊登次数和篇幅及户外媒体的块数与大小，就可以判断出一个楼盘的广告强度，它体现了该楼盘所处的营销阶段。 （4）广告的诉求点。诉求点也就是物业的卖点，它反映了开发商想向购房人传达的信息，是产品竞争优势的展示，也是目标客户群所关心的问题
销售推广	（1）销售率。销售率是一个最基本的指标，它反映了一个楼盘被市场接纳的程度。 （2）销售次序。销售次序是指不同房屋成交的先后次序。可以按照总价成交的顺序，也可以按户型或面积成交的次序来排列。可从中分析出不同价位、不同面积、不同户型的单元被市场接纳的程度，它反映了市场需求结构和强度。 （3）客户群分析。通过对竞争楼盘客户群的职业、年龄、家庭结构、收入的调查和分析，可以反映出购房人的信息，从中分析其购买动机，从而找出本楼盘影响客户购买行为的因素，以及各因素影响力的大小
物业管理	物业管理调查包括物业管理的内容、管理情况、物业管理费与物业管理企业的背景、实力及所操作过的项目等

对于竞争楼盘的调查，应特别注意保证楼盘基本数据的准确性，还应对竞争楼盘进行综合对比分析。竞争楼盘调查表见表 3-3。

表 3-3　竞争楼盘调查表

项目名称			项目地址	
开发商/投资商	开发商名称		联系电话	
	投资商名称			
建筑及景观设计机构			策划代理机构	
项目占地面积/亩		绿化率/％	均价	
建筑面积/m²		容积率	最高价	
规划用途		规划幢数	车位数量、价格	
土地年限		公摊率	朝向差	
规划户数		销售率	层差	
建筑结构		交付日期	商铺价格/(元·m⁻²)	
工程进度		物业管理费	付款方式及优惠:	
户型区间/m²				
主力户型		主力户型1	开盘日期	
		主力户型2	入住日期	
楼盘特点:				

（3）竞争对手调查。有市场的地方，就存在着竞争，在房地产市场研究中，对竞争对手的调查主要包括以下几个方面：

1）专业化程度。专业化程度是指竞争对手将其力量集中于某一产品、目标顾客群或所服务的区域的程度。

2）品牌知名度。品牌知名度是指竞争对手主要依靠品牌知名度而不是价格或其他标准进行竞争的程度。目前，房地产企业已经越来越重视品牌知名度。

3）开发经营方式。开发经营方式是指竞争对手对所开发的楼盘是出售、出租还是自行经营，如果是出售，是自己销售还是通过代理商销售等。

4）楼盘质量。楼盘质量是指竞争对手所开发楼盘的质量，包括设计、户型、材料、耐用性、安全性能等各项外在质量与内在质量标准。

5）纵向整合度。纵向整合度是指竞争对手采取向前（贴近消费者）或向后（贴近供应商）进行整合所能产生的增值效果的程度。

6）成本状况。成本状况是指竞争对手的成本结构是否合理，企业开发的楼盘是否具有成本优势等。

7）价格策略。价格策略是指竞争对手的商品房在市场中的相对价格状况。价格因数与其他变量关系密切，它是一个必须认真对待的战略性变量。

8）竞争对手历年来的项目开发情况。

9）竞争对手的土地储备情况及未来的开发方向与开发动态等。

4. 房地产市场营销环境调查

（1）广告环境调查。广告是房地产商品市场销售的一种重要手段，房地产广告环境调查主要包括广告表现形式调查和广告代理商调查。

1）广告表现形式调查主要调查该区域广告的主流形式及公众所认可的、能接受的广告形式。广告的主要表现形式有公共传播形式、印刷品传播形式、户外传播形式等。

2)广告代理商调查主要是调查该区域的主要广告代理商,调查这些公司的知名度、技术能力以这些公司的社会关联度。

(2)房地产经纪机构调查。房地产经纪机构是指协助房地产企业将产品销售给最终购买者的经纪机构。其包括房地产代理和房地产居间两种。

(3)营销媒体调查。房地产营销媒体是指报纸、杂志、广播电台、电视台和网站等刊登或播放房地产新闻、专栏的媒体机构。对当地房地产营销媒体调查有助于正确选择该地区最有影响力的媒体,做好市场推广,从而提高营销的效果。

拓展阅读

南京城北某住宅小区产品、价格策略研究

某开发商在南京城北拥有一块开发用地,占地 6.62 公顷(1 公顷 $=10^4 \text{ m}^2$),建筑容积率为 0.95。该地块集山、水、城于一处,既是重要的景观所在,又是绝佳的居住福地。

当时已有了一个初步的规划方案,拟建设 19 幢 4 层沿河高级公寓,3 幢多层和 2 幢小高层住宅,均价在 3 200 元/m^2 左右。

但是该地块所处区域为南京百城区中经济实力、消费水平较低的行政区,此房价为当时该区最高价格,不知市场前景如何,规划方案,尤其是户型设计要做何调整。

1. 客户要求

通过市场调研,提出对该小区规划包括对价格的看法及其依据。时间要求在 1 个月以内。

2. 研究思路

开发商提出的要求,只有通过对目标客户意见反馈的分析才能予以满足。因此,本次研究的首要课题,是如何确定该小区现实的或潜在的客户群。

根据开发商的判断,该小区的买主应是这个区域内收入较高的人群,尤其是城北众多大市场(如金桥、玉桥市场)中做买卖的生意人。

研究人员在现场勘察及研究了初步规划方案后,不能确定开发商的判断正确与否。考虑到开发商时间要求较紧,研究人员建议运用媒体的方式做调查,开发商予以认同。

3. 研究进展

2 月 16 日、2 月 19 日,分别在当地发行量较大的媒体——《现代快报》《扬子晚报》上发布了标题为"你把家安在哪儿好"的大幅套红(彩色)广告,详细介绍了地块情况、小区初步规划情况,诚恳地征求感兴趣的读者对小区规划、建设及价格等方面提出意见与建议。同时,还组织人员向金桥、玉桥、惠民桥、白云亭、金盛百货等八大市场所有摊主派发了 5 000 份宣传彩页,内容同报纸广告(事先已派人踩了点,了解到这些大市场共有 4 900 多个摊位,故印制了 5 000 份彩页)。

从 2 月 16 日开始,指派专人接听电话,到 2 月 23 日止,8 天时间共接听回馈电话 180 多个,其中记录在案的 156 个。接听电话前,拟好了调查提纲和问卷题目,旨在尽可能将回馈信息条理化,以便于后期分析、整理。

4. 研究成果

经对156位来电人员的态度及信息资料进行整理、统计和交叉分析，对该小区的客户群体、市场定位、价格、户型面积配比等有了清晰的了解。

(1)了解了客户群体之所在。这个客户群体的地域分布确实如开发商事先所料，以周边附近二三千米以内为主。但从职业上看与开发商的事先判断大相径庭。绝大多数为工人、职员、教师、公务员等工薪阶层。来自金桥、玉桥等大市场生意人的回馈电话仅有13个，只占总数的8.3%。这一结果，与原先的市场定位有很大出入。

(2)清楚了客户对于价格的承受力。来电中72.2%的人认为不能超过3 000元/m²。

另外，还了解到对户型面积、小区名称等的建议。

由此，对开发商提出了如下建议：

1)调整市场定位。该小区的市场定位宜调整到有稳定收入的工薪阶层身上。以此为主体，同时兼顾其他有关层面。

2)价格要适中。这与市场定位是相互关联的。为了不降低开发商的利润率，建议主要在降低开发成本上下功夫。第一，取消网球场(很多人来电认为这一设施完全没有必要)；第二，取消原预算为456万元的小区智能化系统投资；第三，与规划部门协调，略为增加沿河多层的层数，适当提高容积率，降低土地成本；第四，调整户型面积配比，取消原先的一些大户型设计。

5. 总体评估

此次调研市场反应热烈，效率高，效果良好，达到了预期目的，开发商也颇为满意。此次研究之所以较成功，是因为研究思路比较清晰，所运用的研究手段(大众媒体调查)比较适合本项目；且在发布前，注重了平面设计、版面的布排；标题引人注目，项目叙述十分详尽，征求意见态度又十分诚恳等。不足的是当时未对总价问题引起特别的重视。

任务实施

经过精心筹划，广西理想房地产咨询有限公司工作小组在一周内运用网络调查法，对南宁市经济环境和房地产市场环境相关信息进行了收集，通过现场观察法对GC2018－075地块及周边进行了调查，运用访谈法对江南区部分消费者进行了需求调查，最终完成了市场调查报告，具体如下：

(一)南宁市经济环境分析(略)

(二)房地产市场环境分析(略)

(三)GC2018－075地块分析

GC2018－075地块位于江南区星光大道38号，此地块属于原西园饭店旧城改造项目。西园饭店，土生土长的年长点的南宁人基本都知道，这是一片极具历史意义的土地，坐落在邕江南岸的西园半岛，与邕江仅隔着一条江南大道，坐拥邕江一线江景。作为中华人民共和国成立后南宁的首个"国宾馆"，曾是南宁的城市名片之一。

过程3　房地产开发项目可行性研究

周边生活配套齐全：在项目1km范围内，涵盖有香格里拉商业广场、南宁图书馆、广西体育馆、平西农贸市场、南宁剧场、南宁第二人民医院等配套，基本可以满足业主生活、休闲所需。

教育配套方面，根据南宁市教育厅的文件，临近项目的银兴小区、糖业制造厂宿舍区、香格里拉小区多划入江南小学和南宁十中。这两所学校都是江南区第一批公办学校。但是项目究竟能读哪所学校，还得根据交房入住后当年的学校划分确定。

交通出行方面，较为便利。项目北侧便是江南大道，南侧临近星光大道。这两条道路都是江南的主干道，连接邕江大桥和北大—桃源桥，驾车去往江南其他板块及青秀、兴宁等区域都较为便利。不过，绝大部分都是双向六车道的江南大道，在西园饭店围墙边1km左右的路段却只有双向两车道，容易出现交通拥堵。地块距离已开通的地铁2号线南宁剧场站直线距离在600m左右，步行距离将近800m。地铁出行也较为便利。

（四）江南区房地产市场分析

南宁市江南区按房地产发展情况业内大致分为四个片区，分别为五一路片区、白沙片区、沙井片区和经开区（表3-4）。其中：

(1)五一路片区：五一路片区是江南区比较成熟的片区，北侧靠近邕江，通过星光大道和邕江一桥可以便捷连通朝阳广场、江南万达广场等商圈。未来地铁5号线也将从片区经过，将带来更便利的交通。加上淡村菜市，片区内商业配套十分理想。此外，板块内有江南路小学、五一路小学、南宁十中等学校，教育资源齐全。目前五一路片区有住宅产品在售的项目只有中国铁建·西派澜岸，参考均价12 000元/m²。

(2)白沙片区：白沙片区东侧临江，沿着白沙大桥、葫芦鼎大桥和英华大桥可以直达南湖、金湖广场和柳沙半岛，东南侧可以沿着五象大道直达五象新区。白沙片区整体区域优势较为明显。另外，还有地铁2号线经过，江南客运站也在片区内。商业上，白沙片区有江南万达广场和南城百货等大型商场；教育上则有白沙路学校、二十一中等配套。目前，白沙片区的在售项目有龙光·玖誉城、大都郡、锦悦江南和广汇名都，均价在9 200~10 500元/m²。

(3)沙井片区：沙井片区目前可谓是江南区的当红区域，年初曾有消息将沙井片区规划为南宁副中心，大有腾飞之势。邕江在西侧和北侧以90°包围片区，另外，还将建邕江南岸城区的第一大水景公园——凤凰江湖湿地公园。交通上，定秋立交、智和立交、那洪立交等8座立交桥将各大道路连接起来，是江南区乃至南宁立交桥最多的片区。南宁火车南站在片区南部，周边聚集了许多科技园、工业园。商业上以华南城为中心，周边有1 668广场、融晟海悦城等商场。教育上，沙井片区共有16所小学、8所初中、3所高中。目前，沙井片区在售项目有荣和公园里、万科悦江南、碧桂园·公园壹号等，均价在8 400~11 000元/m²。

(4)经开区：南宁经济技术开发区简称经开区，创建于1992年，2001年成为国家级经济技术开发区，包括中心区和空港新区。中心区分布有金凯工业园、银凯工业园、北部湾科技园等，重点打造企业总部基地和医药产业园。空港经济区规划建设为"以第二产业为主，多产业协调发展的现代化综合性新城区"。经开区交通优势非常明显，距离吴圩机场约为15 km，还有快环、机场高速等高速公路。另外，经开区还有沛鸿中学、江南盛天地等教育、商业配套，良凤江公园也在片区内，居住条件理想。目前，经开区的在售项目有天健和府、云星钱隆御园等,中心区均价为 10 500~11 500 元/m², 空港新区均价为 5 000~6 000 元/m²。

表 3-4 江南区在售楼盘情况一览表

楼盘	区位	主力户型	装修情况	单价(元/m²)	总价/元	首付/元
中国铁建·西派澜岸	五一路片区	107~124 m²	精装	12 000	128 万起	22 万起
龙光·玖誉城	白沙片区	69~117 m²	精装	10 500	72 万起	12 万起
大都郡	白沙片区	91~139 m²	精装	10 500	95 万起	16 万起
锦悦江南	白沙片区	95~120 m²	精装	9 600	91 万起	15 万起
广汇名都	白沙片区	96~125 m²	毛坯	9 200	88 万起	18 万起
荣和公园里	沙井片区	82~128 m²	精装	11 000	90 万起	15 万起
万科悦江南	沙井片区	90~119 m²	精装	9 700	87 万起	15 万起
碧桂园·公园壹号	沙井片区	89~122 m²	精装	9 600	85 万起	14 万起
天健和府	经开区	89~107 m²	精装	11 500	102 万起	18 万起
云星钱隆御园	经开区	97~132 m²	精装	6 000	58 万起	9 万起
彰泰新旺角	经开区	78~98 m²	精装	11 000	86 万起	15 万起

任务 3-3 目标地块项目定位与初步规划

任务背景

广西理想房地产咨询有限公司成员完成了 GC2018—075 地块及周边的市场调查,他们将应用相关的知识,对该地块进行市场定位,并在此基础上对该地块进行初步的项目规划,完成项目经济技术指标表(表 3-5)。

表 3-5 项目经济技术指标表

项目名称			
项目规划总用地/亩		容积率	
项目规划总用地/m²		建筑密度	
总建筑面积/m²		绿化率	
住宅总建筑面积/m²		住宅总户数	
公共服务设施总面积/m²		汽车位数/个	

续表

住宅	内容\类型	建筑面积	占住宅总建筑面积比例/%	拟结构形式	备注
	低层住宅(1~3层)				
	多层住宅(4~6层)				
	小高层住宅(7~11.5层)				
	中高层住宅(12~18层)				
	高层住宅(19层~100 m)				
	超高层住宅(>100 m)				

公共服务设施	内容\类型	建筑面积/m²	用地面积/m²
	商业		
	会所		
	学校		
	幼儿园		
	市政公用		
	其他		

汽车停车	内容\停车方式	车位数	占总停车面积比例/%
	地下、半地下		
	架空层		
	地面车库		
	地面露天		

交楼标准	内容\装修标准	占住宅总建筑面积比例/%
	毛坯房	
	仅提供厨卫装修	
	提供全套精装修	

任务设定

广西理想房地产咨询有限公司本次任务会用到哪些房地产方面的知识？又该如何完成本任务？请帮助广西理想房地产咨询有限公司完成本任务项目经济技术指标表。

过程3 房地产开发项目可行性研究

一、房地产项目定位的概念及作用

1. 房地产项目定位的概念

房地产项目定位是指房地产开发策划及经营者通过研究市场、技术前期和资金状况等一系列有关前提条件，采用科学的方法，确定目标市场，构思房地产产品方案，明确项目在目标客户中的形象、地位，制定项目推广策略和方法及其他有关内容的过程。

2. 房地产项目定位的作用

（1）有利于开发商把握市场脉搏，锁定目标市场。项目定位可以使开发商及时了解市场状况、消费者消费倾向、市场供需状况、竞争对手情况，从而预测市场走势，为企业确定今后经营方向、制定发展战略、获取潜在市场份额提供可靠依据。

（2）有利于开发商评估市场风险与收益。面对风云多变的市场状况及日趋激烈的市场竞争，众多开发企业都迫切想了解在开发过程中可能遇到的市场风险、政策风险、金融风险及项目收益情况。前期策划有助于开发企业在开发前期对风险与收益作出评估，从而制定正确的开发战略。

（3）增强开发项目的竞争能力，有利于形成企业核心竞争力。通过项目定位，开发企业在对自身及市场有充分了解的基础上，发挥自己专长，迎合消费者需求，并更容易得到市场认可，同时，也有利于企业文化及价值观念的形成，增强企业的核心竞争优势。

（4）有利于各专业协同合作。房地产专业分工越来越细，项目开发涉及工程、设计、营销、物业管理等不同专业，是一个典型的多专业协同合作的系统工程。前期项目定位的重要作用之一就是为各专业协同合作提供平台，便于设计工作及与其他专业的沟通和交流。

拓展阅读

房地产项目定位的发展趋势

随着金融、土地等各种政策的不断完善，房地产行业的门槛不断抬高，产品和消费者日益成熟，竞争越来越激烈，加上土地资源的稀缺和国家对房地产业的宏观调控，房地产项目开发要求品质更加精良、更适合不同阶层客户的需求。住宅市场中小户型低造价住宅得到鼓励，大户型高造价住宅受到抑制，节能型、精细化的住宅得到发展。中小户型、多层楼房、小型居住区、方便的交通将是未来房地产开发重点关注的内容。商业地产市场中购物中心、写字楼、酒店成为迅速发展的三种产品。在住宅和商业房地产市场受到国家较强的宏观调控的背景下，有着高额利润的工业地产项目越来越受到青睐。还有其他房地产项目的类型，如科技园区与各类经济开发区、旅游/酒店业（风景旅游区、度假村、产权酒店、海岛等）综合开发区、智能化大厦、酒店式公寓、私立学校、私立医院等办公物业，主题公园（体育休闲公园、现代农庄、军事公园、科技公园）等大型娱乐项目也不断出现。

二、房地产项目定位的方法

（1）房地产市场分析方法，是指运用市场调查方法，对房地产项目市场环境进行数据收集、归纳和整理，形成项目可能的产品定位方向，然后对数据进行竞争分析，利用普通逻辑的排除、类比、补缺等方法形成项目的产品定位。市场分析法中的市场调查方法包括实地调查法、问卷访问法、座谈会等。

（2）SWOT分析方法，是优势（Strength）、劣势（Weakness）、机会（Opportunity）和威胁（Threat）分析的合称。SWOT分析方法即对项目面临的内、外部各方面条件进行概括和总结，分析项目自身具备的优势和劣势、面临的外部发展机会和存在威胁等因素，将调查得出的各种因素根据轻重缓急或影响程度等用排序方式，构造SWOT矩阵，以此为基础，提出项目解决方案。

（3）建筑策划方法，是指根据总体规划的目标，从建筑学的角度出发，依据相关经验和规范，以实态调查为基础，经过客观分析，最终得出实现既定目标所应遵循的方法和程序。在建筑策划中，人在建筑环境中的活动及使用的实态调查和分析是关键。

（4）目标客户需求定位法，是指房地产开发商在物业产品定位时，根据所选定目标市场的实际需求，开发建设出能满足他们个性化需求的产品。

（5）头脑风暴法，可分为直接头脑风暴法和质疑头脑风暴法。直接头脑风暴法是指房地产专家群体决策尽可能激发创造性，产生尽可能多的设想方法；质疑头脑风暴法是对直接头脑风暴法提出的设想和方案逐一质疑，分析其现实可能性的方法。

三、房地产项目定位的主要内容

1. 房地产项目的产品定位

房地产项目的产品定位，是指以满足用户的需要及社会的总体利益为出发点，以产品的整体概念为指引，根据宏观经济环境和企业自身的条件与特点，将房地产开发企业内外的资源进行有效整合和利用，研究、开发出具有核心、形式、延伸诸要素有机结合的房地产产品的全过程。

房地产项目产品定位是建立在客户需求的基础之上，以客户为先导，以"需求为导向"的定位；是开发商针对一个或几个目标市场的需求并结合企业差异化优势，在目标客户群体的心目中占有特定位置的过程。

2. 房地产项目的功能定位

房地产项目的功能定位是指在目标市场选择和市场定位的基础上，根据潜在的目标消费者使用要求的特征，结合房地产特定产品类型的特点，对拟提供的房地产产品应具有的基本综合和辅助功能作出规定的过程。

功能定位的目的就是为市场提供适销对路、有较高性能、价格适当的产品。因此，功能定位的准确与否，在很大程度上决定了房地产商所提供的产品能否被市场所接受，能否按照房地产商所期望的价格被接受，这对房地产商投资目标的实现有着重要的影响。随着房地产市场的不断发展，人们对房屋空间的认识和购买观念也不断变化，使房屋的平面布局及功能设计成为房地产项目市场策划的一个重要内容。

过程3 房地产开发项目可行性研究

　　房地产产品由内到外依次由核心层、形式层、附加层三个层次组成。核心层是指产品能给购买者带来的基本利益和效用，即产品的实用价值，是构成产品最本质的核心部分；形式层是指消费者需要的产品实体外观，是核心产品的表现形式、向市场提供识别实体的面貌特征，如房地产产品质量标准、样式、名称、价格等；附加层是指消费者购买产品时所能得到的附加服务与附加利益总和，如物业管理服务等。功能定位就是对产品核心层的纲领性总结。以未来潜在使用者对功能需求的特征为导向，站在使用者的立场上精打细算，体现以人为本和人文关怀，是进行房地产功能定位应遵循的根本原则。

3. 房地产项目的市场定位

　　市场定位就是开发商为自己的项目确定、确认潜在客户的过程，确定房地产项目的目标消费群体和他们的特征。对于开发商而言，开发建设的产品通常不是卖给一个客户，而是卖给一个客户群，这群客户都是由于对房地产产品的认可并实施了购买行为而成为业主，所以，开发商的产品一般不是仅满足某单一的客户，而是满足某一范围的客户群，而寻找、发掘这类主力客户群就是开发商进行客户定位的过程。

　　市场定位需要研究消费者的消费行为、消费动机及消费方式，同时，研究消费者自身的人格、观念、所处的阶层、环境、文化背景、偏好和生活方式等。

4. 房地产开发项目的主题定位

　　主题定位是指把项目的特殊优势和独特的思想理念通过房地产产品的规划设计与建筑设计集中表达出来，并把这种创新理念和产品通过包装准确地表达给消费者，树立一种特定形象的过程。主题定位是一个成功策划的灵魂，统率着整个房地产项目策划的创意、构想、方案、形象等要素。

　　要在产品定位、市场定位、功能定位的基础上，选择最佳差异性主题，进行主题定位。项目开发主题定位主要是为项目建立领先的、策略型的市场主题概念体系。该体系不仅是一个主题概念的提出，还要紧扣项目于当地房地产市场的发展趋势与机会点，立足于该项目的资源优势与开发商自身优势之上，充分发掘、兑现项目的最大价值，包容项目的核心优势与一系列卖点，保证这些卖点能够为项目及开发公司积累领先的市场声望，保证大型项目的持续旺销热度，并为战略扩张埋下伏笔，并且能够与项目的建设、分期开发节奏、开发商的开发和推广相匹配，实现脉动状的市场推广功能。

拓展阅读

京西某一实操楼盘项目定位

一、背景和项目条件

1. 区域环境分析

　　本次区域市场界定为以本项目为中心，北至阜石路，南至岳各庄，西至田村，东至玉渊潭。西四环因其优越的人工生态景观吸引着关注生态景区置业人群的注意力。从居住环境来看，京西有一条天然的城市山水带，山有香山，水有昆玉河、永定河、八一湖，西部还拥有北京最大的人工绿化工程。从商务环境来看，因西二三环可供开发的用地越来越少，所以，西四环的价值正在与日俱增。西四环可分为三大商圈，一是中关村南侧的万柳地区；二是长安街沿线的五棵松地区；三是与京石高速路接口的岳各庄地区。

2. 区域产品特征分析

通过对区域市场内同档次产品、形态相似产品及客户群相同产品进行分析，见表3-6～表3-8。

表3-6 区域内相似项目

项目名称	发展商	地理位置
远洋山水	中远房地产开发有限公司	石景山区鲁谷
天鸿美城	北京天鸿安信房地产开发有限公司	丰台区小屯新村
紫金长安	北京澳林房地产开发有限公司	海淀区玉渊潭乡五棵松西翠路
金隅润景阁	北京金隅嘉业房地产开发有限公司	丰台区青塔东里
万科紫台	北京万科置业有限公司	丰台区西四环岳各庄北桥向西约 500 m 处
珠江峰景	北京东方恒嘉房地产开发有限公司	丰台区青塔西路 58 号
第七街区	北京京大昆仑房地产开发有限公司	丰台区岳各庄居住区东区

表3-7 区域内各个项目基本技术指标分析

项目名称	占地面积	总建筑面积	容积率
远洋山水	50 万 m²	120 万 m²	3.0
天鸿美城	28 万 m²	70 万 m²	1.9
紫金长安	16.54 万 m²	48 万 m²	2.9
金隅润景阁	6 万 m²	17 万 m²	2.48
万科紫台	3.84 万 m²	11 万 m²	2.5
珠江峰景	12 万 m²	32 万 m²	2.4
第七街区	23.3 万 m²	80 万 m²	2.5

表3-8 户型分析

项目名称	主力户型	户型面积/m²			
		一居	二居	三居	四居
远洋山水	二居、三居	53～67.75	91.33～118	131.6～151.54	160.11～198
天鸿美城	二居、三居	69～83	110～128	150～153	174
紫金长安	三居、四居	—	101.6～135.81	117～167.41	161.69～254
金隅润景阁	三居、四居	—	—	160	205
万科紫台	二居、三居	—	83.85～130	129.41～147.77	—
珠江峰景	二居	70.71～77	85～110	123～126	—
第七街区	二居、三居	51.33～72.44	80.24～105.16	144.71～154.74	—

从表3-7可以看出，该区域的项目楼盘容积率大多数在2～2.9，产品形态与品质有很大差异。从表3-8可以看出，区域项目均以三居以上、130 m² 以上的面积为主，其中万科紫台以160 m² 三居为主。

二、产品定位

通过找出本项目客观存在的主要内部优势因素、劣势因素及外部市场环境中的机会因素、威胁因素,运用SWOT分析法,提出相应的市场对策。其目的是能够提出更具有针对性的物业市场定位,以及相对适用于此市场定位的产品营销方法、手段。

1. 优势分析

良好的地理位置,便利的交通使得区位优势得天独厚。四环、长安街、莲石路环布四周,公交线路四通八达。受此影响,本项目可以辐射的区域包括整个西四环沿线。地块东侧紧邻西四环绿化隔离带,作为项目天然的后花园,不仅可以提高整体项目的品质和居住舒适度,而且使项目的高层部分有了很好的景观加分优势,并且可以有效地隔离来自西四环的噪声污染,进而带来更高的利润空间。地块周边一千米半径内市政配套齐全,商业设施、教育机构、金融机构、医疗机构应有尽有;周边部委、企事业单位较多,潜在客户量规模可观。

2. 劣势分析

地块土地整体素质较差,由于莲花西路成为平行于西长安街的道路,其交通流量较大,交通干扰较大,增大了建筑、园林等方面的设计难度。南边的莲石路、铁路等的噪声比较严重,影响项目的品质。项目紧临立交桥西北,占据立交桥一角的项目,类似海边的岛屿,而自身小环境交通的不便利,过大的车流及过快的车速,不便于人的滞留并形成人气,从而产生孤岛效应。

3. 机会点分析

北京城市及经济发展对房产市场的带动效应:北京整体经济良性发展,城市化进程加速,城区改造、房地产开发在一定时间内存在广阔的发展空间。随着首都北京国际化程度加深,国际知名度、国际影响力及国际吸引力都得以加速提升。由此而带来的物流、人流、资金流都为整个城市房地产,尤其是高端高档项目的开发起到很大的带动效应。北京房产高端产品的市场空间较大,有足够的消费群体可以支撑。

4. 威胁分析

目前区域市场供应量较少,未来一定时间内区域市场的供应量有限,为本项目预留了一定的发展空间。政府加大力度规范房地产市场、金融产业等一系列政策的出台,将逐步调整市场走向规范、平稳的发展。地块区域的成熟将是一个渐进的过程,需要不断培养和引导。项目开发周期带来一系列的连带性反应。

三、客群定位

本项目目标客户为家庭年收入100万元左右的客户群。客户主要是40~55岁事业有成、冷静、严谨,善于独立思考问题,有自己独立见解和看法的中年人。其次是掌握高知识、高技术的新生中坚力量和正在崛起的硕士生、博士生。还有部分为30~50岁,个性张扬,但大多受过良好的教育,部分有过国外学习生活经历的二次置业者。

四、产品设计建议

为了丰富本项目的产品,并提升本项目的品质,本案对板楼户型的设计提出如下建议:

(1)双开门电梯的设计。

(2)充分利用楼体的折线形,设计为户户明卫。

(3)充分利用双开门电梯将公共过道变为私属空间的便利,形成板楼户户花厅入口的设计特点。

(4)引入平层三居与错层三居的不同产品形态。

三居错层式设计(建议设置在板楼最西侧的部分),客厅的层高挑高至4.9 m。室内客厅与餐厅、卧室上错2~3个台阶,功能分区更加明确。步入式衣帽间与明厨明卫,体现出本项目的品质,也将成为项目的卖点。

板楼南侧首层设计下沉式私家花园,首层双入户门设计。

五、价格定位

在房地产营销过程中,定价是极其敏感、极其重要的环节,开发商对此也十分关注。

首先,选择与本项目具有可比性的项目,罗列其基本资料,确定各项基本资料的权重,根据实际情况给予相应的分数。其次,将每个项目的各项基本资料的加权值与其得分相乘,得到该项目的最后得分。经过相应的公式计算出可比项目的基准满分均价。最后,用基准满分均价计算本项目的初步参考价格。

一、GC2018-075 地块项目定位

通过查找相关的资料,GC2018-075地块是原西园饭店的旧城改造项目。据相关资料记载:"西园饭店的前身为'西园诗社'主人、广东台山籍建筑商人甄仁溥的私宅。"新中国成立后,西园饭店作为南宁较早接待领导人的"国宾馆"。GC2018-075地块贴着"豪门宅邸""南宁第一国宾馆"的西园饭店不仅有一线邕江江景资源,还靠近南宁地铁2号线,还有朝阳商圈、江南剧院、江南万达以及项目规划的24班幼儿园和周边江南小学等优质资源。因此,广西理想房地产咨询有限公司团队成员将项目的产品定位于城市高端品质大宅。项目目标客户:一线临江高层客户主要为35~55岁事业有成的企业单位高管或金领,第二排高层主要为25~45岁收入较高的白领和事业单位工作人员,掌握高知识、高技术的新生代中坚力量和正在崛起的,对生活品质有一定所求的改善型需求人士。另外,本项目的客户群还包括部分拆迁户。由于本项目地理位置优越,团队欲将本项目打造成南宁的第二个"幸福里",价格定位在1.2~2.2万元。

二、GC2018-075 地块项目规划指标

地方政府自然资源局的规划管理部门制定了项目控制性详细规划后,房地产开发企业可根据控制性规划指标,结合项目地块的定位进行修建性详细规划,制定相应的规划经济技术指标。接下来,将以GC2018-075地块为例,讲解项目具体规划指标如何确定。讲解的同时,首先会对规划指标的含义进行介绍。

(一)主要规划指标的含义

(1)建、构筑物占地面积或基底面积:建筑物(含阳台)、构筑物与室外地面相连接的外围护结构(含阳台外轮廓投影线)或柱子外边线所围合区域的水平投影面积。

(2)建筑密度：建筑基地范围内，建筑物的基底面积总和与建筑基地面积(净用地面积)的比率(％)。

(3)建筑容积率或容积率：建筑基地范围内，建筑物地面以上建筑面积的总和与建筑基地面积(净用地面积)的比值。

(4)绿化率：建筑基地范围内，总绿地面积与建筑基地面积(净用地面积)的比率(％)。

(5)水面率：居住用地的集中绿地范围内，水面面积总和与集中绿地面积的比率(％)。水面包括园林景观水面和敞开的功能水面，如游泳池、戏水池等。

(二)主要规划控制性指标

在规划经济技术指标之前，先将GC2018－075地块的主要控制性规划指标列出：

(1)土地批准用途：城镇住宅用地、批发零售用地。

(2)实际出让用地面积：40 533.29 m²(折合 60.800 亩)。

(3)土地使用年限：城镇住宅用地70年，批发零售用地40年。

(4)主要规划设计条件：容积率≥2.0且≤4.0(其中住宅容积率≤3.9)，商业占总计容建筑面积的比例为 2％～3％，其余为居住。建筑密度≥20％且≤35％，绿化率≥25％，建筑高度≤190 m，其中临邕江第一排基准高度 60 m，不大于 100 m，第二排不大于 190 m，且要求高低错落富有层次和韵律。

竞得人在竞得土地后 36 个月内，须在地块内向江南区政府提供住宅数量≥370 套且建筑面积≥36 530 m²。

(三)总建筑面积的计算

要计算总建筑面积，首先必须理解容积率的含义。建筑容积率或容积率是指建筑基地范围内，建筑物地面以上建筑面积的总和与建筑基地面积(净用地面积)的比值[《南宁市城市规划管理技术规定(2014年版)》]，即

$$容积率 = \frac{建筑物地面以上建筑面积}{净用地面积}$$

建筑物地面以上建筑面积即所说的计入容积率的建筑面积(简称计容面积)。通常，房地产开发企业首先追求利益最大化，在市场竞争日益激烈的今天，为了使项目市值最高，普通住房通常面积上会尽量趋近上限，则本项目容积率尽量接近4.0。

故 GC2018－075 地块计容面积≤40 533.29×4＝162 133.16(m²)。

由于商业占总计容建筑面积的比例为 2％～3％，故商业面积区间为 162 133.16×2％～162 133.16×3％，即在 3 242.663 2～4 863.994 8 m²。具体规划面积要根据项目周边的商业氛围来定，如果周边商业物业林立，且商业氛围不佳，则宜选择规划最低的商业面积。

住宅计容建筑面积≤162 133.16－3 242.663 2＝158 890.496 8(m²)

注：由于本项目未要求配建幼儿园和学校，故本项目地上建筑除住宅和商业面积外的建筑面积均可分摊。目前大多数项目的销售按建筑面积(建筑面积＝套内建筑面积＋分摊的共有面积)，这样，在规划的经济技术指标表中可以不列出物业管理用户和居委会用房等。当然，在初步规划时将住宅和商业按套内面积计算，把公摊的其他面积单独列出来更直观。

是不是所有的地上建筑物都计入容积率呢？在现实中也不尽然。以广西南宁市为例，

根据《南宁市城市规划管理技术规定(2014年版)》中第3.5.10条规定：建筑架空层应符合下列规定：

(1)架空绿化层的层高应≥3.6 m，绿化率≥40%的架空绿化层建筑面积不计入容积率，架空绿化面积不计入绿地面积，设于底层时，应计入基底面积。

(2)设于底层的架空层作为非机动车停车时，建筑面积不计入容积率，但计入基底面积。

(3)架空的机动车停车层，建筑面积应计入容积率，设于底层时，应计入基底面积。

另外，地下建筑物有可能也是计入容积率的。《南宁市城市规划管理技术规定(2014年版)》中第3.1.4条规定：地下空间的开发利用中地下停车、设备用房，人防配建不计容积率，地下商业和其他地下功能性用房需单独列出地下建筑面积，并计入地下容积率，具体计算规则由有关行政主管部门规定。

从以上的规定可以看出，总建筑面积的构成如图3-3所示。

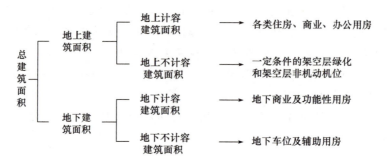

图3-3 总建筑面积的构成

以GC2018—075地块为例，地下建筑面积为车位，车位的数量又如何确定呢？

根据《南宁市城市规划管理技术规定(2014年版)》中的停车位配建指标表，由于本项目定位为高端项目，因此机动车指标设定为0.9车位/100 m² 计容建筑面积。

故本项目机动车停车位=162 133.16×0.9÷100≈1 496(个)。

按每个机动车位建筑面积(包括分摊的共有面积)为40 m²，则本项目地下建筑面积为1 496×40=59 840(m²)。

最终，本项目的总建筑面积=地上建筑面积+地下建筑面积。

以上为项目的初步规划指标，仅为理论上的，在实际工作中应该根据调研的信息进行合理定位后将各指标进行细化。

最终，根据之前做的项目定位，团队将该项目进行了初步规划。

根据规划要求：其中临邕江第一排基准高度为60 m，不大于100 m，第二排不大于190 m，且要求高低错落，富有层次和韵律。因此，该团队按要求将临江的一排按高标准设计成29层大平层板楼2幢，第二排为两梯四户的塔楼，共5幢。户型及面积见表3-9。

表 3-9　GC2018－075 地块项目户型配比表

楼型	户型	户型面积/m²	层面积/m²	层数	幢数	总面积/m²
楼型 1	三房二厅	108	491	56	2	54 992
	三房二厅	119				
	四房二厅	125				
	四房二厅	139				
楼型 2	三房二厅	125	542	45	3	73 170
	三房二厅	136				
	四房二厅	135				
	四房二厅	146				
楼型 3	五房二厅	156	344	29	3	29 928
	六房二厅	188				

因此，住宅总建筑面积＝54 992＋73 170＋29 928＝158 090(m²)(≤158 890.496 8 m²)

总户数为 4×56×2＋4×45×3＋2×29×3＝1 162(户)

设定商业面积为 3 500 m²

最终，规划的本项目经济技术指标表见表 3-10。

表 3-10　GC2018－075 地块项目(江湾尊府)户型配比表

项目名称		江湾尊府		
项目规划总用地/亩		60.8	容积率	3.993 014 137
项目规划总用地/m²		40 533.29	建筑密度	20%
总建筑面积/m²		215 850.00	绿化率	40%
住宅总建筑面积/m²		158 090.00	住宅总户数	1 162
公共服务设施总面积/m²		3 760.00	汽车位总数	1 400
住宅	内容类型	建筑面积	占住宅总建筑面积比例	拟结构形式	备注
	高层(29～50 层)	158 090.00	73%	框架结构	不含公摊
公共服务设施	内容类型	建筑面积/m²		用地面积/m²	
	商业	3 500.00			
	物业用房	120.00			
	居委会用房	140.00			
停车位	内容停车方式	车位数		占总停车面积比例/%	
	地下、半地下	1 350		54 000	
	地面露天	50			
交楼标准	内容装修标准	占住宅总建筑面积比例			
	毛坯房	0			
	仅提供厨卫装修	0			
	提供全套精装修	100%			

注：以上数据为初步规划数据，仅供参考，并不代表是最优的。

过程 3　房地产开发项目可行性研究

2018 年 8 月 29 日，GC2018—075 地块由广西联合佳成置业有限公司（华润置地旗下企业）获得，表 3-11 为该项目在自然资源局公示的经济指标，请大家分析广西理想房地产咨询有限公司设定的规划与华润置地的规划指标，哪一个规划得更好？

表 3-11　西园悦府一期经公示的经济技术指标表

项目			数量	单位	备注
总用地面积			40 533.29	m²	
其中	绿化用地面积		4 379.00	m²	此绿地参与计容，保持对外开放且不参与权属划分
	道路用地面积		1 711.00	m²	此道路参与计容，保持对外开放且不参与权属划分
总建筑面积			226 853.39	m²	
其中	地上建筑面积		167 153.39	m²	
	计容建筑面积		160 820.02	m²	
	其中	住宅建筑面积	156 165.22	m²	包含回迁房面积≥36 530 m²，占计容面积的 22.71%
		沿街建筑面积	3 842.73	m²	占计容面积的 2.3%
		配套面积	812.07	m²	
		其中 社区（区委会）管理用房建筑面积	240.00	m²	设置在 6#楼－1 层；一二三期合并设置
		人防报警室	8.00	m²	设置在 5#楼屋顶
		公厕	30.00	m²	
		消防控制室	80.00	m²	设置在 5#楼－1 层（消防、安防控制室，供一、三期使用）
		物业管理用户建筑面积	454.07	m²	设置在 5#楼－1 层/1 F
	不计容建筑面积		6 333.37	m²	
	其中	架空层、骑楼建筑面积	6 333.37	m²	架空绿化及公共架空休闲（健身）
	地下建筑面积（不计容）		59 700.00	m²	
	其中	地下车库建筑面积	59 700.00	m²	使用功能为地下停车房（含 30 m² 垃圾房）
住宅总套数			1 071	套	其中回迁房户数≥370 户；回迁房设置在 5#、6#楼
居民健身活动场所			676.05	m²	
其中	居民健身活动场所（架空层）		176.05	m²	3#、6#楼架空处设置
	居民健身活动场所（室外）		500.00	m²	
建筑占地面积			6 832.62	m²	
建筑密度			16.86%	—	
绿化率			25.00%	—	
总容积率			3.97	—	

续表

		住宅容积率	3.87	—	
		机动车停车位	1 448	个	机动车停车配比：普通住宅 0.9 辆/100 m²，普通商业 0.9 辆/100 m²
其中		机动车地上停车位	49	个	
		机动车地下无障碍停车位	29	个	
		机动车地下停车位	1 370	个	
		机动车停车位	1 073	个	非机动车停车配比为：普通住宅 0.5 辆/100 m²，普通商业 7.5 辆/100 m²
其中		机动车地上停车位	0	个	
		机动车地下停车位	1 073	个	

另外，该项目在自然资源局公示的总平面图如图 3-4 所示。

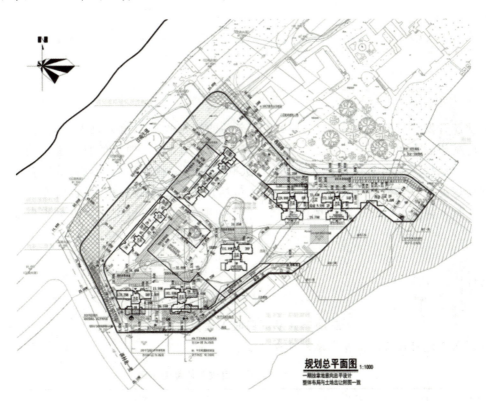

图 3-4　西园悦府一期经公示的规划总平面图

过程 3　房地产开发项目可行性研究

任务 3-4　目标地块经济测算

在完成经济技术指标表的基础上，广西理想房地产咨询有限公司项目团队将应用相关知识，取得当地的基础数据，对该项目进行经济测算。

对项目进行经济测算将应用到哪些知识？如何对房地产开发项目进行经济测算？请帮助广西理想房地产咨询有限公司项目团队完成经济测算工作。

一、房地产开发项目的收入估算

房地产开发项目的收入主要包括房地产产品的销售收入、租金收入、土地转让收入、配套设施销售收入和自营收入等。房地产产品经营方式不同，项目的收入也不同。经营方式的分析与选择，主要应考虑近期利益和长远利益兼顾、资金压力、自身的经营能力及市场的接受程度等，对出售（包括预售）、出租（包括预租、短租或长租）、自营等经营方式进行选择。收入估算可以根据项目租售计划、经营计划制定的租售价格乘以可租售面积进行计算。

拓展阅读

房地产开发项目收入估算汇总表

房地产开发项目收入估算汇总表见表 3-12。

表 3-12　房地产开发项目收入估算汇总表

序号	项目	估算依据及备注
1	销售收入	售价与可销售面积的乘积
2	出租收入	租价与可出租面积的乘积
3	自营收入	根据实际具体估算
4	配套销售收入	售价与可出租部分的乘积

续表

序号	项目	估算依据及备注
5	配套出租收入	租价与可出租部分的乘积
6	土地出租收入	租金与出租面积的乘积
扣减项目		
7	增值税/%	由于进项税额难以估算,故按个人转让房地产的增值税税率5%估算
8	城市建设维护费/%	按不同的税率计征
9	教育费附加/%	一般税率为增值税的3%
10	教育专项基金/%	以增值税为计税依据计征
11	防洪工程维护费	按每年房地产销售额的一定比例计征
12	交易管理费	按房地产交易额的一定比例计征
13	交易印花税	按房地产交易价的一定比例计征
14	土地增值税	实行四级超额累进税率
15	企业所得税	一般按企业应纳税所得额的25%计征

二、房地产开发项目的投资估算

一个房地产开发项目从可行性研究到竣工投入使用,都需要投入大量资金,在项目的前期阶段,必须对项目投资进行准确的估算,以便于对项目进行经济效益评价并作出投资决策。投资估算的范围包括土地费用、前期工程费、房屋开发费、管理费用、销售费用、财务费用、不可预见费、有关税费及其他费用等项目的全部成本和费用投入等内容。各项成本费用的构成复杂、变化因素多、不确定性大,尤其是由于不同建设项目类型的特点不同,其成本费用构成存在较大的差异。

1. 土地费用估算

土地费用是指为取得项目用地使用权而发生的费用。由于目前存在着有偿出让、转让、行政划拨、合作用地四种获取土地使用权的方式,因此对土地费用的估算要就实际情况而定。

(1)出让用地的土地费用。出让用地的土地费用主要包括向政府缴付的土地使用权出让金和根据土地原有开发状况需要支付的拆迁安置补偿费、城市基础设施建设费或征地费等。以出让方式获得城市土地使用权时,土地出让价款由土地使用权出让金和城市基础设施建设费构成,出让土地方式下开发商需要进行后续的房屋拆迁安置补偿工作,并支付相关费用。

(2)转让用地的土地费用。目前,通过土地转让来获得房地产开发用地的方式较为常见,土地转让费是指土地受让方向土地转让方支付土地使用权的转让费。通过转让形式取得的土地费用,主要采用市场价格,实践中常常采用市场比较法、假设开发法、收益法等方法进行土地估价。

(3)行政划拨用地的土地费用。通过划拨形式取得的土地费用,不包含土地使用权出让金,但是土地使用者需交纳土地征收、拆迁补偿安置等费用及视开发程度而定的土地开发成本等。其主要形式又可分为"生地"划拨和"熟地"划拨。

（4）合作用地的土地费用。这种方式主要通过土地作价入股来合作开发，其土地费用估算也主要参考市场价格，需要对土地价格进行评估。通过对土地合作开发，可以有效地解决资金不足、降低投资风险等问题。

2. 前期工程费估算

前期工程费主要包括可行性研究、项目策划、规划设计、水文地质勘察及"三通一平"或"七通一平"等土地开发工程费用。项目的可行性研究、规划设计所需的费用支出一般可按项目总投资的一个百分比估算。"三通一平"等土地开发费用主要包括地上原有建筑物拆除费用、场地平整费用和通水、通电、修道路的费用。这些费用的估算可根据实际工作量参照有关计费标准进行。

3. 房屋开发费估算

房屋开发费包括建筑安装工程费、基础设施建设费和公共配套设施建设费等。

（1）建筑安装工程费。建筑安装工程费是指用于工程建设的总成本费用。其主要包括建筑工程费（结构、建筑、特殊装修工程费）、设备及安装工程费（给水排水、电气照明及设备安装、空调通风、弱电设备及安装、电梯及其安装、其他设备及安装等）和室内装饰家具费等。在可行性研究阶段，建筑安装工程费用估算可以采用单元估算法、单位指标估算法、工程量近似匡算法、概算指标估算法、概预算定额法，也可以根据类似工程经验进行估算。具体估算方法的选择应视基础资料的可取性和费用支出的情况而定。

（2）基础设施建设费。基础设施建设费是指建筑物 2 m 以外和项目红线范围内的各种管线、道路工程。其费用包括自来水、雨水、污水、煤气、热力、供电、电信、道路、绿化、环卫、室外照明等设施的建设费用，以及各项设施与市政设施干线、干管、干道等的接口费用。一般按实际工程量估算。

1）供水、排水、排污、燃气、热力等基础设施管线的工程建设费用。可按估算工程量参照有关计价指标或结合类似工程经验进行估算。

2）上述设施与市政管网的接口费用。市政接口费用一般要根据项目自身规模所需要的负荷以及项目所在地的具体情况，与当地供水、供热、燃气等部门进行专门的协商。

3）道路、绿化、供电、路灯、围墙、环卫、安防等设施的工程建设费用，一般可按估算工程量参照有关计价指标或结合类似工程经验进行估算。

4）基础设施建设费中应当考虑项目建成后是否需要开闭所、换热站等投资，其与项目规模、负荷、周边相关设施情况等有关，可参考有关计价指标或结合类似工程经验进行估算。

（3）公共配套设施建设费。公共配套设施建设费是指居住小区内为居民服务配套建设的各种非营利性的公共配套设施（又称公建设施）的建设费用。其主要包括居委会、派出所、幼儿园、公共厕所、停车场等，可根据估算工程量参照有关计价指标进行估算，或按规划指标根据类似工程经验进行估算。

4. 管理费用估算

管理费用是指房地产开发企业的管理部门为组织和管理房地产项目的开发经营活动而发生的各项费用。其主要包括公司经费、工会经费、职工教育培训经费、劳动保险费、待业保险费、董事会费、咨询费、审计费、诉讼费、排污费、房产税、土地使用税、开办费摊销、业务招待费、坏账损失、报废损失及其他管理费用。管理费用一般按照项目投资的一个百分比进行估算，也会因项目类型和特点不同而不同。调研统计数据表明，单独项目开发的管理费用基本维持在2%～4%。如果一个房地产开发企业同时开发几个房地产项目，管理费用应在各个项目间合理分摊。

5. 销售费用估算

销售费用是指开发建设项目在销售其产品过程中发生的各项费用及专设销售机构或委托销售代理的各项费用。其包括销售人员工资、奖金、福利费、差旅费、销售机构的折旧费、修理费、物料消耗费、广告宣传费、代理费、销售服务费及销售许可证申领费等。

在开发项目的销售费用估算中，应当特别关注广告宣传费、销售现场及样板房装修等费用。上述占项目销售支出的比重较大，具体估算视项目情况而定。

6. 财务费用估算

财务费用是指企业为筹集资金而发生的各项费用。其主要为借款或债券的利息，还包括金融机构手续费、融资代理费、承诺费、外汇汇兑净损失，以及企业筹资发生的其他财务费用。

7. 不可预见费估算

不可预见费根据房地产项目的复杂程度和前述各项费用估算的准确程度而有所不同。一般类型房地产项目的建筑设计与施工技术都比较成熟，工程实践统计数据显示，不可预见费可按上述各项费用之和的2%～5%进行估算。

8. 税费估算

房地产税费主要是在销售与交易阶段发生的税费，主要有"两税一费"（增值税、城市维护建设税、教育费附加）、土地增值税、企业所得税等。在一些大中型城市，这部分税费在开发建设项目投资中占有很大比重，各项税费应根据当地有关部门的具体规定计算。

9. 其他费用估算

其他费用主要包括临时用地费和临时建设费、施工图预算和标底编制费、工程合同预算或标底审查费、招标管理费、总承包管理费、合同公证费、施工执照费、工程质量监督费、工程监理费、竣工图编制费、保险费等杂项费用。这些费用一般按当地有关部门规定的费率估算。

为便于对房地产开发项目各项成本进行分析、比较和汇总，在对房地产开发项目各项成本费用进行估算的基础上，可将估算结果汇入房地产开发项目成本费用及投资估算表（表3-13）。

表3-13　房地产开发项目成本费用及投资估算表

序号	费用项目	单价(元/m²)	数量	总价/万元	备注
一	土地费用				
1	土地出让金				
2	城市建设配套费				
3	征地、拆迁安置补偿费				

过程 3　房地产开发项目可行性研究

续表

序号	费用项目	单价(元/m²)	数量	总价/万元	备注
…	…				
小计					
二	前期工程费				
1	规划、勘测设计费				
2	可行性研究费				
3	"三通一平"费				
…	…				
小计					
三	房屋开发费				
1	建安工程费				
2	基础设施建设费				
3	公共配套设施建设费				
4	其他费用				
…	…				
小计					
四	管理费用				
…	…				
小计					
五	销售费用				
1	广告费				
2	代理费				
…	…				
小计					
六	财务费用				
1	融资费用				
2	利息费用				
…	…				
小计					
七	不可预见费				
…	…				
小计					
八	税费				
…	…				
小计					
九	其他费用				
…	…				
小计					
	开发项目总投资				

一、房地产开发项目的收入估算

由于在计算费用时要计算销售费用,通常销售费用按销售收入计算,故需先求出本项目的预期销售收入。经过对五一路片区房地产市场调查,找到三个部分楼盘,运用竞争导向定价法,最终求得该项目板式高层住宅平均单价为 20 100 元/m²,塔式高层住宅平均单价为 12 600 元/m²,商业用房平均单价为 24 900 元/m²,停车位平均单价为 130 200 元/个。故本项目预期收入见表 3-14。

表 3-14 GC2018-075 地块销售收入估算表

类型	数量/m² 或个	销售均价（元/m² 或元/个）	销售率	销售收入/万元
板式高层	29 928	20 100	100%	60 155.28
塔式高层	128 162	12 600	100%	161 484.12
商业用房	3 500	24 900	100%	8 715
停车位	1 350	130 200	100%	17 577
合计	—	—	—	247 931.4

二、成本费用及投资的估算

本部分完成的经济指标表中的数据演示 GC2018-075 地块的经济测算过程,见表 3-15。请注意:该小组数据仅用于过程讲解,不代表其经济技术指标一定是合理的。

在表 3-15 中,土地出让价格是未知的,考虑到自然资源局给出的起始价格通常为相关房地产估价机构评估的土地价格,故土地单价暂按自然资源局公布的起始 945 万/亩计算,其他基础数据查当地的相关资料或参照具体企业测算数据。

表 3-15 GC2018-075 地块项目成本费用及投资估算表

序号	费用项目	数量	单价(元/m²)或费率	总价/万元	备注
一	土地费用			59 208.05	
1.1	土地出让金	40 533.29	14 174.93	57 455.65	按 945 万/亩
1.2	契税和登记费	57 455.651 3	3.05%	1 752.40	按土地出让金
二	前期工程费			2 827.64	
2.1	勘察检测费	215 850	7	151.10	按总建筑面积
2.2	规划设计费	215 850	80	1 726.80	按总建筑面积
2.3	图审费	215 850	3	64.76	按总建筑面积
2.4	报批报建费	215 850	14	302.19	按总建筑面积

过程3　房地产开发项目可行性研究

续表

序号	费用项目	数量	单价（元/m²）或费率	总价/万元	备注
2.5	"三通一平"费用	215 850	18	388.53	按总建筑面积
2.6	临时设施费	215 850	9	194.27	按总建筑面积
三	建筑安装工程费		4 545.81	98 121.28	
3.1	地下建筑工程			17 643.57	
3.1.1	土石方	215 850	60	1 295.10	按总建筑面积
3.1.2	基坑支护	215 850	2	43.17	按总建筑面积
3.1.3	桩基	215 850	180	3 885.30	按总建筑面积
3.1.4	地下室建筑工程费	54 000	2 300	12 420.00	按地下建筑面积
3.2	地上主体工程			30 737.10	
3.2.1	商业建筑	3 500	2 000	700.00	
3.2.2	住宅建筑	158 090	1 900	30 037.10	
3.3	安装工程			21 082.14	
3.3.1	给水排水工程	215 850	45	971.33	按总建筑面积
3.3.2	电气工程	215 850	60	1 295.10	按总建筑面积
3.3.3	智能化工程	215 850	30	647.55	按总建筑面积
3.3.4	消防工程	215 850	50	1 079.25	按总建筑面积
3.3.5	燃气工程	215 850	30	647.55	按总建筑面积
3.3.6	装饰装修	158 090	1 000	15 809.00	仅算住宅
3.3.7	电梯工程	158 090	40	632.36	
3.4	装修工程（大堂、电梯厅公共部分精装修）	161 590	1 500	24 238.50	计容建筑面积×15%
3.5	室外工程			4 419.97	
3.5.1	室外管网	215 850	120	2 590.20	按总建筑面积
3.5.2	园林景观	215 850	82	1 769.97	按总建筑面积
3.5.3	物业管理用房（含装）	140	2 300	32.20	
3.5.4	居委会用房（含装）	120	2 300	27.60	
四	管理费用	100 948.91	5%	5 047.45	（二～三）×3%
五	销售费用	247 931.4	3%	7 437.94	
六	财务费用			0.00	
6.1	融资费用	0	0	0.00	不融资
6.2	利息费用	0	0	0.00	不融资
七	不可预见费	100 948.91	3%	3 028.47	（二～三）×3%
八	其他费用		42	906.57	
8.1	工程造价咨询费	215 850	13	280.61	按总建筑面积
8.2	工程监理费	215 850	15	323.78	按总建筑面积

续表

序号	费用项目	数量	单价(元/m²)或费率	总价/万元	备注
8.3	校验试验费	215 850	11	237.44	按总建筑面积
8.4	其他间接费用	215 850	1	21.59	按总建筑面积
8.5	产权办理费	215 850	2	43.17	按总建筑面积
九	交易税费			20 776.65	
9.1	增值税及附加	247 931.4	5.33%	13 214.74	按收入 5.6% 测算
9.2	土地增值税	247 931.4	5%	12 396.57	按收入 5% 预缴
	开发项目总投资			202 188.70	

注:1. 以上基础数据为房地产开发企业历史经验数据,每个企业可能各不相同;
2. 建筑安装工程费均价由总价/总建筑面积求得;
3. 装饰费用仅计算住宅部分和公共部分(包括大堂、电梯厅、物业用房和居委会用房);
4. 管理费用和不可预见费按前期和建筑安装成本的一定比例计算;
5. 销售费用按预期销售收入的一定比例计算;
6. 本项目假定不进行融资;
7. 房地产开发增值税暂时难以计算扣除项目,故按二手房税率测算[5.33%=5.6%/(1+5%)];
8. 土地增值税需项目完成后清缴,故此处按预期收入 5% 预缴。

任务 3-5 目标地块财务评价

任务背景

在任务 3-4 中,各成本、费用和销售收入都是按静态计算的,广西理想房地产咨询有限公司需要将 3-4 任务中的数据按各时间节点进行动态计算,并计算出净现值和内部收益率。

任务设定

请帮助广西理想房地产咨询有限公司完成财务评价,并计算出净现值和内部收益率。

过程 3　房地产开发项目可行性研究

一、房地产开发项目财务评价

1. 财务评价的概念

财务评价是指根据国家现行财税制度和价格体系，分析、计算项目直接发生的财务效益和费用，编制财务报表，计算评价指标，考察项目的盈利能力、清偿能力及外汇平衡等财务状况，据以判断项目的财务可行性。

财务评价是房地产开发项目可行性研究的核心内容，无论对开发商还是对给房地产开发项目提供资金支持的金融机构都是非常重要的。

2. 财务评价的一般步骤

房地产项目财务评价在确定的项目建设方案、投资估算和融资方案的基础上进行，主要是利用有关基础数据，通过基本财务报表，计算财务评价指标和各项财务比率，进行财务分析，作出财务评价。财务评价步骤大致可以分为以下四步：

（1）财务评价基础数据选取计算。通过对投资项目所处的市场进行充分调研和投资方案分析，确定项目建设方案，拟订项目实施进度计划等，据此进行财务预测，选取适当的生产价格、费率、税率、利率、基准收益率、计算期等基础数据和参数，获取项目总投资、总成本费用、租售收入、税金、利润等一系列财务基础数据。在对这些财务数据进行分析、审查、鉴定和评估的基础上，完成财务评价辅助报表。

（2）财务评价基本报表编制和分析。将基础数据汇总，编制现金流量表、损益表、资金来源与运用表、资产负债表及外汇财务平衡表等财务评价基本报表，并对这些报表进行分析评价。在分析评价的过程中，既要审查基本报表的格式是否符合规范要求，又要审查所填列的数据是否准确并保持前后一致。然后利用各基本报表，直接计算出一系列财务评价的指标。

（3）进行不确定性分析。对于影响项目财务指标的主要因素还要进行不确定性分析，包括敏感性分析、盈亏平衡分析。

（4）提出财务评价结论。按照上述计算的财务评价动态、静态指标及不确定性分析的结果，将有关指标值与国家有关部门规定的基准值和目标值进行对比，得出项目在财务上是否可行的评价结论。

拓展阅读

财务评价的作用

（1）衡量项目的盈利能力。盈利能力是反映房地产投资项目财务效益的重要标志。在财务分析中，应当考察拟投资项目的盈利能力是否达到行业平均水平或投资者期望的最低盈利水平，或者是否满足项目可行性的条件。这种衡量主要是通过计算财务内部收益率、财务净现值、投资利润率及资本金利润率等指标来进行。

(2)衡量项目的清偿能力。拟投资项目的清偿能力包括两个层次:一是项目的财务清偿能力,即项目按期收回全部投资的能力;二是债务清偿能力。如果项目有贷款,就应考察项目资金偿还期限是否符合有关规定,项目是否具备所要求的清偿债务的能力。这种衡量主要是通过计算投资回收期、借款偿还期及资产负债率和偿债保障系数等指标来进行。

(3)衡量项目的资金平衡能力。资金平衡主要是指投资项目的各期累计盈余资金不应出现负值(即资金缺口),是房地产开发经营的必要条件。这种衡量是通过资金来源与运用表进行的。

二、房地产开发项目财务评价的基本报表

房地产开发项目财务评价报表可分为基本报表和辅助报表。其中,基本报表包括现金流量表、损益表、资金来源与运用表、财务外汇平衡表及资产负债表等;辅助报表包括总投资估算表、销售收入和销售税金及附加表、投资计划与资金筹措表、借款还本付息表等。

1. 财务评价基本报表

(1)现金流量表。现金流量表反映项目计算期内各年的现金流入和现金流出,用以计算财务内部收益率、财务净现值及投资回收期等评价指标,分析项目财务盈利能力。现金流量表可分为现金流量表(全部资金)和现金流量表(自有资金),见表3-16、表3-17。

表3-16 现金流量表(全部资金)　　　　　　单位:万元

序号	项目	合计	建设期		经营期	
			第一年	…	第一年	…
1	现金流入(CI)					
1.1	经营收入					
1.2	回收固定资产余值					
1.3	回收流动资金					
2	现金流出(CO)					
2.1	建设投资					
2.2	流动资金					
2.3	经营成本					
2.4	经营税金及附加					
2.5	土地增值税					
2.6	所得税					
3	净现金流量(CI-CO)					
4	累计净现金流量					
5	折现净现金流量					
6	累计折现净现金流量					
	所得税前					
7	净现金流量					
8	累计净现金流量					

过程 3 房地产开发项目可行性研究

续表

序号	项目	合计	建设期		经营期	
			第一年	…	第一年	…
9	折现净现金流量					
10	累计折现净现金流量					
	计算指标		所得税后		所得税前	
	财务净现值(FNPV)		万元		万元	
	静态投资回收期		年		年	
	动态投资回收期		年		年	
	财务内部收益率(FIRR)		%		%	

表 3-17　现金流量表（自有资金）　　　　　　　　　单位：万元

序号	项目	合计	建设期		经营期	
			第一年	…	第一年	…
1	现金流入(CI)					
1.1	经营收入					
1.2	回收固定资产余值					
1.3	回收流动资金					
2	现金流出(CO)					
2.1	资本金					
2.2	借款本金偿还					
2.3	借款利息支付					
2.4	经营成本					
2.5	经营税金及附加					
2.6	土地增值税					
2.7	所得税					
3	净现金流量(CI－CO)					
4	累计净现金流量					
5	折现净现金流量					
6	累计折现净现金流量					
	所得税前					
7	净现金流量					
8	累计净现金流量					
9	折现净现金流量					
10	累计折现净现金流量					
	计算指标		所得税后		所得税前	
	财务净现值(FNPV)		万元		万元	
	静态投资回收期		年		年	
	动态投资回收期		年		年	
	财务内部收益率(FIRR)		%		%	

(2)损益表。损益表是用来反映项目计算期内各年利润总额、所得税及税后利润的分配情况,用以计算投资利润的指标。损益表应结合投资计划与资金筹措表、借款还本付息表等进行编制,见表3-18。

表 3-18　损益表　　　　　　　　　　　　　　　　　　　　　单位:万元

序号	年度 项目	计算期						合计
		1	2	3	…	$n-1$	n	
1	销售收入							
2	建设投资							
3	建设期利息							
4	销售税金及附加							
5	土地增值税等							
6	销售佣金							
7	利润总额							
8	累计利润							
9	所得税							
10	税后利润							
11	累计税后利润							
12	可供分配利润							
12.1	盈余公积							
12.2	应付利润							
12.3	未分配利润							
13	累计未分配利润							

(3)资金来源与运用表。资金来源与运用表根据项目的资金来源与资金运用情况及国家有关财税规定,反映项目计算期内各年的资金盈余或短缺情况,不仅可用于选择资金筹措方案,判定适宜的借款及偿还计划,还可用于计算借款偿还期。资金来源与运用表可分为资金来源、资金运用和盈余资金三大项,它们之间的关系式为盈余资金=资金来源-资金运用,见表3-19。

表 3-19　资金来源与运用表　　　　　　　　　　　　　　　单位:万元

序号	项目	合计	计算期			
			第一年	第二年	第三年	…
1	资金来源					
1.1	经营收入					
1.2	长期借款					
1.3	短期借款					
1.4	发行债券					
1.5	项目资本金					

续表

序号	项目	合计	计算期			
			第一年	第二年	第三年	…
1.6	其他					
2	资金运用					
2.1	建设投资(不含建设期利息)					
2.2	经营成本					
2.3	税金及附加					
2.4	增值税					
2.5	所得税					
2.6	流动资金					
2.7	各种利息支出					
2.8	偿还债务本金					
2.9	分配股利或利润					
2.10	其他					
3	盈余资金(1—2)					
4	累计盈余资金					

（4）财务外汇平衡表。财务外汇平衡表适用于有外汇收支的房地产开发项目，用以反映项目计算期内各年外汇余缺程度，进行外汇平衡分析。

（5）资产负债表。资产负债表综合反映了项目计算期内各年末资产、负债和所有者权益的增减变化及对应关系，以考察项目资产、负债、所有者权益的结构是否合理，用以计算资产负债率、流动比率、速动比率等指标，进行清偿能力分析与资本结构分析。

2. 财务评价辅助报表

（1）总投资估算表。项目总投资包括开发建设投资、建设期利息、流动资金。其中，开发建设投资主要包括土地费用、前期工程费与城建费用、基础设施建设费、建筑安装工程费、公共设施配套费用、开发间接费用、管理费用、销售费用、其他费用、开发税费、不可预见费用、建设期利息等。房地产开发项目总投资估算表见表3-20。

表3-20 总投资估算表 单位：万元

序号	项目	金额	序号	项目	金额
1	土地费用		8	销售费用	
2	前期工程费与城建费用		9	其他费用	
3	基础设施建设费		10	开发税费	
4	建筑安装工程费		11	不可预见费用	
5	公共设施配套费用		12	建设期利息	
6	开发间接费用		13	总投资	
7	管理费用				

(2)销售收入和销售税金及附加表。销售收入和销售税金及附加表反映了项目实现销售收入的状况。销售收入减去各种税金后即可得到净销售收入,各种税金包括销售税金及附加、土地增值税等税金,见表3-21。

表 3-21 销售收入和销售税金及附加表　　　　　　　　　单位:万元

序号	年度 / 项目	计算期						合计
		1	2	3	…	$n-1$	n	
1	销售收入							
2	销售税金及附加							
2.1	增值税							
2.2	城市维护建设税							
2.3	教育费附加							
3	土地增值税等							
4	销售佣金							
5	净销售收入							

(3)投资计划与资金筹措表。在总投资估算表的基础上,根据项目的实施进度、各期需要的投资额、资金筹措方案和资金使用计划,可编制投资计划与资金筹措表。该表反映了项目的动态投资过程和各期的融资状况,见表3-22。

表 3-22 投资计划与资金筹措表　　　　　　　　　　　　单位:万元

序号	年度 / 项目	计算期						合计
		1	2	3	…	$n-1$	n	
1	总投资							
1.1	建设期利息							
1.2	建设投资							
2	资金筹措							
2.1	资本金							
2.2	净销售收入再投入							
2.3	银行借款							
2.4	建设期利息							

(4)借款还本付息表。房地产项目融资若使用银行借款,就应编制借款还本付息表。通过该表可计算项目的借款偿还期等指标,是判断项目偿债能力的依据之一,见表3-23。

过程 3　房地产开发项目可行性研究

表 3-23　借款还本付息表　　　　　　　　　　　　　　单位：万元

序号	年度\项目	计算期						合计
		1	2	3	…	$n-1$	n	
1	借款还本付息							
1.1	年初本息余额							
1.2	本年借款							
1.3	本年应付利息							
1.4	本年还本利息							
1.4.1	本年本金偿还							
1.4.2	本年利息支付							
2	还本付息资金来源							
2.1	未分配利润							
3	偿还本金后余额							

三、不确定性分析法

　　房地产开发项目的不确定性分析就是分析不确定性因素对项目可能造成的影响，并进而分析可能出现的风险。房地产开发项目不确定性分析可以帮助投资者根据房地产项目投资风险的大小和特点，确定合理的投资收益水平，提出控制风险的方案，有重点地加强对投资风险的防范和控制，使财务评价结果更加可靠和符合实际，从而为房地产开发决策提供更科学的依据。房地产开发项目的不确定性分析主要包括盈亏平衡分析、敏感性分析和概率分析。

1. 盈亏平衡分析

　　盈亏平衡分析是研究房地产开发项目在一定时期内的销售收入、开发成本、税金、利润等因素之间的变化和平衡关系的一种分析方法。

　　盈亏平衡分析关键是找到盈亏平衡点，所谓盈亏平衡点是项目盈利与亏损的临界点。在这一点上，项目收支持平，既不盈利又不亏损，净收益为零。盈亏平衡分析也就是分析利润为零时项目的成本、售价或销售率所处的状态。

　　房地产开发项目通过盈亏平衡分析可以看出，该项目对市场需求变化的适应能力，合理确定开发建设规模，找出拟建开发项目建成后的盈亏界限，以了解项目承担风险的能力。

　　(1)盈亏平衡分析的假设条件。静态线性盈亏平衡分析方法成立的条件是以许多约束条件为前提的，主要条件有以下几项：

　　1)开发量与销售量相等；

　　2)在所分析的范围内，固定成本不变；

　　3)变动成本是产销量的线性函数；

　　4)销售收入随产销量的变动而变动且呈线性关系；

　　5)分析中，销售单价保持不变。

　　(2)盈亏平衡分析模型。盈亏平衡分析模型是指用数学方程来描述变动费用和销售收入随开发量增加而成正比例增加的模型。在盈亏平衡分析模型中，根据盈亏平衡的概念，可建立下列方程式：

$$PQ = F + Qb + PQR$$

得

$$Q^* = \frac{a}{P(1-R)-b}$$

式中　Q——产量或销量；
　　　F——年固定总成本；
　　　a——固定成本总额；
　　　b——单位变动成本；
　　　P——单位售价；
　　　R——销售税率；
　　　Q^*——盈亏平衡点的产销量。

由此可见，必须满足条件 $Q > Q^*$，即 $Q[P(1-R)-b] - a > 0$，开发项目才会盈利。否则，项目利润为 0 或亏损。

盈亏平衡点的保本金额为

$$PQ^* = \frac{Pa}{P(1-R)-b}$$

当房地产开发项目有利润时，产销量的公式为

$$Q = \frac{a+M}{P(1-R)-b}$$

式中　M——目标利润。
　　　式中其他符号意义同上。

2. 敏感性分析

敏感性分析是房地产开发项目不确定性分析中的主要方法之一。从上述分析可以看出，房地产开发项目评估所采用的基本数据与参数，大都是来自估算或预测，不可能完全准确，因而就使得开发商作出的决策具有潜在的误差和风险。房地产开发商非常重视评估中数据估价的误差所引起的最终结果的变化，因此，需要在项目财务评估的基础上进一步进行敏感性分析，以弄清楚这些不确定性因素对评估结果影响的大小，提高决策的准确性。

(1)敏感性分析的概念。敏感性分析是指反映投资项目效益评价指标，对不确定性因素变化的敏感程度。敏感性分析的目的就是要在众多的不确定性因素中，找出对项目经济评价指标影响较大的因素，并判断其对开发项目投资效益影响的程度。

(2)敏感性分析的步骤。

1)确定分析指标。找出那些最能反映项目投资效益的经济评价指标如财务内部收益率、财务净现值、投资回收期、贷款偿还期和开发商利润等作为其分析的对象。

2)设定不确定性因素的变化范围。通常选择需要分析的不确定性因素，主要基于两个方面的条件进行，首先是作为需要分析的不确定性因素预计在其可能变动的范围内，其变动将较强烈地影响经济效益指标；其次是在财务评价中对所采用数据的准确性把握不大。凡是符合这两个条件之一的都将作为选定的不确定性因素，并设定其可能的变化范围，以进行分析。

3)从众多影响项目投资效益的不确定性因素中，选取对经济评价指标有重大影响，并

在开发周期内有可能发生变动的因素作为敏感性分析的不确定性因素。

4）对项目经济评价指标进行分析计算，找出敏感性因素。敏感性因素的确定是针对某一特定因素数值的变化，甚至是微小的变化都会对评价指标产生严重影响，则判定该因素就是该项目的敏感性因素。测定敏感性因素的方式有两种，通过其中任意一种方式，即可找出敏感性因素。第一种是需要分析的因素均从基本数值开始变动，且每次变动的幅度相同，计算每次变动对评价指标的影响效果；第二种是使某一特定因素向经济效果不利的方向变动，并取其可能发生的最坏数值，然后计算评价指标，看其是否达到使项目无法接受的程度。

（3）敏感性分析方法。敏感性分析有单因素敏感性分析和多因素敏感性分析两种基本方法，见表3-24。

表3-24 敏感性分析方法

方法	说明
单因素敏感性分析	在进行单因素的敏感性分析时，每次只改变该因素的一个参数值，而其他参数值保持不变，在这种情况下研究其对评价结果影响的程度。这种方法忽略了变量和变量之间的联系，是在各个变量相互独立的条件下所进行的分析
多因素敏感性分析	多因素的敏感性分析是在分析两个或两个以上的参数值同时发生变化时，对评价结果影响的程度。由于事物是普遍联系的，一个因素发生变化，势必会引起另外的因素也发生变化。在现实中，通常是两个或两个以上的不确定因素同时发生变化，所以，多因素的敏感性分析实用性很强

3. 概率分析

概率分析也称风险分析，其能够克服敏感性分析的不足。概率分析是事先给出各个变量或因素发生某种变动的概率，并根据各种变量或因素的概率分布，来求出房地产开发项目在面临不同风险时获利的可能性大小。

概率分析主要有解析法和模拟法两种方法。解析法主要用于解决一些比较简单的风险决策问题，当有多个随机变量时，用解析法就十分困难，则需采用模拟法求解。常见的模拟法是蒙特卡洛方法。房地产开发项目经济分析中涉及的变量较多，比较适用于用蒙特卡洛方法进行风险分析。

四、房地产开发项目投资的风险分析

从房地产投资的角度来说，风险是未来实际收益与预期收益的偏差和可能性大小。一般在房地产项目投资之前，投资各方会对项目带来的收益进行预测，得出预期收益大小，只有完成投资过程进入经营阶段后，人们才可以计算实际获得的收益与预期收益之间的差别，进而也就可以计算获取预期收益可能性的大小。风险涉及变动和可能性，而变动常常又可以用标准方差来表示，用以描述分散的各种可能收益与均值收益偏离的程度。一般来说，标准方差越小，各种可能收益的分布就越集中，投资风险也就越小，反之，标准方差越大，各种可能收益的分布就越分散，风险就越大。

1. 系统风险

系统风险又称为市场风险，即个别投资风险中无法在投资组合内部被分散、抵消的那部分风险。房地产投资项目首先面临的是系统风险，投资者对这些风险不易判断和控制。风险类型主要有以下几种：

(1)通货膨胀风险。通货膨胀风险又称购买力风险，是指投资完成后所收回的资金与初始投入的资金相比，购买力降低给投资者带来的风险。

由于通货膨胀风险直接降低投资的实际收益率，房地产投资者会通过适当调整其要求的最低收益率来降低该风险对实际收益率影响的程度。但房地产投资的保值性，又使投资者要求的最低收益率并不是通货膨胀率与行业基准折现率的直接相加。

(2)市场供求风险。市场供求风险是指投资者所在地区房地产市场供求关系的变化给投资者带来的风险。市场是不断变化的，房地产市场的供给与需求也在不断变化，而供求关系的变化必然造成房地产价格的波动，具体表现为租金收入的变化和房地产价值的变化，这种变化会导致房地产投资的实际收益偏离预期收益。

(3)周期风险。周期风险是指房地产市场的周期波动给投资者带来的风险。房地产市场周期波动可分为复苏与发展、繁荣、危机与衰退、萧条四个阶段。当房地产市场由繁荣转向衰退阶段时，一些实力弱、抗风险能力差的企业会因为金融债务问题破产。

(4)变现风险。变现风险是指急于将商品兑换为现金时由于折价而导致资金损失的风险。房地产属于非货币财产，具有独一无二、价值量大的特性，销售过程复杂，其拥有者很难在短时期内将房地产兑换成现金。

(5)利率风险。利率调升会对房地产投资产生两个方面的影响：一方面，导致房地产实际价值的折损，利用升高的利率对现金流折现，会使投资项目的财务净现值减小，甚至出现负值；另一方面，会加大投资者的债务负担，导致还贷困难。利率提高还会抑制房地产市场上的需求数量，从而导致房地产价格下降。

(6)政策风险。政府有关房地产投资的土地供给政策、税费政策、金融政策、住房政策、价格政策、环境保护政策等，均对房地产投资者收益目标的实现产生巨大影响，从而给投资者带来风险。

避免这种风险的最有效方法，是选择政府鼓励、有收益保证的或有税收优惠政策的项目进行投资。

(7)政治风险。房地产的不可移动性，使房地产投资者要承担相当程度的政治风险。政治风险一旦发生，不仅会直接给建筑物造成损害，而且会引起一系列其他风险，是房地产投资中危害最大的一种风险。

(8)或然损失风险。或然损失风险是指火灾、风灾或其他偶然发生的自然灾害引起的置业投资损失。投资者可以将部分风险转移给保险公司，也可以通过租约将部分风险转移给承租人。

2. 个别风险

个别风险又称为可分散风险，是指由于某一种特定原因对某一特定资产收益率造成影响的可能性。个别风险是由个别人、个别企业或个别行业等可控因素带来的，通过投资的多样化(分散投资)可以降低这种风险。如果分散充分有效，这种风险就能被完全消除。这也是个别风险和系统风险的主要区别。个别风险包括经营风险和财务风险。具体有以下几种风险类型：

(1)收益现金流风险。收益现金流风险是指房地产投资项目的实际收益现金流未达到预

过程 3　房地产开发项目可行性研究

期目标要求的风险。对房地产开发商来说，市场行情的变化最终都会对其收益能力产生影响，无论是开发投资还是置业投资，所有的开发项目都必须面临收益现金流风险，只不过风险大小因项目而异。在市场经济条件下，除政府发行的债券外，几乎所有的投资都不能肯定未来的收益。

（2）未来经营费用风险。未来经营费用风险是指物业实际运营费用支出超过预期运营费用而带来的风险。这类风险主要是针对置业投资者而言，但对于以出租经营方式为主的开发商也将面临未来的维修管理费、更新改造费、重新装修费和保险费、法律服务费等费用的非预期上升而引起的经济损失。

（3）资本价值风险。资本价值在很大程度上取决于预期收益现金流和可能的未来运营费用水平。即使未来收益和费用都不发生变化，项目的资本价值也会随着收益率的变化而变化。虽然房地产业的收益率不像证券市场那样变化频繁，但在一个项目的经营期内，也可能出现较为明显的变化。即使是一些微小的变化，也会使项目的实际资本价值与预期资本价值之间出现很大的差异。

（4）比较风险。比较风险又称机会成本风险，是指投资者将资金投入房地产后，失去了其他投资机会，同时，也失去了相应的可能收益时，给投资者带来的风险。即使本项目可以实现预期收益，也可能因为其他投资机会的收益更好而使得机会成本上升，相比较而言本项目就失去了投资意义。

（5）时间风险。时间风险是指房地产投资中与时间和时机选择因素相关的风险。房地产投资强调在合适的时间、选择合适的地点和物业类型进行投资，这样才能在获得最大投资收益的同时使风险降到最低限度。时间风险的含义不仅表现为物业持有过程中，要选择合适的时机对物业重新装修或更新改造，还包括物业转售时机的选择及转售过程所需时间的长短等。

（6）持有期风险。持有期风险指与房地产投资持有时间相关的风险。一般来说，项目的寿命周期越长，可能遇到的不确定因素越多，预测的准确度越差。因此，实际收益与预期收益之间的差异也会因为持有期的延长而加大。

拓展阅读

房地产投资风险的防范策略

房地产投资风险的防范是指在损失发生前，采取各种预控手段，力求免除或减小风险。常见的投资风险防范策略有风险预控、风险规避、风险自留、风险转嫁、风险组合等。

（1）风险预控。房地产投资风险预控最积极的办法是做好房地产市场调查研究。房地产投资开发的落脚点在市场上，市场风险是房地产投资最直接的风险，能否降低市场风险，关键要看是否能真正把市场的真实情况调查研究清楚。在正确的市场研究结论的前提下，房地产开发才能按计划进行。不正确的市场研究结论必然导致房地产开发的风险增加。

房地产市场调查研究是各种供求数据、收益和支出数据、资金成本数据等的直接或间接来源，也是房地产开发决策的重要依据，所以，必须高度重视房地产市场调研，并切实加强房地产市场调查研究的力度，这样才能减少房地产投资开发风险。

（2）风险规避。即选择风险较小的投资项目或放弃那些风险较大的投资项目。风险规避是一种相对彻底的防范房地产投资风险的方法，也是一种消极的风险防范策略，它在有效防止投资风险发生的同时，也放弃了获取更高利润的机会，所以风险规避并不是投资者的首选策略。

（3）风险转嫁，也称为风险转移，是指房地产投资开发商通过一定的技术措施将风险有意识地转嫁给与其有相互经济利益关系的另一方承担的防范策略。按照技术措施的不同，风险转嫁又有非保险型风险转嫁和保险型风险转嫁两种类型。

1）非保险型风险转嫁，是指房地产投资开发商通过某种方式，将风险损失转由另一方承担和赔偿的风险防范策略。具体的转移方式有合同形式风险转移和财务形式风险转移。

①合同形式的风险转移，即通过合同、契约的形式，将房地产投资项目的某些活动连同其风险损失的财务负担转移给非保险业的其他主体，以达到降低风险发生频率和减少风险损失程度的目的。如在拆迁阶段，开发商可通过拆迁承包合同的签订，将项目征地拆迁过程中可能遇到的各种风险转移给拆迁方。又如，在施工建设阶段，开发商可通过工程项目总承包合同的签订，将项目该阶段面临的建材、设备市场价格波动等风险转移给项目的施工方等。

②财务形式的风险转移，即通过发行股票、寻找投资合作伙伴等寻求外部资金支持的形式，将部分投资的财务责任、风险损失转移给他人的风险转移形式。该形式在转移风险的同时，也把大量的投资收益转移给了他人。

2）保险型风险转移，是指通过参加保险，以小数额的保险费为代价，将开发项目实施过程中可能遭受到的自然灾害、意外事故等风险损失转移给保险公司，由保险公司对被保险的经济损失提供保障。虽然房地产投资者交纳了一定的保险费，但由于这笔保险费支出是定期而均匀的，因而对房地产投资经营者的影响并不大，所以比较适合意外风险采用此策略。

（4）风险组合，即通过多项目投资来分散风险，是将许多类似的，但不会同时发生的风险集中起来考虑，从而能较为准确地预测未来风险损失发生的状况，并使这一组合中发生风险的损失部分，能得到其他未发生风险损失且取得风险收益的投资项目的补偿。

风险组合有不同类型项目组合、不同区域项目组合和不同时期项目组合三种形式。

1）不同类型项目组合。房地产投资存在风险是必然的，但并不是所有房地产投资都一定会遭受风险损失，而且各种类型房地产投资的风险大小不同，获取的收益也不同。因此，投资不同的房地产项目，将风险分散化，房地产投资者可能遭受的整体风险损失就会大大降低，从而可以获得可观的风险收益。如同时投资写字楼和住宅项目的开发，如果写字楼遭受到风险损失，而住宅未受到风险损失，并获得较高的收益，则投入住宅部分的投资收益就能补偿投资写字楼部分的投资损失。一般来说，项目组合时各投资项目之间的相关性不能太强，相关性太强就起不到降低投资风险的作用。

2）不同区域项目组合。房地产商品的位置固定性决定了房地产市场是一个区域性的市场。由于各个地区的经济景气程度、经济政策、投资政策、产业政策、市场环境及资金供求情况等各不同，因此也带来了在不同地区投资风险的大小不同。所以，进行不同区域投资项目组合，就可能有效地整合和降低房地产开发投资商的整体投资风险。

3）不同时期项目组合。在房地产市场情况变化较大的情况下，确定一个合理的投资间隔，分别进行投资，可以避免市场的供求风险。如在住宅市场不明朗的情况下，不能进行大盘同时开发，而应分期开发，视市场供求关系的变化，随时调整投资开发的策略，就能有效避免投资风险。

过程3 房地产开发项目可行性研究

任务实施

在任务3-4中,完成了GC2018－075地块项目成本费用及投资估算表(表3-15),将表3-15的数据进行汇总,编制了表3-25。

表3-25　GC2018－075地块项目总投资估算表　　　　　　　　　　　　　　万元

序号	项目	金额	序号	项目	金额
1	土地费用	59 208.05	6	财务费用	0.00
2	前期工程费与城建费用	2 827.64	7	不可预见费用	3 028.47
3	建筑安装工程费	98 121.28	8	其他费用	906.57
4	管理费用	5 047.45	9	税费	25 611.31
5	销售费用	7 437.94	10	总投资	202 188.70

计算动态指标,必须对项目开发各节点进行规划,此时横道图的使用很有必要。图3-5所示为GC2018－075地块项目的开发计划横道图。

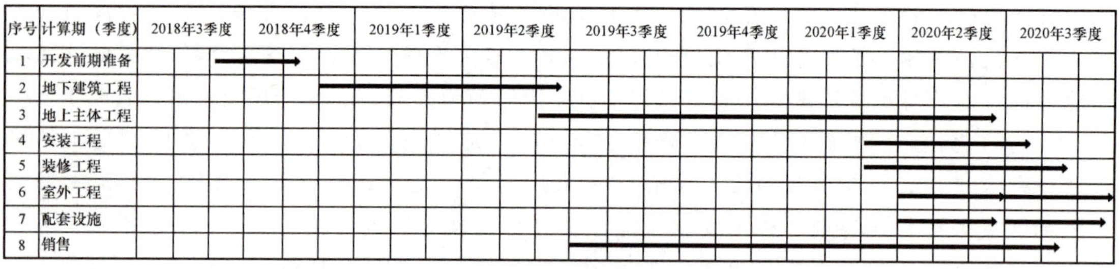

图3-5　GC2018－075地块项目开发计划横道图

如图3-5所示,横道图又称为甘特图(Gantt Chart),以图示通过活动列表和时间刻度表示出特定项目的顺序与持续时间。横轴表示时间,纵轴表示项目,线条表示期间计划和实际完成情况。横道图通过条状图来显示项目、进度和其他时间相关的系统进展的内在关系随着时间进展的情况,以提出者亨利·劳伦斯·甘特(Henry Laurence Gantt)的名字命名。

根据图3-5的各序号工作的节点和进度安排,从而运用excel制作出开发计划表(表3-26)、现金流量表(表3-27)、利润表(表3-28)和土地价格敏感性分析表(表3-29),需要提醒大家的是,以上几个表的数据一定要与图3-5的项目开发计划横道图相一致。

小技巧:编制以上表格时,要厘清各表的逻辑关系,在Excel表中设定相应的公式,不同工作表中的数据可以引用,切忌人工输入计算结果,由于测算表的相关数据可能会有所调整,如果人工输入计算结果,可能每改一遍又需要重新计算重新输入一遍,人为降低工作效率。

表 3-26　开发销售计划表

项目	2018 四季度	2019 一季度	2019 二季度	2019 三季度	2019 四季度	2020 一季度	2020 二季度	2020 三季度	合计
一、开发计划									
地下人防/m²	8 308	20 769	24 923						54 000
住宅/m²			9 881	29 642	29 642	29 642	29 642	29 642	158 090
商业/m²			875	2 625					3 500
其他用房/m²			260						260
竣工面积小计	8 308	20 769	35 939	32 267	29 642	29 642	29 642	29 642	215 850
二、销售面积									
板式住宅/m²					17 957	11 971			29 928
塔式住宅/m²				25 632	51 265	38 449	12 816		128 162
商业/m²						2 100	1 400		3 500
车位/个							1 080	270	1 350
小计	—	—	—	—	—	—	—	—	—
三、销售单价									
板式住宅/(元·m⁻²)					19 500	21 000			
塔式住宅/(元·m⁻²)				12 000	12 500	13 000	13 000		
商业/(元·m⁻²)						24 500	25 500		
车位/个							129 000	135 000	
销售均价	—	—	—	—	—	—	—	—	—
四、销售额/万元									
板式住宅					35 016	25 140	—		60 155
塔式住宅				30 759	64 081	49 983	16 661		161 484
商业					—	5 145	3 570		8 715
车位							13 932	3 645	17 577
小计	—	—	—	30 759	99 097	80 268	34 163	3 645	247 931
五、建安费/万元									
地下人防	3 777	9 441	11 330	—					24 547
住宅	—	—	4 492	13 475	13 475	13 475	13 475	13 475	71 865
商业	—	—	398	1 193	—				1 591
其他用房	—	—	118						118
小计	3 777	9 441	16 337	14 668	13 475	13 475	13 475	13 475	98 121

注：1. 地下人防施工为 7 个月，由于 2 月为春节，故按 2 月算半个月，实际 6.5 个月，按月平均施工面积和施工费；

2. 住宅按 16 个月（包括装饰装修）平均施工面积和施工费，商业按 4 个月平均施工面积和施工费；

3. 销售先塔式高层住宅，再板式高层住宅，然后是商业，最后是车位的销售，价格逐渐升高。

通过现金流量表可以知道，折现值的合计值即为 NPV。故本项目 NPV＝30 512.89/万元，调整折现系数至 36.733 6%，则净现值为零，即 IRR≈36.73%。

过程3 房地产开发项目可行性研究

表 3-27 现金流量表(全部投资)

单位:万元

序号	项目	2018 三季度 1	2018 四季度 2	2019 一季度 3	2019 二季度 4	2019 三季度 5	2019 四季度 6	2020 一季度 7	2020 二季度 8	2020 三季度 9	合计
1	现金流入	0.00	0.00	0.00	0.00	30 758.88	99 096.76	80 267.70	34 163.06	3 645.00	247 931.40
1.1	销售收入	0.00	0.00	0.00	0.00	30 758.88	99 096.76	80 267.70	34 163.06	3 645.00	247 931.40
1.2	出租收入	0.00	0.00	0.00	0.00	0.00	0.00	0.00	0.00	0.00	0.00
2	现金流出	60 621.87	5 598.63	10 666.18	17 561.93	19 393.15	25 976.72	23 833.98	18 587.27	15 114.31	197 354.03
2.1	土地成本	59 208.05	0.00	0.00	0.00	0.00	0.00	0.00	0.00	0.00	59 208.05
2.2	前期工程费	1 413.82	1 413.82	0.00	0.00	0.00	0.00	0.00	0.00	0.00	2 827.64
2.3	建设成本	0.00	3 776.52	9 441.29	16 337.05	14 667.90	13 474.63	13 474.63	13 474.63	13 474.63	98 121.28
2.4	期间费用	0.00	408.29	1 224.88	1 224.88	2 147.65	4 197.79	3 632.92	2 249.78	1 334.23	16 420.42
2.4.1	管理费用	0.00	229.43	688.29	688.29	688.29	688.29	688.29	688.29	688.29	5 047.45
2.4.2	销售费用	0.00	0.00	0.00	0.00	922.77	2 972.90	2 408.03	1 024.89	109.35	7 437.94
2.4.3	财务费用	0.00	0.00	0.00	0.00	0.00	0.00	0.00	0.00	0.00	0.00
2.4.4	不可预见费	0.00	137.66	412.97	412.97	412.97	412.97	412.97	412.97	412.97	3 028.47
2.4.5	其他费用	0.00	41.21	123.62	123.62	123.62	123.62	123.62	123.62	123.62	906.57
2.5	交易税费	0.00	0.00	0.00	0.00	3 177.39	10 236.70	8 291.65	3 529.04	376.53	25 611.31
3	净现金流量	−60 621.87	−5 598.63	−10 666.18	−17 561.93	10 765.93	71 187.65	54 868.50	14 909.61	−11 540.39	45 742.70
4	折现系数	1.00	0.98	0.95	0.93	0.91	0.88	0.86	0.84	0.82	
5	折现值	−60 621.87	−5 462.08	−10 152.22	−16 308.00	9 753.40	62 919.51	47 312.94	12 542.94	−9 471.74	30 512.89

注:1.管理费用和不可预见费用和其他费用均按22个月均匀支出;
2.折现率取10%,则季折现率为2.5%。

过程3 房地产开发项目可行性研究

表3-28 利润表

万元

序号	项目	合计	2018三季度	2018四季度	2019一季度	2019二季度	2019三季度	2019四季度	2020一季度	2020二季度	2020三季度
1	经营收入	247 931.40	0.00	0.00	0.00	0.00	30 758.88	99 096.76	80 267.70	34 163.06	3 645.00
1.1	销售收入	247 931.40	0.00	0.00	0.00	0.00	30 758.88	99 096.76	80 267.70	34 163.06	3 645.00
1.2	其他收入	0.00	0.00	0.00	0.00	0.00	0.00	0.00	0.00	0.00	0.00
2	开发支出	197 354.03	60 621.87	5 598.63	10 666.18	17 561.93	19 393.15	25 976.72	23 833.98	18 587.27	15 114.31
2.1	土地成本	59 208.05	59 208.05	0.00	0.00	0.00	0.00	0.00	0.00	0.00	0.00
2.2	前期工程费	2 827.64	1 413.82	1 413.82	0.00	0.00	0.00	0.00	0.00	0.00	0.00
2.3	建设成本	98 121.28	0.00	3 776.52	9 441.29	16 337.05	14 667.90	13 474.63	13 474.63	13 474.63	13 474.63
2.4	期间费用	16 420.42	0.00	408.29	1 224.88	1 224.88	2 147.65	4 197.79	3 632.92	2 249.78	1 334.23
2.5	交易税费	25 611.31	0.00	0.00	0.00	0.00	3 177.39	10 236.70	8 291.65	3 529.04	376.53
3	营业利润	45 742.70	−60 621.87	−5 598.63	−10 666.18	−17 561.93	10 765.93	71 187.65	54 868.50	14 909.61	−11 540.39
4	补前期亏损		0.00	−60 621.87	−66 220.50	−76 886.67	−94 448.60	−83 682.67	−12 495.02	0.00	0.00
5	利润总额	57 283.09	0.00	0.00	0.00	0.00	0.00	0.00	42 373.48	14 909.61	0.00
6	所得税	11 435.68	0.00	0.00	0.00	0.00	0.00	0.00	10 593.37	3 727.40	−2 885.10
7	净利润	45 847.42	0.00	0.00	0.00	0.00	0.00	0.00	31 780.11	11 182.21	2 885.10

过程 3　房地产开发项目可行性研究

将利润表（表 3-28）的合计栏数据提取，进行土地出让价格的单因素敏感性分析（表 3-29），得出在出让底价提高 30% 的情况下，依然可以获得 20 985.22 万元的净利润，应积极参与竞拍。

表 3-29　土地出让价格敏感性分析　　　　　　　　　　　　　　　　　万元

序号	项目	945 万/亩	提高 5%	提高 10%	提高 15%	提高 20%	提高 25%	提高 30%
1	经营收入	247 931.40	247 931.40	247 931.40	247 931.40	247 931.40	247 931.40	247 931.40
1.10	销售收入	247 931.40	247 931.40	247 931.40	247 931.40	247 931.40	247 931.40	247 931.40
1.20	其他收入	0.00	0.00	0.00	0.00	0.00	0.00	0.00
2	开发支出	197 354.03	200 314.44	203 274.84	206 235.24	209 195.64	212 156.05	215 116.45
2.10	土地成本	59 208.05	62 168.45	65 128.85	68 089.26	71 049.66	74 010.06	76 970.46
2.20	前期工程费	2 827.64	2 827.64	2 827.64	2 827.64	2 827.64	2 827.64	2 827.64
2.30	建设成本	98 121.28	98 121.28	98 121.28	98 121.28	98 121.28	98 121.28	98 121.28
2.40	期间费用	16 420.42	16 420.42	16 420.42	16 420.42	16 420.42	16 420.42	16 420.42
2.50	交易税费	25 611.31	25 611.31	25 611.31	25 611.31	25 611.31	25 611.31	25 611.31
3	营业利润	45 742.70	42 782.30	39 821.90	36 861.50	33 901.09	30 940.69	27 980.29
4	所得税	11 435.68	10 695.58	9 955.47	9 215.37	8 475.27	7 735.17	6 995.07
5	净利润	34 307.03	32 086.73	29 866.42	27 646.12	25 425.82	23 205.52	20 985.22

任务 3-6　编写目标地块可行性研究报告

任务背景

广西理想房地产咨询有限公司项目团队将根据任务 3-5 的数据按可行性研究报告的要求编写 GC2018—075 地块的可行性研究报告。

任务设定

请运用所学知识编写 GC2018-075 地块的可行性研究报告。

知识链接

一、可行性研究报告的基本构成

房地产可行性研究报告是房地产可行性研究的成果性文件。房地产可行性研究报告一一般由专业的咨询机构编写，从事房地产开发的大型房地产开发企业由于拥有一定的市场分析人员，也可以独立编写可行性研究报告。一般来说，专业机构编写一个项目的可行性研究报告应包括封面、摘要、目录、正文、附件和附图六个部分。

1. 封面

封面一般要反映可行性研究报告的名称、专业研究编写机构名称及编写报告的时间三项内容。

2. 摘要

摘要用简洁明了的语言概要介绍项目的概况、市场情况、可行性研究的结论及有关说明或假设条件，要重点突出，假设条件清楚，使阅读人员在短时间内能了解报告的精要。也有专家主张不写摘要，因为可行性研究报告事关重大，阅读者理应仔细全面阅读。

3. 目录

由于一份可行性报告少则十余页，多则数十页，为了便于写作和阅读人员将报告的前后关系、假设条件及具体内容条理清楚地编写和掌握，必须编写目录。

4. 正文

正文是可行性报告的主体，一般来说，应包括：概况（包括项目背景、项目概况、委托方、受托方、可行性研究的目的、可行性研究的编写人员、编写的依据、编写的假设和说明）；市场调查和分析；规划设计方案；建设方式和建设进度；投资估算及资金筹措；项目财务评价；风险分析；可行性研究的结论；研究人员对项目的建议；相应的附表。

5. 附件

附件包含可行性研究的主要依据，是可行性研究报告必不可少的部分。一般来说，一个项目在做正式的可行性研究时，必须有政府有关部门的批准文件（如规划选址意见书、土地批租合同、土地证、建筑工程许可证等）。专业人员必须根据委托书和上述文件以及相应的法律、法规方能编写项目可行性研究报告。

6. 附图

一份完整的可行性研究报告的附图应包括项目的位置图、地形图、规划红线图、设计方案的平面图，有时也包括项目所在地区或城市的总体规划图等。

二、房地产开发项目可行性研究报告正文的写作要点

1. 项目总说明

在项目总说明中，应着重就项目背景、项目主办者或参与者、项目研究的目的、项目研究报告编制的依据及有关说明等向读者予以介绍。

2. 项目概况

在这一部分内容中，应重点介绍项目的合作方式和性质、项目所处的地址、项目拟建规模和标准、项目所需市政配套设施的情况及获得市政建设条件的可能性、项目建成后的服务对象。

3. 投资环境研究

投资环境研究主要包括当地总体社会经济情况、城市基础设施状况、土地使用制度、当地政府的金融和税收等方面的政策、政府鼓励投资的领域等。

过程 3　房地产开发项目可行性研究

4. 市场研究

按照所研究项目的特点，分别就当地与项目相关的土地市场、居住物业市场、写字楼物业市场、零售商业物业市场、酒店市场、工业物业市场等进行分析研究。市场研究的关键是占有大量的第一手市场信息资料，通过列举市场交易实例，令读者信服报告对市场价格、供求关系、发展趋势等方面的理解。

5. 项目地理环境和附近地区竞争性发展项目

这一部分主要应就项目所处的地理环境（邻里关系）、项目用地的现状（熟地还是生地、需要哪些前期土地开发工作）和项目附近地区近期开工建设或筹备过程中的竞争性发展项目予以分析说明。竞争性发展项目的介绍十分重要，它能帮助开发商做到知己知彼，正确地为自己所发展的项目进行市场定位。

6. 规划方案及建设条件

规划方案及建设条件主要介绍项目的规划建设方案和建设过程中市政建设条件（水、电、路等）是否满足工程建设的需要。在介绍规划建设方案的过程中，可行性研究报告撰写者最好能根据所掌握的市场情况，就项目的规模、档次、建筑物装修标准和功能面积分配等提出建议。

7. 建设方式及进度安排

项目的建设方式是指建设工程的发包方式。发包方式的差异往往会带来工程质量、工期、成本等方面的差异，因此，可行性研究报告有必要就建设工程的承发包方式提出建议。这一部分中还应就建设进度安排、物料供应（主要建筑材料的需要量）做出估计或估算，以便为投资估算做好准备。

8. 投资估算及资金筹措

这一部分的主要任务是就项目的总投资进行估算，并按项目进度安排情况做出投资使用计划和资金筹措计划。项目总投资的估算应包括项目投资概况、估算依据、估算范围和估算结果。资金筹措计划主要是就项目投资的资金来源进行分析，包括资本金、贷款和预售（租）收入三个部分。

9. 项目评估基础数据的预测和选定

项目评估基础数据通常包括销售收入、成本及税金和利润分配三个部分。

要测算销售收入，首先要根据项目设计情况确定按功能分类的可销售或出租面积的数量；再依市场研究结果确定项目各部分功能面积的租金或售价水平；然后根据工程建设进度安排和开发商的市场销售策略，确定项目分期的销售或出租面积及收款计划；最后汇总出分期销售收入。

成本和税金部分，一是要对项目的开发建设成本、流动资金、销售费用和投入运营后的经营成本进行估算；二是对项目需要缴纳的税费种类及其征收方式和时间、税率等做出说明，以便为后面的现金流分析提供基础数据。

利润分配，主要反映项目的获利能力和可分配利润的数量，属于项目盈利性分析的内容。

10. 项目经济效益评价

项目经济效益评价是可行性研究报告中最关键的部分，要充分利用前述各部分的分析研究结果，对项目的经济可行性进行分析。这部分的内容一般包括现金流量分析、资金来源与运用分析，以及贷款偿还能力分析。现金流量分析，要从全部投资和资本金两个方面对反映项目经济效益的财务内部收益率、财务净现值和投资回收期进行分析测算；资金来源与运用分析，主要是就项目自身资金收支平衡的能力进行分析评价；贷款偿还能力分析，主要是就项目的贷款还本付息情况做出估算，用以反映项目在何时开始、从哪项收入中偿还贷款本息，以及所需的时间长度，以帮助开发商安排融资计划。

11. 风险与不确定性分析

风险与不确定性分析一般包括盈亏平衡分析和敏感性分析，有时还要进行概率分析。分析的目的，是就项目面临的主要风险因素（如建造成本、售价、租金水平、开发期、贷款利率、可建设建筑面积等）的变化对项目财务评价指标（如财务内部收益率、财务净现值和投资回收期等）的影响程度进行定量研究；对当地政治、经济、社会条件可能变化的影响进行定性分析。

其中，盈亏平衡分析主要是求取项目的盈亏平衡点，以说明项目的安全程度；敏感性分析则要说明影响项目经济效益的主要风险因素（如总开发成本、售价、开发建设周期和贷款利率等）在一定幅度内变化时，对全部投资和资本金的财务评价指标的影响情况。

12. 可行性研究的结论

可行性研究的结论，主要是说明项目的财务评价结果，表明项目是否具有较理想的盈利能力（是否达到了同类项目的社会平均收益率标准）、较强的贷款偿还能力与自身平衡能力和抗风险能力，以及项目是否可行。

拓展阅读

房地产可行性研究注意事项

由于可行性研究报告是提供给房地产企业进行投资决策的主要文件和依据，这份文件撰写的质量，直接关系到项目的实施和收益。在进行可行性研究中要特别注意：第一，可行性研究报告的撰写要明确、翔实，尽量使其内容丰富，能反映客观事实；第二，可行性研究报告编制完成后，必须进行专家论证，以确保分析报告的科学合理性；第三，可行性研究报告各项内容应完整，不能有缺项，使其能够提供完整和全面的分析依据。

任务 3-7 目标地块项目决策

任务背景

广西理想房地产咨询有限公司项目团队在设定的时间内提交了 GC2018—075 地块的可行性分析报告，赵亮将组织公司的中高层领导在认真阅读可行性研究报告的基础上进行决策。

过程3　房地产开发项目可行性研究

任务设定

进行项目决策前还需要做哪些工作？你了解吗？能做到吗？

知识链接

投资决策正确与否直接关系整个项目的成败。这一阶段需要对投资项目进行整体策划分析，通过市场调研和预测，设计备选方案，进行投资估算和财务评价，从而对投资项目的可行性进行分析和判断。

一、市场分析

市场分析为房地产投资决策提供信息，是土地开发潜力分析、规划方案设计、营销策划、销售规划等的基础。它在房地产决策中的重要性体现在以下两个方面。

（1）识别市场机会，正确判断市场环境的变化。房地产市场环境处于不断变化中。随着收入水平和生活品质的提高，人们的居住需求水平和消费特征发生变化，住宅产品设计不断创新，新型材料和智能建筑得以推广应用。房地产市场的周期变化及政策因素对房地产市场的影响，更加剧了市场环境的动荡，房地产投资者应适时调整投资方案，及时抓住市场机会，规避风险，这就需要开展全面而深入的市场调研和市场分析。

（2）分析市场潜力，准确定位细分市场。在对房地产市场环境全面分析的基础上，进一步分析市场供给和需求、主要竞争者及其市场份额，结合投资者自身的长期发展战略，寻找细分市场。针对潜在细分客户群的需求特征和规模，进行更细致的调研和分析，制订相应的市场推广计划，以尽可能小的推广成本获得最大的宣传效果，对项目的开发进度、销售时机、销售定价和销售量等进行不同方案的比较。

二、方案比选

投资方案比较和选择是寻求合理的经济与技术决策的必要手段，也是房地产投资决策工作的重要组成部分。投资决策的实质就在于选择最佳方案以取得最好的投资效益，实现利润最大化目标。

房地产开发投资形式包括住宅（出租性住宅、出售性住宅）、办公楼宇、商场（购物中心等）、酒店、工业厂房、仓储性物业、娱乐场所及设施、休闲性场所及设施等。具体选择哪种形式取决于投资企业的发展战略和投资组合，同时，也取决于拟开发地块的用地性质。当有多种土地可供购置，多种类型的楼宇可以建造时，选择哪一块土地、建造何种类型楼宇经济效益最高、风险最小是必须认真考虑的问题。需要结合具体地块的区位特征、地形地貌和周边环境，进行方案设计。

（1）区位分析。区位是影响房地产投资价值的重要因素，在选择区位时应该重视以下问题：①注意对区位升值潜力的分析。成熟地块的土地成本相对较大，因此并不一定越接近市中心的投资取得的收益就越高。在选择区位时，要进行各种利弊的权衡比较，全面考虑收益和成本，分析区位的升值潜力。②选择区位要有超前意识，特别是对道路、公交、学校、医院等配套公共设施进行深层次分析。如果投资者能够分辨出哪个区位在不远的将来对买方具有吸引力，他们能在这类信息反映到价格之前，抢先得到该区位的土地开发权，就可以更好地驾驭市场。

（2）产品定位。房地产开发应遵循最高最佳利用原则，就是说，在技术可行、规划许可且财力允许的前提下达到最有效利用。设计应舒适有效，楼群布置与地形、景观达到协调一致。新开发项目应符合时代潮流，建筑设计要具有超前意识，以延长物业经济寿命。产品应有清晰的定位，以满足细分客户群的需求特征，结合经济指标对方案进行比选。

三、财务分析

财务分析是通过对投资项目未来现金流量的估计测算项目的盈利能力和偿债能力。据此判断这项投资在财务上的可行性，并考虑销售时机、价格、销售量和利率等可能的变动，进行敏感性分析和概率分析。

（1）盈利能力分析。盈利能力是考察房地产投资项目的财务效益的指标。在财务分析中，对投资项目建成后是否盈利，盈利水平有多大，盈利能力是否满足项目的投资要求等进行测算和评估。在市场分析和市场预测的基础上，对投资项目计算期内的现金流量进行预测，编制全部投资现金流量表、自有资金现金流量表和利润表等相关财务报表，两张现金流量表分别以全部投资和投资者的出资额为计算基础，分析投资项目现金流入和现金流出。其中，现金流入主要包括销售收入、出租收入、其他收入、回收固定资产余值及回收流动资金。全部投资现金流量表的现金流出包括开发建设投资、流动资金、运营费用、修理费用、销售（含出租）税金及附加税、土地增值税、所得税等。自有资金现金流量表的现金流出增加了借款本金偿还和借款利息支出两项，另外，在形成这张报表时，由于全部投资中除自有资金外的投资都通过债务资金来解决，考虑到这部分债务资金的流入和流出两相抵消后，在现金流入中就不把债务资金作为流入，也不把全部投资作为流出，只有自有资金投资作为流出，根据这两张现金流量表，可以计算全部投资和自有资金的净现值和内部收益率等动态评价指标，判断项目的盈利能力。利润表是反映投资项目计算期内各年的利润总额及利润分配情况的报表。可以计算投资利润率、投资利税率、资本金利率和资本金净利润率等静态评价指标。

（2）清偿能力分析。投资项目的清偿能力分析包括以下两个层次。

一是对项目的财务清偿能力分析，即考察项目收回全部投资的能力，理性的投资者总是期望能够尽早收回全部投资。

二是对债务清偿能力的分析，主要是指项目偿还借款和清偿债务的能力。反映项目清偿能力的指标包括动态投资回收期、借款偿还期、利息备付率、偿债备付率、资产负债率、流动比率和速动比率等。①动态投资回收期是指考虑资金的时间价值，全部投资得以回收的年限，可以根据现金流量表计算。②借款偿还期是指可用于偿还借款的资金来源还清建设投资借款本金所需要的时间。③利息备付率是指项目在借款偿还期内各年可用于支付利息的税前利润与当期利息费用的比值。④偿债备付率是指项目在借款偿还期内，各年可用于还本付息的资金与当期还本付息金额的比值。⑤资产负债率是项目负债总额与资产总额之比。揭示了项目投资者对债权人债务的保障程度。⑥流动比率是项目流动资产与流动负

过程 3　房地产开发项目可行性研究

债的比值,描述的是项目流动资产变现后偿还流动负债的能力,其高低反映了项目承受流动资产贬值的能力和偿还中、短期债务能力的强弱。⑦速动比率是指项目速动资产与流动负债之比。速动资产是指能迅速转变为货币资金的资产,扣除了流动资产中存货这类变现能力较差的资产,因而用速动比率评价项目短期偿债能力更精确。第②、③、④个指标分别反映了投资项目的还本付息能力,可以通过借款还本付息表计算得出;第⑤、⑥、⑦个指标分别反映了项目长期和短期的偿债能力,可以根据资产负债表计算得出。

公司高层经过一天研究,最后决定采集可行性研究报告中的信息,参与土地竞拍。由于公司定的净利率达10%以上,故公司决定在945万元/亩的基础上,最高出价为出让底价的130%,即1 230万元左右,公司将组织人手开展土地竞拍工作。

过程小结

可行性研究是确定建设项目前具有决定性意义的工作,是在投资决策之前,对拟建项目进行全面技术经济分析论证的科学方法,做好可行性研究工作是项目成功的先决条件。本过程主要介绍房地产开发项目可行性研究概述、房地产开发项目策划与基础参数选择、投资估算和成本费用估算、房地产开发项目的财务评价、开发项目的可行性研究报告、房地产项目决策等内容。

任务工单 3

任务名称	撰写目标地块可行性研究报告				
任务目的	通过本次任务测试学生对基本知识的掌握情况,并对学生对项目市场定位能力、目标地块规划能力、项目经济测算能力、项目经济评价能力进行检验				
任务内容	在本地自然资源局网站搜寻一块正在出让的地块作为目标地块,对其进行可行性研究分析。主要任务包括: 1. 对目标地块及其周边市场调研; 2. 对目标地块初步定位,确定其经济技术指标; 3. 对目标地块进行投资成本和收入的测算; 4. 对目标地块进行项目的经济评价和风险分析; 5. 整合以上资料撰写房地产开发项目可行性研究报告				
第(　)组	姓名				
	学号				
任务实操	目标地块及其周边市场调研				
	1. 项目所在城市房地产市场分析				
	2. 项目的具体位置、周边配套				
	3. 项目竞争楼盘分析				

续表

任务实操	目标地块定位，确定其经济技术指标	
	1. 对目标地块进行合理定位	
	2. 确定目标地块的经济技术指标	
	3. 检查经济技术指标与定位的逻辑一致性	
	目标地块经济测算	
	1. 搜集当地基础数据，对项目进行投资成本测算	
	2. 应用竞争导向定价求取目标项目的均价，对项目的收入进行估算	
	目标地块财务评价	
	1. 对项目开发各节点进行规划，制作开发计划横道图	
	2. 根据经济测算数据制作开发销售计划表	
	3. 制作现金流量表，求出项目财务净现值和内部收益率	
	4. 进行项目敏感性分析，确定敏感因素	
	5. 进行项目的风险分析	
	房地产开发项目可行性研究报告的撰写	
	要求：结构完整、逻辑清晰、图文并茂，尽量避免错别字	

过程3 房地产开发项目可行性研究

考核评价表3

任务完成考核评价表			
任务名称	撰写目标地块可行性研究报告		
班级		学生姓名	
评价方式	评价内容	分值	成绩
自我评价	项目规划的合理性	20	
	经济技术指标计算的合理性	20	
	项目收入测算的合理性	15	
	项目投资成本估算的合理性	15	
	项目经济评价计算的正确性	10	
	敏感性分析的正确性	10	
	风险分析是否全面	10	
	合计		
小组评价	小组本次任务完成质量	30	
	个人本次任务完成质量	30	
	个人对理论应用实践的能力	20	
	个人的团队精神与沟通能力	20	
	合计		
教师评价	小组本次任务完成质量	30	
	个人本次任务完成质量	30	
	个人对小组任务的贡献度	20	
	个人对小组任务的参与度	20	
	合计		
总评＝自我评价×( )％＋小组评价×( )％＋教师评价×( )％＝			

思考与练习

一、思考题

1. 可行性研究的具体步骤有哪些？
2. 投资估算包括哪些内容？
3. 财务评价的一般步骤大致可以分为哪几步？
4. 可行性研究报告一般由哪几部分构成？

二、单项选择题

1. 房地产项目盈亏平衡分析中，不包括( )分析。
   A. 最低租售价格　　　　　　　　B. 最低租售数量
   C. 最低利润水平　　　　　　　　D. 最高土地取得价格

2. 在房地产开发项目投资估算中，房屋开发费中不包括（   ）。
   A. 建筑安装工程费　　　　　　　　B. 公共配套设施建设费
   C. 土地费用　　　　　　　　　　　D. 基础设施建设费
3. 房地产开发项目投资估算时，如为委托销售代理的，则代理费应列入（   ）。
   A. 管理费　　　B. 销售费用　　　C. 其他费用　　　D. 前期费用
4. 现金流量表可以用来进行房地产开发项目的（   ）分析。
   A. 财务盈利能力　　　　　　　　　B. 清偿能力
   C. 资金平衡情况　　　　　　　　　D. 营运能力
5. 计算房地产投资项目静态开发成本时，不计算利息的费用是（   ）。
   A. 建造费用　　　B. 融资费用　　　C. 其他工程费用　　　D. 专业人员费用

过程 4　土地使用权的获取

过程 4　土地使用权的获取

知识目标

1. 了解划拨土地使用权的概念和特征；熟悉划拨土地使用权的适用范围；掌握划拨土地使用权的申请流程。

2. 了解土地使用权出让的含义与特征；掌握土地使用权出让的期限、土地使用权出让的方式。

3. 了解土地使用权转让的概念；熟悉土地使用权转让的条件、土地使用权转让的类型；掌握土地使用权转让的程序。

4. 熟悉不动产登记的类型；掌握建设项目用地预审与选址意见书的办理流程、建设用地规划许可证的办理流程、不动产登记的程序。

能力目标

能够参与土地使用权获取工作；能够参与建设用地规划许可证、不动产权证书等开发前期用地手续的办理。

素养目标

"'凡事预则立，不预则废'，没有事先的计划和准备，就不能获得战争的胜利。"——毛泽东《论持久战》。做任何事情，事前有准备才可以成功，没有准备就会失败。学生要认真学习，为将来踏入职场做好知识储备。

案例导入

2021年9月28日，南宁市自然资源局再度发布取消挂牌公告，公告显示，原定于2021年9月30日截牌的GC2021-065地块，现因地块需要进一步优化安置工作方案，终止挂牌。

过程 4　土地使用权的获取

截至 9 月，2021 年南宁土拍市场已经有 3 幅地块因故终止出让，一幅地块延期出让。三块停拍的商住地块，一块位于兴宁东，两块位于五象湖板块。

1. GC2021－056 地块

8 月 31 日，南宁自然资源局发布公告，原定于 2021 年 9 月 2 日截牌的 GC2021－056 地块，因故终止出让。

该地块由两宗地组成，位于兴宁区平云大道东侧、汽车城南路南侧，出让面积约为 90 亩，总计容建筑面积约为 19.83 万 m^2。出让起始价为 520 万元/亩，起始楼面价为 2 600 元/m^2，起始总价约为 5.16 亿元。

出让条件：

（1）地块街区西北角需配建一所 12 班幼儿园、南侧配建一所 42 班小学；

（2）肉菜市场一处，并应方便进出；

（3）地块东北角和东南角设置公共开敞空间（绿地或游憩广场）。

地块点评：

周边配套完善中，区位优势不算很大，但好在出让条件并不苛刻，出让门槛较低。配套的幼儿园与小学或将缓解嘉和城与绿地城等附近居民学位紧张的问题。兴宁东地价曾破 7 字头，该地块 2 600 元/m^2 的起始楼面价，对于房企来说，成本并不算高。

2. GC2021－055 地块

8 月 30 日，南宁自然资源局发布公告，原定于 2021 年 9 月 1 日截牌的 GC2021－055 地块，因故终止出让。

该地块由两宗地组成，位于良庆区良庆大道以西、夏林路以南，出让总面积为 175.764 亩，总计容建筑面积 38.16 万 m^2。出让起始价为 950 万元/亩，起始楼面价为 4 376 元/m^2，起始总价约为 16.7 亿元。

出让条件：

（1）须配建 1 所 24 班幼儿园，配建 1 所 42 班中学，无偿移交政府；

（2）建设不少于 119 000 m^2 的安置物业，安置不少于 1 400 人，由政府出资按 4 969 元/m^2 回购；

（3）建设社区居家养老服务用房、党群服务中心、婴幼儿照护服务场地、文化活动站等；

（4）地块二内有一株古树名木，须按照《广西壮族自治区古树名木保护条例》要求落实古树保护工作。

地块点评：

该地块周边配套较完善，区位因素不错。周围有多个在售楼盘，均价 1.5 万元起，如阳光城大唐檀境、五象澜庭府、彰泰府等。但出让条件多，拿地门槛较高。

3. GC2021－054 地块

8 月 25 日，南宁自然资源局发布公告，原定于 8 月 27 日截牌的 GC2021－054 地块，因故终止出让。

该地块由三宗地组成，位于良庆区平乐大道东侧、玉洞大道南侧，出让总面积为 190 亩，总计容建筑面积约为 42.89 万 m^2，起始单价为 1 217 元/亩，起始楼板价为 5 400 元/m^2，起始总价为 23.16 亿元。

过程 4　土地使用权的获取

出让条件：

（1）配建 1 所 24 班幼儿园、1 所 36 班小学，无偿移交政府；

（2）建设不少于 144 500 m² 的安置物业，安置不少于 1 700 人，由政府出资按 4 969 元/m² 回购；

（3）设置社区居家养老服务用房、党群服务中心用房，设置婴幼儿照护服务场地、农贸超市、安置商业综合体等；

（4）在地块一、二、三内各建设 1 处文化活动站，为被安置群众建设共 350 m² 办公用房和活动中心，无偿移交政府。

地块点评：

该地块与 GC2021－055 地块距离很近，仅一路之隔，周边配套较完善。但出让条件较苛刻，对于竞买人有资质要求，竞买申请人须具有安置房项目（含农民安置项目、保障性住房、经济适用房或公租房项目，不包含代建项目）开发建设经验，且建设安置项目也需不少成本。与此前因无人竞买终止出让的地块不同的是，该地块是因安置方案优化而停牌，从地块出让的条件来看，该地块的配建要求十分苛刻，须建设不少于 127 500 m² 的安置物业，安置不少于 1 500 人，占规划建设总建面的 33.57%，将近 1/3，建成后按 4 969 元/m² 由政府出资回购。

【案例分析】　土地市场降温首先与大环境密切相关。政策背景下，从需求端来说各方的市场情绪、观望节奏都出现了明显的调整。从近期的网签情况来看，市场持续下行，不等"金九银十"促销大潮来临，开发商早已开始降价促销，一个月一次特价房，活动持续到月底，抓紧一切机会回笼资金，在这样的大环境下，开发商不得不勒紧裤腰带过日子，谨慎拿地也是在意料之中。当下，土地市场明显降温，终止出让、流拍、退地等，种种现象都表明了房企的谨慎性。可以预见的是未来市场将逐渐褪去"高周转""高杠杆拿地"的经营模式，房企暂时观望是最理性的选择。

其次，土地出让对于资金流的要求极高，然而上半年楼市不景气，去化成绩不理想。各大楼盘间的竞争激烈，都在促销走销量，利润空间被压缩，房企的资金回笼也较慢。房地产开发商从拿地到卖房，要经过一个较长的周期，投资回报周期长，房企融资端整体压力较大。在货币政策环境偏松的时候，对房地产行业资金监管在不断强化，并且有整体趋紧的状态，并且短期不会有太大的变化。今年以来的几次降准，对房地产金融包括整个房地产行业利好比较有限。

另外，终止出让的部分地块安置体量大，配建要求多，无形中会增加建安成本，这就会直接导致房企拿地成本提升、利润压缩，或许是房企望而却步的一方面原因。

据公开数据显示，现在的大部分城市中，土地成本占房价的比重大约在 30%，少部分的特殊城市，其比例可能还会占到 50%~60%。随着房地产市场调控趋严，今年以来，面对经济下行压力，政府仍然保持着房地产调控定力，坚守"限购""限贷"等调控底线。中央再次强调"坚持房子是用来住的、不是用来炒的定位，促进房地产市场平稳健康发展"，调控基调保持不变。全国土地市场热度有所下降，包括成交面积、成交单价、成交楼面价均有所下调，部分城市房地产预期重回理性。

（资料来源：https：//www.sohu.com/a/487 120 651 _ 401 050? scm＝1 019.e000 a.v1.0＆spm＝smpc.csrpage.news－list.7.163 392 058 7 514 KLcd46 q

https：//www.sohu.com/a/486 700 802 _ 816 175? spm ＝ smpc.author.fd－d.152.163 391 954 0 152 b7 P7 abm)

过程 4　土地使用权的获取

任务 4-1　土地使用权取得方式的选择

任务背景

赵亮被安排到项目拓展部工作三个月。该公司项目拓展部的主要职能如下：
(1) 负责项目的开发。
(2) 负责对公司项目的立项、申报。
(3) 负责土地的规划、征用开发和管理。
(4) 负责办理土地证、房地产证、销售证等各类证件。
(5) 协助做好前期工程的服务工作。
(6) 协助办理企业注册等各项审批工作。
(7) 协调好与相关政府部门的关系。

项目拓展部张部长安排赵亮参与一个地块的土地使用权取得工作。该地块正由南宁市国土资源局公开挂牌出让。张部长为赵亮提供了该项目地块的土地使用权公开出让资料。赵亮需要根据给出的国有土地使用权出让公告，根据所学的土地使用权取得相关知识，分析开发企业若想获取该地块的土地使用权，应选择哪种土地使用权取得方式。项目地块土地使用权出让公告如下：

项目地块土地使用权出让公告

（摘自南宁市2018年第七十期国有建设用地使用权公开出让公告）

一、出让地块基本情况及规划设计要求

GC2018—075 地块位于江南区星光大道 38 号，出让蓝线图编号：CR0101201800034，宗地号：450105001005GB00198，实际出让用地面积 40 533.29m^2（折合 60.800 亩）。其中绿化用地面积为 4 379.39 m^2，内部道路用地面积为 1 711.18 m^2，均参与计容，上述绿地及道路建成后保持对外开放且不参与权属划分。土地批准用途：城镇住宅用地、批发零售用地；土地使用年限：城镇住宅用地 70 年，批发零售用地 40 年。

主要规划设计条件：容积率≥2.0 且≤4.0（其中住宅容积率≤3.9），商业占总计容建筑面积的比例为 2%～3%，其余为居住。建筑密度≥20% 且≤35%，绿化率≥25%，建筑高度≤190 m，其中临邕江第一排基准高度 60 m，不大于 100 m 第二排不大于 190 m，且要求高低错落富有层次和韵律，保留视线通廊，并按邕江沿岸城市设计管控要求进行设计。项目用地内须结合西园路于两侧各设置不小于 1.5 m 开放性人行通道，以完善西园道路的功能。项目内部道路 1、道路 2、道路 3、道路 4、道路 5，周边成片改造具备与相接市政道路贯通条件时或因城市交通需要时，该道路应作为开放式街区道路保持对公众开放使用。其他规划设计要求按南宁市规划局《建设项目规划设计条件通知书》(审批号：2018—076)的规定执行。

过程 4　土地使用权的获取

建设要求：（一）竞得人在竞得土地后 36 个月内，须在地块内向江南区政府提供住宅数量≥370 套且建筑面积≥36 530 m²。土地竞得人与江南区人民政府核算回迁安置房购房款时，购房价格由江南区人民政府组织土地竞得人对单一房源回购价格进行谈判确定，购房价格原则上不得高于本地块出让之日时同区位、同地段在售新建普通商品住房平均销售价分类评估价格。以上要求列入《项目回迁安置房建设履约协议书》，成交当场由竞得人与江南区政府签订该协议，由江南区人民政府负责监管。

（二）本项目必须采用装配式建筑建设，装配率不低于 30%，建议采用 BIM 技术作为装配式建筑的技术支撑。成交当场，竞得人须与南宁市城乡建委签订项目装配式建筑履约监管协议书。

（三）地块范围内有 2 棵百年古树，竞得人须根据《广西壮族自治区古树名木保护条例》《南宁市城市绿化条例》等有关规定，对古树采取避让措施原地保护，项目总规设计应针对古树实施原地保护进行统筹考虑。同时，在施工期间，竞得人须认真及时对古树进行围挡，保留足够的保护范围，并做好相应的保护措施对古树进行原地保护。在古树保护施工期间由市园林局组织专家给予技术指导。

GC2018－075 地块出让起始价为人民币 945 万元/亩，竞买保证金为人民币 11 500 万元。

二、竞买人范围

（一）竞买人须具备 2017 年 10 月 16 日南宁市公开征集旧城区改造项目土地熟化人公告项目中同一批次任意一个项目的土地熟化人资格，并由南宁市城乡建设委员会出具土地熟化投资人证明文件，方可报名参加竞买。

（二）符合上述条件的中华人民共和国境内外的自然人、法人和其他组织，除法律、法规另有规定者外，均可申请参加。在南宁市区范围内，存在欠缴土地出让价款、被认定存在因自身原因闲置土地行为及严重扰乱房地产市场秩序者不得参加竞买。

三、本期地块采用挂牌方式公开出让，按出价最高且不低于底价者的原则确定竞得人。

四、本期公开出让的详细资料和具体要求，详见公开出让文件。申请人可自公告之日起，到南宁市国土资源局门户网站（http：//gtj.nanning.gov.cn）自行下载本期出让文件。

五、申请人可于 2018 年 7 月 27 日至 2018 年 8 月 27 日 18 时 00 分止到南宁市锦春路 3－1 号市国土资源局 2 楼南宁市国土资源出让服务中心或者南宁市良庆区玉洞大道 33 号南宁市民中心 B 座 9 楼对外服务窗口提交书面申请及报名材料，竞买保证金必须在 2018 年 8 月 27 日 17 时 00 分前（以到账时间为准）汇入南宁市公共资源交易中心指定账户。经核查，符合竞买人条件的，南宁市国土资源局授权南宁市国土资源出让服务中心确认其竞买资格。

过程 4 土地使用权的获取

六、本期国有建设用地使用权挂牌地点为南宁市良庆区玉洞大道 33 号南宁市民中心 B 座 2 楼南宁市公共资源交易中心拍卖大厅（具体交易大厅详见当天交易项目场地安排）；挂牌报价时间为 2018 年 8 月 16 日 8 时至 2018 年 8 月 29 日上午 10 时 00 分。

七、联系方式：略

八、查询网址：略

任务设定

仔细阅读该土地出让公告，分析：该地块的土地出让条件如何？开发企业在参与土地竞买时应做好哪些准备工作？开发企业应具备哪些条件才能参与竞买？本次公开出让如何确定最终竞得人？如何办理不动产产权证书，取得不动产产权？接下来，就让我们与赵亮一起完成这个任务吧！

知识链接

通常获取建设项目用地主要有三种方式，即出让、划拨和转让。其中，出让和划拨属于土地一级市场行为；转让属于土地二级市场行为。房地产开发企业根据项目定位与初步规划，选择合适的土地使用权取得方式，并相应取得土地使用权之后，要进行项目的前期工作，其中包括办理不动产产权证和建设用地规划许可证等。

一、划拨土地使用权的取得

（一）划拨土地使用权的含义与特征

1. 划拨土地使用权的含义

划拨土地使用权，即通过行政划拨方式取得土地使用权。土地使用权划拨是指经县级以上人民政府依法批准，在土地使用者交纳补偿、安置等费用后将该幅土地交付其使用，或者将土地使用权无偿交付给土地使用者的行为。目前，土地使用权划拨使用的情况很少，土地使用权的划拨一般适用于国家机关、军事用地、城市基础建设和公益事业用地，以及国家重点扶持的能源、交通、水利等项目用地。

2. 划拨土地使用权的基本特征

土地使用者通过划拨方式取得的土地使用权，即划拨土地使用权，具有以下特征：

（1）划拨土地使用权的取得具有行政性。土地使用权的划拨实则是行政划拨，国家在对土地使用权进行划拨时，行使的是行政权力。国家行政主管机关与用地申请人在法律地位和权利义务上是不对等的。

（2）无须支付土地使用权出让金。根据《中华人民共和国土地管理法》（以下简称《土地管

过程 4　土地使用权的获取

理法》)的规定，国家依法实行国有土地有偿使用制度。但是，国家在法律规定的范围内划拨国有土地使用权的除外。通过划拨方式取得的土地使用权，虽然土地使用者要交纳补偿、安置等费用，但不必向国家支付租金，也无须支付土地使用权出让金。补偿、安置等费用不是土地使用权的代价，而只是对原先土地使用者的损失和重新安置的补偿。

(3)没有明确的期限。《城市房地产管理法》第 23 条第 2 款规定："依照本法规定以划拨方式取得土地使用权的，除法律、法规另行规定外，没有使用期限的限制。"但是，划拨土地使用权没有使用期限限制并不等于永续存在，土地所有权人可以根据需要收回土地使用权。

(4)不能随意转让、出租和抵押。通过划拨方式取得的土地使用权，除符合法律规定的条件外，不得转让、出租和抵押。法律规定的条件主要是指《城市房地产管理法》规定的条件，以划拨方式取得土地使用权的，转让房地产时，应当按照国务院规定，报有批准权的人民政府审批。有批准权的人民政府准予转让的，应当由受让方办理土地使用权出让手续，并依照国家有关规定交纳土地使用权出让金。以划拨方式取得土地使用权的，转让房地产报批时，有批准权的人民政府按照国务院规定决定可以不办理土地使用权出让手续的，转让方应当按照国务院规定将转让房地产所获收益中的土地收益上缴国家或作其他处理。

(二)划拨土地使用权的适用范围

根据《土地管理法》第 54 条的规定，下列建设用地，经县级以上人民政府依法批准，可以划拨方式取得：

(1)国家机关用地和军事用地；
(2)城市基础设施用地和公益事业用地；
(3)国家重点扶持的能源、交通、水利等基础设施用地；
(4)法律、行政法规规定的其他用地。

通常，划拨土地用于保障涉及公共利益和国计民生的项目用地。

原国土资源部于 2001 年 10 月 18 日发布新的《划拨用地目录》。该目录是在原国家土地管理局颁布的 10 个行业划拨用地目录的基础上，根据《土地管理法》和《城市房地产管理法》的规定制定的。目录删除了煤炭等用地项目，增补了国家机关和人民团体办公、军事、国防工业、城市基础设施、公益事业(教育、体育、科研、医疗卫生、社会福利、殡葬设施)等用地。

《划拨用地目录》同时规定，对国家重点扶持的能源、交通、水利等基础设施用地项目，可以以划拨方式提供土地使用权。对以营利为目的、非国家重点扶持的能源、交通、水利等基础设施用地项目，应当以有偿方式提供土地使用权。以划拨方式取得的土地使用权，因企业改制、土地使用权转让或者改变土地用途等不再符合本目录的，应当实行有偿使用。

(三)划拨土地使用权的申请流程

根据《土地管理法》及其实施条例的规定，具体建设项目需要占用土地利用总体规划确定的城市建设用地范围内的国有建设用地的，其取得划拨土地使用权须经过以下几个步骤。

过程4　土地使用权的获取

1. 预审

用地申请前，在建设项目可行性研究论证时，应由自然资源部门对建设项目用地有关事项进行审查，提出建设项目用地预审意见；可行性研究报告报批时，必须附自然资源部门出具的建设项目用地预审意见。

建设用地单位申请用地预审，应当提交下列材料：建设项目用地预审申请表；建设项目用地预审申请报告；需审批的建设项目，项目建议书和可行性研究报告分开审批的，提供项目建议书批复和可行性研究报告；项目建议书和可行性研究报告合并审批的，提供发展改革行政主管部门核发的项目办理用地预审告知单和项目建议书（代可行性研究报告）；需核准的建设项目，提供发展改革行政主管部门核发的项目办理用地预审告知单；需备案的建设项目，提供发展改革行政主管部门核发的项目备案表，由自然资源主管部门发建设项目用地预审报告书。

2. 申请

具体建设项目需要使用土地的，由建设单位持建设项目的有关批准文件，向市、县人民政府自然资源部门提出建设用地申请。建设单位应当根据建设项目的总体设计一次申请，办理建设用地审批手续；分期建设的项目，可以根据可行性研究报告确定的方案分期申请建设用地，分期办理建设用地有关审批手续。

3. 审查

建设单位的用地申请由市、县人民政府土地管理部门审查，拟订供地方案，即划定用地范围，并组织建设单位与被征地单位及有关单位商定补偿、安置方案。然后，报市、县人民政府批准；需要上级人民政府批准的，应当报上级人民政府批准。

4. 批准

供地方案等经批准后，由市、县人民政府向建设单位颁发建设用地批准书。划拨使用国有土地的，由市、县人民政府自然资源部门向土地使用者核发国有土地划拨决定书。

5. 登记发证

用地申请批准后，建设单位应当依法向市、县人民政府自然资源部门申请土地登记，并由市、县人民政府颁发《国有土地使用证》。土地登记是划拨土地使用权的公示方法，《国有土地使用证》是取得划拨土地使用权的唯一证明。

拓展阅读

南宁市国有建设用地使用权划拨批准办理流程

（1）受理条件：符合《划拨用地目录》，获得发改部门立项批复、通过用地预审与选址，并完成征拆补偿结算（线性工程及综合整治工程项目提交《关于×××项目征地情况的证明》）等。

（2）申请材料：申请报告、申请人资格认定材料、授权委托书、委托代理人身份证、立项/备案/核准文件、征地结算材料、《建设项目用地预审与选址意见书》及附图、《规划设计条件通知书》、权属面积审核成果、林地使用行政决定书或不占用林地的证明、项目建设条件意见书（属2014年4月29日后新增加住宅建设面积的项目）。

过程 4　土地使用权的获取

(3) 办理时限：法定办结时限 20 个工作日，承诺办结时限 10 个工作日。

(4) 办理流程，如图 4-1 所示。

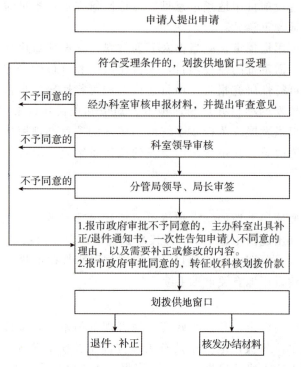

图 4-1　南宁市国有建设用地使用权划拨批准流程图

(来源：南宁市自然资源局)

(四) 划拨土地使用权获取过程中的主要成本

划拨土地使用权获取过程中的主要成本是指划拨土地使用者给予原土地使用者的补偿和安置费用。对于占用农村集体土地的划拨用地，依据《土地管理法》第 48 条规定，征收土地应当给予公平、合理的补偿，保障被征地农民原有生活水平不降低、长远生计有保障。主要的补偿项目包括土地补偿费、安置补助费，以及农村村民住宅、其他地上附着物和青苗等的补偿费用、被征地农民的社会保障费用等。

1. 土地补偿费

土地补偿费是指国家征收集体所有的土地时直接对土地支付的补偿费用，其实质是对土地收益的补偿。土地收益是农业集体经济组织通过占有、经营土地而获得的经济利益。国家征用集体所有的土地时，必须对农业集体经济组织失去土地后所损失的土地收益给予补偿。

2. 安置补助费

征收耕地的安置补助费，按照需要安置的农业人口数计算。需要安置的农业人口数，按照被征收的耕地数量除以征地前被征收单位平均每人占有耕地的数量计算。

征收农用地的土地补偿费、安置补助费标准由省、自治区、直辖市通过制定公布区片综合地价确定。制定区片综合地价应当综合考虑土地原用途、土地资源条件、土地产值、土地区位、土地供求关系、人口以及经济社会发展水平等因素，并至少每三年调整或者重新公布一次。

3. 地上附着物及青苗补偿费

地上附着物补偿费包括地上的各种建筑物、构筑物，如房屋、水井、道路、管线、水渠等的拆迁和恢复费用及被征用土地上林木的补偿或砍伐费等。青苗补偿费是指农作物正处于生长期未能收获，因征用土地需要及时让出土地，致使农作物不能收获而给农民造成损失，所给予土地承包经营者或土地使用者的经济补偿。青苗补偿费的标准一般农作物最高按一季产值计算，如果是播种不久或投入较少，也可以按一季产值的一定比例计算。

征收农用地以外的其他土地、地上附着物和青苗等的补偿标准，由省、自治区、直辖市制定。

4. 农村村民住宅补偿

对农村村民住宅，应当按照先补偿后搬迁、居住条件有改善的原则，尊重农村村民意愿，采取重新安排宅基地建房、提供安置房或者货币补偿等方式给予公平、合理的补偿，并对因征收造成的搬迁、临时安置等费用予以补偿，保障农村村民居住的权利和合法的住房财产权益。

5. 被征地农民的社会保障费

县级以上地方人民政府应当将被征地农民纳入相应的养老等社会保障体系。被征地农民的社会保障费用主要用于符合条件的被征地农民的养老保险等社会保险缴费补贴。被征地农民社会保障费用的筹集、管理和使用办法，由省、自治区、直辖市制定。

二、出让土地使用权的取得

（一）土地使用权出让的含义与特征

1. 土地使用权出让的含义

土地使用权出让，是指国家将国有土地使用权在一定年限内出让给土地使用者，由土地使用者向国家支付土地使用权出让金的行为。

2. 土地使用权出让的特征

（1）土地使用权的出让是以土地使用权和所有权的分离为基础。国家作为土地所有者的地位不变，而土地使用权受让人取得一种独立的财产权利，包括所有权中占有、使用、收益和一定程度的处分权（如土地使用权转让、出租、抵押等），出让土地使用权是一种与土地所有权相分离的独立物权，不同于所有权中单纯的使用权能。

（2）国有土地使用权出让由政府垄断。土地使用权出让只能是国有土地，土地使用权的出让方是土地的所有者——国家，土地使用权的受让方是中华人民共和国境内外的公司、企业、其他组织和个人。由于国家是一个抽象主体，因而在具体行使出让权时，一般由土地所在地政府作为具体代表。其他任何部门、单位、个人不得实施土地出让行为。

土地出让的客体是城镇国有土地，即城市、县城、建制镇、工矿区、开发区范围内属于全民所有的土地。城镇规划区内的集体土地征为国有后方可出让。

过程4　土地使用权的获取

(3)土地使用权的出让是有年限限制的。土地使用者享有土地使用权的期限以出让合同中约定为限,但不得超过法律规定的最高出让年限。

(4)土地使用权出让是有偿的。受让方获得一定年限的土地使用权是以向出让人支付出让金为代价,一般在出让合同签订后的法定期限内,由受让方一次性支付或法定期限内分期支付。

(二)土地使用权出让的期限

通过土地使用权出让方式取得的土地是有期限的。《中华人民共和国城镇国有土地使用权出让和转让暂行条例》规定,土地使用权出让最高年限按不同用途分别确定,具体如下:

(1)居住用地70年;

(2)工业用地50年;

(3)教育、科技、文化、卫生、体育用地50年;

(4)商业、旅游、娱乐用地40年;

(5)综合或者其他用地50年。

具体到某一地块的土地使用权的期限以该地块的出让合同中约定的期限为准,但不得超过法律规定的最高出让年限。

(三)土地使用权出让的方式

根据《城市房地产管理法》《中华人民共和国城镇国有土地使用权出让和转让暂行条例》和《招标拍卖挂牌出让国有土地使用权规定》的规定,土地使用权出让可以采取四种方式,即协议、招标、拍卖、挂牌。

1. 协议出让

协议出让国有土地使用权是指国家以协议方式将国有土地使用权在一定年限内出让给土地使用者,由土地使用者向国家支付土地使用权出让金的行为。以协议方式出让国有土地使用权的出让金不得低于按国家规定所确定的最低价,低于时不得出让。协议出让最低价不得低于新增建设用地的土地有偿使用费、征地(拆迁)补偿费用及按照国家规定应当缴纳的有关税费之和,有基准地价的地区,协议出让最低价不得低于出让地块所在级别基准地价的70%。国有土地使用权协议出让由市、县自然资源管理部门组织实施。

(1)协议出让国有土地使用权的一般程序。协议出让国有土地使用权的一般程序包括十个步骤:①公开出让信息,接受用地申请,确定供地方式。②编制协议出让方案。协议出让方案应当包括拟出让地块的位置、四至、用途、面积、年限、土地使用条件、供地时间、供地方式等。③地价评估,确定底价。协议出让底价不得低于拟出让地块所在区域的协议出让最低价。④协议出让方案、底价报批。协议出让方案、底价需由有批准权的人民政府批准。⑤协商,签订意向书。⑥公示。公示时间不得少于5日。⑦签订出让合同,公布出让结果。⑧核发《建设用地批准书》,交付土地。⑨办理土地登记。受让人按照《国有土地使用权出让合同》约定付清全部国有土地使用权出让金,依法申请办理土地登记手续,领取《国有土地使用证》,取得土地使用权。⑩资料归档。

(2)协议出让方式的限制条件。由于协议出让的价格往往偏低,根据《招标拍卖挂牌出让国有土地使用权规定》的规定,工业(包括仓储用地,但不包括采矿用地)、商业、旅游、娱乐和商品住宅等经营性用地以及同一宗地有两个以上意向用地者的，应当以招标、拍卖或者挂牌方式出让。同一地块有两个或者两个以上意向用地者的，市、县人民政府自然资源行政主管部门应当按照《招标拍卖挂牌出让国有土地使用权规定》，采取招标、拍卖或者挂牌方式出让。

采用这种方式，在议定合同条款时具有较大的灵活性。基于这个特点，该方式一般适用于以公益事业或福利事业为目的的用地出让，如经济适用住房用地。

2. 招标出让

招标出让国有建设用地使用权，是指市、县人民政府自然资源行政主管部门发布招标公告，邀请特定或者不特定的自然人、法人和其他组织参加国有建设用地使用权投标，根据投标结果确定国有建设用地使用权人的行为。这种方式一般适用于对开发有较高要求的建设性用地。采取这种方式可以引进竞争机制，有助于政府部门选择最合适的受让人。

（1）招标出让的方式。招标方法具体来说有以下两种：

1）公开招标，即由土地部门发出招标公告，吸引房地产开发企业投标。一般采用招标方式出让国有土地使用权的，应当采取公开招标方式。

2）邀请招标，即土地部门向符合条件的开发企业发出招标文件，吸引它们来竞标。对土地使用者有严格的限制和特别要求的，可以采用邀请招标方式。

市、县自然资源管理部门应当根据经批准的招标出让方案，组织编制国有土地使用权招标出让文件，再发布国有土地使用权招标出让公告。出让公告应当通过中国土地市场网和当地土地有形市场发布，也可同时通过报刊、电视台等媒体公开发布。出让公告应当至少在招标活动开始前20日发布，以首次发布的时间为起始日。

（2）投标、开标的程序。

1）投标人在投标截止时间前将标书投入标箱。招标公告允许邮寄标书的，投标人可以邮寄，但出让人在投标截止时间前收到的方为有效。标书投入标箱后，不可撤回。投标人应当对标书和有关书面承诺承担责任。

2）出让人按照招标公告规定的时间、地点开标，邀请所有投标人参加。由投标人或者其推选的代表检查标箱的密封情况，当众开启标箱，点算标书。投标人少于三人的，出让人应当终止招标活动。投标人不少于三人的，应当逐一宣布投标人名称、投标价格和投标文件的主要内容。

3）评标小组进行评标。评标小组由出让人代表、有关专家组成，成员人数为五人以上的单数。评标小组可以要求投标人对投标文件作出必要的澄清或者说明，但是澄清或说明不得超出投标文件的范围或者改变投标文件的实质性内容。评标小组应当按照招标文件确定的评标标准和方法，对投标文件进行评审。

4）招标人根据评标结果，确定中标人。按照价高者得的原则确定中标人的，可以不成立评标小组，由招标主持人根据开标结果，确定中标人。对能够最大限度地满足招标文件中规定的各项综合评价标准，或者能够满足招标文件的实质性要求且价格最高的投标人，应当确定为中标人。

3. 拍卖出让

拍卖出让国有建设用地使用权，是指出让人发布拍卖公告，由竞买人在指定时间、地点进行公开竞价，根据出价结果确定国有建设用地使用权人的行为。拍卖确定的土地使用

过程 4　土地使用权的获取

权受让人是按照"价高者得"的原则确定受让人的一种竞争方式。拍卖所体现的竞争是一种完全公开竞争机制，可以充分体现土地的商品属性，土地收益较高。拍卖适用于经济条件好、交通便利、区位优异的地段及利用上有较多灵活性的土地。房地产开发企业一般通过这种方式获得开发成熟的商业性用地的使用权。拍卖的特点是公平、公正、简便易行。

市、县自然资源管理部门应当根据经批准的拍卖出让方案，组织编制国有土地使用权拍卖出让文件，然后发布国有土地使用权拍卖出让公告，并按照出让公告规定的时间、地点组织拍卖活动。拍卖活动应当由土地拍卖主持人主持进行。

土地使用权拍卖会按下列程序进行：

(1)主持人点算竞买人；

(2)主持人介绍拍卖宗地的面积、界址、空间范围、现状、用途、使用年期、规划指标要求、开工和竣工时间以及其他有关事项；

(3)主持人宣布起叫价和增价规则及增价幅度，没有底价的，应当明确提示；

(4)主持人报出起叫价；

(5)竞买人举牌应价或报价；

(6)主持人确认该应价或报价后继续竞价，拍卖主持人在拍卖中可以根据竞买人竞价情况调整拍卖增价幅度；

(7)主持人连续三次宣布同一应价或者报价而没有再应价或者报价的，主持人落槌表示拍卖成交；

(8)主持人宣布最高应价或者报价者为竞得人。

竞买人的最高应价或者报价未达到底价时，主持人应当终止拍卖。

确定竞得人后，拍卖人与竞得人当场签订《成交确认书》。《成交确认书》应包括拍卖人与竞得人的名称、出让标的、成交时间、地点、价款，以及双方签订《国有土地使用权出让合同》的时间、地点等内容。

4. 挂牌出让

挂牌出让国有建设用地使用权，是根据挂牌期限截止时的出价结果或者现场竞价结果确定国有建设用地使用权人的行为。挂牌实际上是介于拍卖和招标之间的一种形式。先由市、县人民政府自然资源主管部门(简称出让人)发布挂牌公告，按公告规定的期限将拟出让宗地的交易条件在指定的土地交易场所挂牌公布，接受竞买人的报价申请并更新挂牌价格，最后，根据挂牌期限截止时的出价结果确定土地使用者。挂牌更多地体现为一种公示制度，挂牌之后，公示期间，谁都可以竞投。

挂牌出让的程序如下：

(1)公布挂牌信息。在挂牌公告规定的挂牌起始日，出让人将挂牌宗地的面积、界址、空间范围、现状、用途、使用年期、规划指标要求、开工时间和竣工时间、起始价、增价规则及增价幅度等，在挂牌公告规定的土地交易场所挂牌公布。挂牌时间不得少于10个工作日。

(2)竞买人报价。符合条件的竞买人填写报价单报价。

(3)确认报价。挂牌主持人确认该报价后，更新显示挂牌价格。挂牌期间可根据竞买人竞价情况调整增价幅度。

(4)挂牌截止。挂牌主持人在挂牌公告规定的挂牌截止时间确定竞得人。挂牌截止应当由挂牌主持人主持确定。挂牌期限届满,挂牌主持人现场宣布最高报价及其报价者,并询问竞买人是否愿意继续竞价。有竞买人表示愿意继续竞价的,挂牌出让转入现场竞价,通过现场竞价确定竞得人。挂牌出让挂牌主持人连续三次报出最高挂牌价格,没有竞买人表示愿意继续竞价的,按照下列规定确定是否成交:①在挂牌期限内只有一个竞买人报价,且报价不低于底价,并符合其他条件的,挂牌成交;②在挂牌期限内有两个或者两个以上的竞买人报价的,出价最高者为竞得人;报价相同的,先提交报价单者为竞得人,但报价低于底价者除外;③在挂牌期限内无应价者或者竞买人的报价均低于底价或者均不符合其他条件的,挂牌不成交。有竞买人表示愿意继续竞价的,即属于挂牌截止时有两个或两个以上竞买人要求报价的情形,挂牌主持人应当宣布挂牌出让转入现场竞价,并宣布现场竞价的时间和地点,通过现场竞价确定竞得人。

(5)现场竞价。现场竞价应当由土地挂牌主持人主持进行,取得该宗地挂牌竞买资格的竞买人均可参加现场竞价。成交结果对竞得人和出让人均具有法律效力。最高应价或报价低于底价的,挂牌主持人宣布现场竞价终止。在现场竞价中无人参加竞买或无人应价或出价的,以挂牌截止时出价最高者为竞得人,但低于挂牌出让底价者除外。

(6)签订《成交确认书》。确定竞得人后,挂牌人与竞得人当场签订《成交确认书》。《成交确认书》应包括挂牌人与竞得人的名称,出让标的,成交时间、地点、价款,以及双方签订《国有土地使用权出让合同》的时间、地点等内容。挂牌人应将挂牌结果进行公示。

招标、拍卖、挂牌都是土地市场中公开、公平、公正的交易方式,都引入了竞争机制,具体来说又有其各自的基本特征。

招标出让方式程序规范,全方位开放,透明度高,公平、客观,交易双方一次成交。拍卖是一种带有典型市场经济色彩的特殊的商品交易方式,必须有两个以上的买主,就所拍卖土地使用权展开价格竞争,拍卖过程价格不断变动,直至最后确定最高价为止,成交价格通常较高。挂牌出让综合体现了招标、拍卖和协议方式的优点,是具有公开、公平、公正特点的国有土地使用权出让的重要方式,尤其适用于当前土地市场现状。同时具有招标、拍卖不具备的优势:①挂牌时间长,且允许多次报价,有利于投资者理性决策和竞争。②操作简便,便于开展。③有利于土地有形市场的形成和运作。因此,挂牌出让也成为目前土地出让市场中最为常见的一种出让方式。

三、土地使用权转让

(一)土地使用权转让的概念

房地产开发企业获取土地使用权的第二种途径便是土地使用权的转让这种方式。土地使用权转让是指土地使用者将土地使用权再转移的行为,包括出售、交换和赠予。经过出让方式获得土地使用权的土地使用者,如果没有能力继续开发,可以把土地转让给有实力的开发商,从而提高土地的使用效率。

通常人们把由土地使用权出让而形成的土地市场称为一级市场,由国家垄断经营;把允许土地使用权转让而形成的土地市场称为二级市场,要建立完善的土地市场体系,就需要一级市场和二级市场的融合,只有这样才能使土地使用权真正作为商品进行流通,推动整个房地产业的健康发展。

过程4 土地使用权的获取

（二）土地使用权转让的条件

(1)土地使用权转让应当签订转让合同，土地使用权出让合同和登记文件中所载明的权利、义务随之转移。

《中华人民共和国城镇国有土地使用权出让和转让暂行条例》规定，土地使用权转让应当签订转让合同。未按土地使用权出让合同规定的期限和条件投资开发、利用土地的，土地使用权不得转让。土地使用权转让时，土地使用权出让合同和登记文件中所载明的权利、义务随之转移。土地使用者通过转让方式取得的土地使用权，其使用年限为土地使用权出让合同规定的使用年限减去原土地使用者已使用年限后的剩余年限。

(2)土地使用权转让必须进行登记。《中华人民共和国城镇国有土地使用权出让和转让暂行条例》规定，土地使用权和地上建筑物、其他附着物所有权转让，应当依照规定办理过户登记。土地使用权和地上建筑物、其他附着物所有权分割转让的，应当经市、县人民政府土地管理部门和房产管理部门批准，并依照规定办理过户登记。登记土地使用者转让地上建筑物、其他附着物所有权时，其使用范围内的土地使用权随之转让，但地上建筑物、其他附着物作为动产转让的除外。土地使用权转让时，其地上建筑物、其他附着物所有权随之转让。

(3)《城市房地产管理法》对土地使用权的转让，规定了具体的条件。该法规定，以出让方式取得土地使用权的，转让土地使用权时应当满足以下条件：

1)按照出让合同约定已经支付全部土地使用权出让金，并取得土地使用权证书。

2)按照出让合同进行投资开发，属于房屋建设工程的，要完成开发投资总额的25%以上，属于成片开发土地的，形成工业用地或者其他建设用地条件。转让房地产时房屋已经建成的，还应当持有房屋所有权证书。

（三）土地使用权转让的类型

土地使用权转让的类型有三种，即出售、交换和赠予。

(1)土地使用权的出售是指土地使用者将土地使用权转移给其他公民、法人，并获得土地使用权出让金的行为。这种出售行为与一般意义上的买卖不同，一般买卖行为涉及所有权的转移，而土地使用权的出售只转移使用权，所有权仍属于国家。

(2)土地使用权交换是指双方当事人约定互相转移土地使用权，其本质是一种权利交易。交换的双方在很多情况下，都是为了更好更合适地满足自己的经济需要。

(3)土地使用权赠予是指赠予人把所占有的土地使用权无偿转移给受赠人的行为。土地使用权作为一种财产，其权利人可以将其赠予任何公民、法人，其法律关系与一般赠予关系一致。

在实际经济生活中，土地使用权还存在其他的转让方式，如土地入股联建联营、企业兼并等经营性土地使用权转移方式，以及土地使用权继承、用地单位合并、分立等非经营性土地使用权转移方式。

（四）土地使用权转让的程序

1. 转让申请

由原受让人向出让人提出转让土地使用权的申请，出让人就转让情况对再受让人的资信、转让合同草案、转让金标准进行审查。如果审查无异议,则向原受让人发同意转让的通知书,若不同意转让,则应指出原因和改进建议。审查申请时,土地管理部门应对拟转让地价进行评审,若发现转让价过低,政府可优先收购。价格过高的,可采取必要调控措施。

2. 签订转让合同

原受让人通过与新受让人签订土地使用权转让合同,明确双方当事人的权利义务,另外,转让合同的内容必须符合出让合同的要求。《城市房地产管理法》第 41 条规定:房地产转让,应当签订书面转让合同,合同中应当载明土地使用权取得的方式。第 42 条规定:房地产转让时,土地使用权出让合同载明的权利、义务随之转移。

3. 转让合同公证

转让合同公证就是由公证机关证明转让合同的真实性与合法性的非诉讼活动。由于转让合同属经济合同的性质,虽然《城镇国有土地使用权出让和转让暂行条例》并没有作出转让合同要进行公证的规定,但是许多地方政府规定了土地使用权转让合同必须进行公证。

4. 缴纳土地转让费和土地增值税

转让合同签订后,再受让人应按合同要求及时向转让人支付土地转让费,同时转让人要在合同签订后的七日内到税务部门交纳土地增值税。由于国家建设投资等原因而使土地增值,使得转让方在转让时获得增值收益,国家要对这部分收益征税,这就是土地增值税。征收土地增值税是防止土地投机和规范房地产交易市场的有效措施之一。

5. 土地使用权变更登记

双方当事人共同到所在地市、县人民政府土地管理部门办理土地变更登记手续,换领土地使用证。办理变更登记时,须提交转让登记申请书、土地使用证和房产证、土地转让。

任务实施

通过学习,赵亮对土地使用权的取得方式和项目前期用地手续的办理有了清晰的认识。

(1)赵亮明确了获取建设项目用地主要有三种方式,即出让、划拨和转让。其中,出让和划拨属于土地一级市场行为;转让属于土地二级市场行为。划拨土地是无偿无限期的,但是划拨土地有着严格的限制,通常用于保障涉及公共利益和国计民生的项目用地。只有国家机关用地和军事用地;城市基础设施用地和公益事业用地;国家重点扶持的能源、交通、水利等基础设施用地等情况才能申请划拨用地,而房地产开发不在划拨用地目录范围内,因此不能通过划拨方式取得土地使用权。

(2)通过分析,房地产开发企业只能通过出让和转让方式获取建设项目用地。土地使用权出让,是指国家将国有土地使用权在一定年限内出让给土地使用者,由土地使用者向国家支付土地使用权出让金的行为。土地使用权出让可以采取四种方式,即协议、招标、拍卖、挂牌。土地使用权转让是指土地使用者将土地使用权再转移的行为,包括出售、交换和赠予三种方式。根据张部长给出的土地使用权出让资料,本次项目用地拟通过出让的方式取得。

(3)通过阅读项目地块土地使用权出让公告,本期地块采用挂牌方式公开出让,按出价

过程 4 土地使用权的获取

最高且不低于底价者得的原则确定竞得人。挂牌出让国有建设用地使用权,是根据挂牌期限截止时的出价结果或者现场竞价结果确定国有建设用地使用权人的行为。赵亮首先明确了挂牌出让土地使用权的程序:①公布挂牌信息;②竞买人报价;③确认报价;④挂牌截止;⑤现场竞价;⑥签订《成交确认书》。

(4)接下来赵亮仔细阅读了项目地块土地使用权出让公告,对项目用地条件进行了认真分析。

1)出让人的名称和地址:南宁市国土资源局。

2)出让宗地的面积、界址、空间范围、现状、使用年期、用途、规划指标要求:GC2018—075地块位于江南区星光大道38号;出让蓝线图编号:CR0101201800034;宗地号:450105001005GB00198;实际出让用地面积为40 533.29 m^2(折合60.800亩)。其中绿化用地面积为4 379.39 m^2,内部道路用地面积为1 711.18 m^2,均参与计容,上述绿地及道路建成后保持对外开放且不参与权属划分。土地批准用途:城镇住宅用地、批发零售用地;土地使用年限:城镇住宅用地70年,批发零售用地40年。

主要规划设计条件:容积率>2.0且≤4.0(其中住宅容积率≤3.9),商业占总计容建筑面积的比例为2%~3%,其余为居住。建筑密度≥20%且≤35%,绿化率≥25%,建筑高度≤190 m。

3)投标人、竞买人的资格要求以及申请取得投标、竞买资格的办法:

①竞买人须具备2017年10月16日南宁市公开征集旧城区改造项目土地熟化人公告项目中同一批次任意一个项目的土地熟化人资格,并由南宁市城乡建设委员会出具土地熟化投资人证明文件,方可报名参加竞买。

②符合上述条件的中华人民共和国境内外的自然人、法人和其他组织,除法律、法规另有规定者外,均可申请参加。在南宁市区范围内,存在欠缴土地出让价款、被认定存在因自身原因闲置土地行为以及严重扰乱房地产市场秩序者不得参加竞买。

③申请人可于2018年7月27日起至2018年8月27日18时00分止到南宁市锦春路3—1号市国土资源局2楼南宁市国土资源出让服务中心或者南宁市良庆区玉洞大道33号南宁市民中心B座9楼对外服务窗口提交书面申请及报名材料,竞买保证金必须在2018年8月27日17时00分前(以到账时间为准)汇入南宁市公共资源交易中心指定账户。经核查,符合竞买人条件的,南宁市国土资源局授权南宁市国土资源出让服务中心确认其竞买资格。

4)索取挂牌出让文件的时间、地点和方式:本期公开出让的详细资料和具体要求,详见公开出让文件。申请人可自公告之日起,到南宁市国土资源局门户网站(http://gtj.nanning.gov.cn)自行下载本期出让文件。

5)挂牌时间、地点、投标挂牌期限、投标和竞价方式等:本期国有建设用地使用权挂牌地点为南宁市良庆区玉洞大道33号南宁市民中心B座2楼南宁市公共资源交易中心拍卖大厅(具体交易大厅详见当天交易项目场地安排);挂牌报价时间为2018年8月16日8时至2018年8月29日上午10时00分。

6)确定中标人、竞得人的标准和方法:采用挂牌方式公开出让,按出价最高且不低于底价者得的原则确定竞得人。

7)投标、竞买保证金:GC2018—075地块出让起始价为人民币945万元/亩,竞买保证金为人民币11 500万元。

(5)开发企业在参与土地竞买时应做好哪些准备工作?开发企业应具备哪些条件才能参与竞买?

1)竞买人须具备2017年10月16日南宁市公开征集旧城区改造项目土地熟化人公告项目中同一批次任意一个项目的土地熟化人资格,并由南宁市城乡建设委员会出具土地熟化投资人证明文件。

2)准备竞买保证金为人民币11 500万元。

3)提交书面申请及报名材料,竞买保证金必须在2018年8月27日17时00分前汇入南宁市公共资源交易中心指定账户。

4)2018年8月16日8时至2018年8月29日上午10时00分到南宁市良庆区玉洞大道33号南宁市民中心B座2楼南宁市公共资源交易中心拍卖大厅参与竞买。

任务 4-2 获取土地使用权

任务背景

取得土地使用权后,赵亮需要完成后续的用地手续,如办理建设项目用地预审与选址意见书,办理《建设用地规划许可证》,进行不动产登记,取得《不动产权证书》等。

任务设定

赵亮应怎样完成这些工作?你能帮助他吗?

知识链接

通常,购房者在购房时会要求房地产开发商提供齐全的"五证",这是法律对房屋销售的基本要求。"五证"是指《不动产权证书》《建设用地规划许可证》《建设工程规划许可证》《建筑工程施工许可证》《商品房销售(预售)许可证》。开发企业以出让方式取得土地使用权,签订国有土地使用权出让合同后,应及时向城市、县人民政府自然资源主管部门领取建设用地规划许可证,并进行不动产登记,取得不动产权证书。下面我们将介绍土地使用权获取过程中建设项目用地预审与选址意见书、建设用地规划许可证、不动产权证书等几个主要手续的办理流程。

一、建设项目用地预审与选址意见书办理

(一)建设项目用地预审与选址意见书的含义

依据国土资源部颁布的《建设项目用地预审管理办法》,建设项目用地预审是指国土资

源主管部门在建设项目审批、核准、备案阶段，依法对建设项目涉及的土地利用事项进行的审查。

选址意见书是建设工程（主要是新建的大、中型工业与民用项目）在立项过程中，由城市规划行政主管部门出具的该建设项目是否符合规划要求的意见书。《中华人民共和国城乡规划法》（以下简称《城乡规划法》）第三十六条规定：按照国家规定需要有关部门批准或者核准的建设项目，以划拨方式提供国有土地使用权的，建设单位在报送有关部门批准或者核准前，应当向城乡规划主管部门申请核发选址意见书。

根据 2019 年自然资源部关于《以"多规合一"为基础推进规划用地"多审合一、多证合一"改革的通知》将建设项目选址意见书、建设项目用地预审意见合并，自然资源主管部门统一核发建设项目用地预审与选址意见书，不再单独核发建设项目选址意见书、建设项目用地预审意见。

（二）建设项目用地预审与选址意见书的办理流程

1. 建设项目用地预审与选址意见书的审批单位

建设项目用地实行分级预审。

（1）需人民政府或有批准权的人民政府发展和改革等部门审批的建设项目，由该人民政府的国土资源主管部门预审。需审批的建设项目在可行性研究阶段，由建设用地单位提出预审申请。

（2）需核准和备案的建设项目，由与核准、备案机关同级的国土资源主管部门预审。需核准的建设项目在项目申请报告核准前，由建设单位提出用地预审申请。需备案的建设项目在办理备案手续后，由建设单位提出用地预审申请。

（3）涉及新增建设用地，用地预审权限在自然资源部的，建设单位向地方自然资源主管部门提出用地预审与选址申请，由地方自然资源主管部门受理；经省级自然资源主管部门报自然资源部通过用地预审后，地方自然资源主管部门向建设单位核发建设项目用地预审与选址意见书。用地预审权限在省级以下自然资源主管部门的，由省级自然资源主管部门确定建设项目用地预审与选址意见书办理的层级和权限。

（4）使用已经依法批准的建设用地进行建设的项目，不再办理用地预审；需要办理规划选址的，由地方自然资源主管部门对规划选址情况进行审查，核发建设项目用地预审与选址意见书。

（5）建设项目用地预审与选址意见书有效期为 3 年，自批准之日起计算。

2. 建设项目用地预审与选址意见书办理需提交的材料

（1）建设项目用地预审申请表；

（2）建设项目用地预审申请报告，内容包括拟建项目的基本情况、拟选址占地情况、拟用地是否符合土地利用总体规划、拟用地面积是否符合土地使用标准、拟用地是否符合供地政策等；

（3）审批项目建议书的建设项目提供项目建议书批复文件，直接审批可行性研究报告或者需核准的建设项目提供建设项目列入相关规划或者产业政策的文件。

3. 预审审查的主要内容

（1）建设项目用地是否符合国家供地政策和土地管理法律、法规规定的条件。

(2)建设项目选址是否符合土地利用总体规划,属《土地管理法》第二十六条规定的情形,建设项目用地需修改土地利用总体规划的,规划修改方案是否符合法律、法规的规定。

(3)建设项目用地规模是否符合有关土地使用标准的规定;对国家和地方尚未颁布土地使用标准和建设标准的建设项目,以及确需突破土地使用标准确定的规模和功能分区的建设项目,是否已组织建设项目节地评价并出具评审论证意见。占用基本农田或者其他耕地规模较大的建设项目,还应当审查是否已经组织踏勘论证。

拓展阅读

南宁市建设项目用地预审与选址意见书办理流程

(1)受理条件:建设项目已完成前期策划生成阶段,包含核查是否符合城乡规划、土地利用规划等,提出初审意见上报市政府审批(含提上土地会审议),通知项目业主开展用地测量及预核查工作等。

(2)申请材料:申请表、授权委托书、项目选址用地测量数据、土地利用总体规划图及功能分区用地统计表(即用地预核查成果资料)。

(3)办理时限:3个工作日。

(4)办理流程:如图4-2所示。

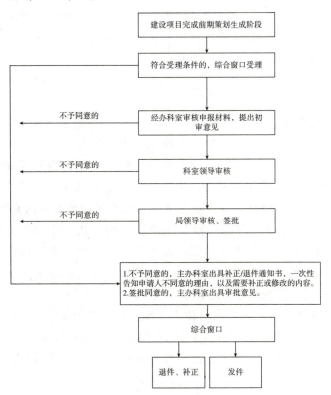

图4-2 南宁市用地预审(选址意见书)批复办理流程图
(来源:南宁市自然资源局)

过程 4　土地使用权的获取

二、建设用地规划许可证办理

（一）建设用地规划许可证的概念

建设用地规划许可证是经城乡规划主管部门依法审核，建设用地符合城乡规划要求的法律凭证。

（1）划拨土地建设用地规划许可证的办理。根据《城乡规划法》第三十七条规定："城市、镇规划区内以划拨方式提供国有土地使用权的建设项目，经有关部门批准、核准、备案后，建设单位应当向城市、县人民政府城乡规划主管部门提出建设用地规划许可申请，由城市、县人民政府城乡规划主管部门依据控制性详细规划核定建设用地的位置、面积、允许建设的范围，核发建设用地规划许可证。建设单位在取得建设用地规划许可证后，方可向县级以上地方人民政府土地主管部门申请用地，经县级以上人民政府审批后，由土地主管部门划拨土地。"

（2）出让土地建设用地规划许可证的办理。根据《城乡规划法》第三十八条规定："在城市、镇规划区内以出让方式提供国有土地使用权的，在国有土地使用权出让前，城市、县人民政府城乡规划主管部门应当依据控制性详细规划，提出出让地块的位置、使用性质、开发强度等规划条件，作为国有土地使用权出让合同的组成部分。未确定规划条件的地块，不得出让国有土地使用权。以出让方式取得国有土地使用权的建设项目，建设单位在取得建设项目的批准、核准、备案文件和签订国有土地使用权出让合同后，向城市、县人民政府城乡规划主管部门领取建设用地规划许可证。"

（二）建设用地规划许可证的办理流程

（1）提出申请。凡在城市规划区内进行建设需要申请用地的，必须持国家批准建设项目的有关文件，向自然资源主管部门提出定点申请。能当场受理或通过当场补正达到受理条件的，直接进入受理步骤，当场出具受理通知书；根据一次性告知通知书内容进行补正后达到受理条件的，出具决定受理通知书。主管部门核对申请人是否符合申请条件；逐一核对申请人材料是否齐全；核对每个材料是否涵盖材料要求中涉及的内容和要素。

（2）审查。城市规划行政主管部门根据用地项目的性质、规模等，按照城市规划的要求，初步选定用地项目的具体位置和界限；根据需要，征求有关行政主管部门对用地位置和界限的具体意见；城市规划行政主管部门根据城市规划的要求向用地单位提供规划设计条件；审核用地单位提供的规划设计总图。

（3）决定。复核审查步骤阶段提出的初步意见，决定是否颁发《建设用地规划许可证》。

（4）核发建设用地规划许可证。准予行政许可的颁发《建设用地规划许可证》。通过窗口领取、代理人送达、委托送达、公告送达、邮寄送达等方式将《建设用地规划许可证》送达申请人。

建设用地规划许可证中包括标有建设用地具体界限的附图和明确具体规划要求的附件。附图和附件是建设用地规划许可证的配套证件，具有同等的法律效力。附图和附件由发证单位根据法律、法规规定与实际情况制定。

拓展阅读

南宁市建设用地规划许可证（划拨方式供地）办理流程

（1）受理条件：市政项目完成用地预审；非市政项目完成征地拆迁结算相关工作。

（2）申请材料：①市政项目：申请报告、授权委托书、选址意见书及用地预审批复原件（仅核原件）；②非市政项目：申请报告、授权委托书、选址意见书（仅核原件）、已完成征地结算相关材料［征（拨）用土地成本结算表或者城区拆迁办出具已完成征地结算的证明］。

（3）办理时限：3个工作日。

（4）办理流程：如图4-3所示。

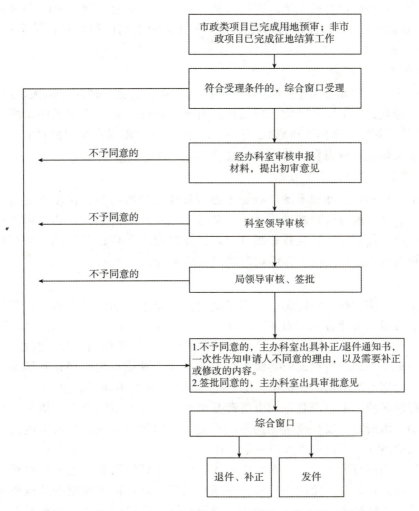

图4-3　南宁市建设用地规划许可证（划拨方式供地）办理流程图
（来源：南宁市自然资源局）

三、不动产权登记

根据《中华人民共和国民法典》(以下简称《民法典》)的规定，不动产物权的设立、变更、转让和消灭，经依法登记，发生效力；未经登记，不发生效力。因此，房地产开发企业通过土地出让或转让获得土地使用权后，必须对土地使用权进行登记，才能够发生物权效力。《不动产登记暂行条例》出台后，将原来的土地使用权登记、房屋产权登记等统一纳入了不动产登记范畴，统一颁发《不动产权证书》。

(一)不动产登记制度概述

不动产登记是指不动产登记机构依法将不动产权利归属和其他法定事项记载于不动产登记簿的行为。不动产，是指土地、海域以及房屋、林木等定着物。2015年3月1日起施行的《不动产登记暂行条例》将原来的房屋所有权登记和土地使用权登记等多种登记类型，都纳入了统一的不动产登记。

1. 不动产登记的效力

《民法典》第二百零九条规定："不动产物权的设立、变更、转让和消灭，经依法登记，发生效力；未经登记，不发生效力，但法律另有规定的除外。依法属于国家所有的自然资源，所有权可以不登记。"《民法典》第二百一十四条规定："不动产物权的设立、变更、转让和消灭，依照法律规定应当登记的，自记载于不动产登记簿时发生效力。"

2. 不动产登记的范围

下列不动产权利，应办理不动产登记手续：集体土地所有权；房屋等建筑物、构筑物所有权；森林、林木所有权；耕地、林地、草地等土地承包经营权；建设用地使用权；宅基地使用权；海域使用权；地役权；抵押权；法律规定需要登记的其他不动产权利。房地产开发企业取得的土地使用权，在不动产登记的范围内。

3. 不动产登记机构

国家对不动产实行统一登记制度。国务院自然资源主管部门负责指导、监督全国不动产登记工作。县级以上地方人民政府应当确定一个部门为本行政区域的不动产登记机构，负责不动产登记工作，并接受上级人民政府不动产登记主管部门的指导、监督。

不动产登记由不动产所在地的县级人民政府不动产登记机构办理；直辖市、设区的市人民政府可以确定本级不动产登记机构统一办理所属各区的不动产登记。

跨县级行政区域的不动产登记，由所跨县级行政区域的不动产登记机构分别办理。不能分别办理的，由所跨县级行政区域的不动产登记机构协商办理；协商不成，由共同的上一级人民政府不动产登记主管部门指定办理。

登记机构应当履行下列职责：查验申请人提供的权属证明和其他必要材料；就有关登记事项询问申请人；如实、及时登记有关事项；法律、行政法规规定的其他职责。申请登记的不动产的有关情况需要进一步证明的，登记机构可以要求申请人补充材料，必要时可以实地查看。

(二)不动产登记的类型

不动产登记的主要类型有不动产首次登记、变更登记、转移登记、注销登记、更正登记、异议登记、预告登记、查封登记等。当事人申请登记,应当根据不同登记事项提供权属证明和不动产界址、面积等必要材料,按照登记程序办理不动产登记手续。

1. 首次登记

不动产首次登记,是指不动产权利第一次登记。未办理不动产首次登记的,不得办理不动产其他类型登记,但法律、行政法规另有规定的除外。市、县人民政府可以根据情况对本行政区域内未登记的不动产,组织开展集体土地所有权、宅基地使用权、集体建设用地使用权、土地承包经营权的首次登记。

申请国有建设用地使用权及房屋所有权首次登记的,应当提交下列材料:不动产权属证书或者土地权属来源材料;建设工程符合规划的材料;房屋已经竣工的材料;房地产调查或者测绘报告;相关税费交纳凭证;其他必要材料。开发企业以出让方式取得土地使用权的,应依法进行国有建设用地使用权首次登记。开发企业开发的房屋建成后,还应办理房屋所有权首次登记。

2. 变更登记

不动产登记信息发生变更时,不动产权利人可以向不动产登记机构申请变更登记,变更登记的目的是动态掌握物业权属的实际情况。

具体来看,出现下列情形的,不动产权利人可以向不动产登记机构申请变更登记:权利人的姓名、名称、身份证明类型或者身份证明号码发生变更的;不动产的坐落、界址、用途、面积等状况变更的;不动产权利期限、来源等状况发生变化的;同一权利人分割或者合并不动产的;抵押担保的范围、主债权数额、债务履行期限、抵押权顺位发生变化的;最高额抵押担保的债权范围、最高债权额、债权确定期间等发生变化的;地役权的利用目的、方法等发生变化的;共有性质发生变更的;法律、行政法规规定的其他不涉及不动产权利转移的变更情形。开发企业名称或建设用地的界址、使用期限等发生变化的,还应进行国有建设用地使用权变更登记。

申请国有建设用地使用权及房屋所有权变更登记的,应当根据不同情况,提交下列材料:

(1)不动产权属证书;

(2)发生变更的材料;

(3)有批准权的人民政府或者主管部门的批准文件;

(4)国有建设用地使用权出让合同或者补充协议;

(5)国有建设用地使用权出让价款、税费等交纳凭证;

(6)其他必要材料。

3. 转移登记

转移登记是指因房屋买卖、交换、赠予与继承、划拨、转让、分割、合并、裁决等原因致使相关法律行为发生所有权转移的房屋所有权登记。

因下列情形导致不动产权利转移的,当事人可以向不动产登记机构申请转移登记:买卖、互换、赠予不动产的;以不动产作价出资(入股)的;法人或者其他组织因合并、分立等原因致使不动产权利发生转移的;不动产分割、合并导致权利发生转移的;继承、受遗赠导致权利发生转移的;共有人增加或者减少以及共有不动产份额变化的;因人民法院、

过程 4 土地使用权的获取

仲裁委员会的生效法律文书导致不动产权利发生转移的;因主债权转移引起不动产抵押权转移的;因需役地不动产权利转移引起地役权转移的;法律、行政法规规定的其他不动产权利转移情形。开发企业以转让方式取得土地使用权的,应依法进行国有建设用地使用权转移登记。

申请国有建设用地使用权及房屋所有权转移登记的,应当根据不同情况,提交下列材料:

(1)不动产权属证书;
(2)买卖、互换、赠予合同;
(3)继承或者受遗赠的材料;
(4)分割、合并协议;
(5)人民法院或者仲裁委员会生效的法律文书;
(6)有批准权的人民政府或者主管部门的批准文件;
(7)相关税费交纳凭证;
(8)其他必要材料。

不动产买卖合同依法应当备案的,申请人申请登记时须提交经备案的买卖合同。

4. 注销登记

注销登记是指因房屋灭失、土地使用权年限届满、他项权利终止等原因导致不动产权利灭失时,登记机关所做的登记。

有下列情形之一的,当事人可以申请办理注销登记:不动产灭失的;权利人放弃不动产权利的;不动产被依法没收、征收或者收回的;人民法院、仲裁委员会的生效法律文书导致不动产权利消灭的;法律、行政法规规定的其他情形。

不动产上已经设立抵押权、地役权或者已经办理预告登记,所有权人、使用权人因放弃权利申请注销登记的,申请人应当提供抵押权人、地役权人、预告登记权利人同意的书面材料。

5. 更正登记

权利人、利害关系人认为不动产登记簿记载的事项有错误,可以申请更正登记。不动产登记簿记载的权利人书面同意更正或者有证据证明登记确有错误的,登记机构应当予以更正。不动产登记簿记载的权利人不同意更正的,利害关系人可以申请异议登记。

权利人申请更正登记的,应当提交下列材料:
(1)不动产权属证书;
(2)证实登记确有错误的材料;
(3)其他必要材料。

利害关系人申请更正登记的,应当提交利害关系材料、证实不动产登记簿记载错误的材料及其他必要材料。

不动产权利人或者利害关系人申请更正登记,不动产登记机构认为不动产登记簿记载确有错误的,应当予以更正;但在错误登记之后已经办理了涉及不动产权利处分的登记、预告登记和查封登记的除外。不动产登记簿记载无误的,不动产登记机构不予更正,并书面通知申请人。

不动产登记机构发现不动产登记簿记载的事项错误，应当通知当事人在30个工作日内办理更正登记。当事人逾期不办理的，不动产登记机构应当在公告15个工作日后，依法予以更正；但在错误登记之后已经办理了涉及不动产权利处分的登记、预告登记和查封登记的除外。

6. 异议登记

利害关系人认为不动产登记簿记载的事项错误，权利人不同意更正的，利害关系人可以申请异议登记。

利害关系人申请异议登记的，应当提交下列材料：
(1) 证实对登记的不动产权利有利害关系的材料；
(2) 证实不动产登记簿记载的事项错误的材料；
(3) 其他必要材料。

不动产登记机构受理异议登记申请的，应当将异议事项记载于不动产登记簿，并向申请人出具异议登记证明。异议登记申请人应当在异议登记之日起15日内，提交人民法院受理通知书、仲裁委员会受理通知书等提起诉讼、申请仲裁的材料；逾期不提交的，异议登记失效。

异议登记失效后，申请人就同一事项以同一理由再次申请异议登记的，不动产登记机构不予受理。异议登记期间，不动产登记簿上记载的权利人及第三人因处分权利申请登记的，不动产登记机构应当书面告知申请人该权利已经存在异议登记的有关事项。申请人申请继续办理的，应当予以办理，但申请人应当提供知悉异议登记存在并自担风险的书面承诺。

7. 预告登记

预告登记指当事人签订买卖房屋或者其他不动产物权的协议，为保障将来实现物权，而按照约定可以向登记机关申请预告登记。如在商品房预售中，购房者可以就尚未建成的住房进行预告登记，以制约开发商把已出售的住房再次出售或者进行抵押。

有下列情形之一的，当事人可以按照约定申请不动产预告登记：商品房等不动产预售的；不动产买卖、抵押的；以预购商品房设定抵押权的；法律、行政法规规定的其他情形。

《民法典》第二百二十一条规定："当事人签订买卖房屋的协议或者签订其他不动产物权的协议，为保障将来实现物权，按照约定可以向登记机构申请预告登记。预告登记后，未经预告登记的权利人同意，处分该不动产的，不发生物权效力。预告登记后，债权消灭或者自能够进行不动产登记之日起九十日内未申请登记的，预告登记失效。"

预告登记未到期，有下列情形之一的，当事人可以持不动产登记证明、债权消灭或者权利人放弃预告登记的材料，以及法律、行政法规规定的其他必要材料申请注销预告登记：预告登记的权利人放弃预告登记的；债权消灭的；法律、行政法规规定的其他情形。

8. 查封登记

人民法院要求不动产登记机构办理查封登记的，不动产登记机构应办理查封登记。办理查封登记应当提交下列材料：人民法院工作人员的工作证；协助执行通知书；其他必要材料。

查封期间，人民法院解除查封的，不动产登记机构应当及时根据人民法院协助执行通知书注销查封登记。不动产查封期限届满，人民法院未续封的，查封登记失效。

（三）不动产登记的程序

1. 申请人提出申请

当事人或者其代理人应当向不动产登记机构申请不动产登记。不动产登记机构将申请登记事项记载于不动产登记簿前，申请人可以撤回登记申请。

2. 申请人提交材料

不动产登记机构应当在办公场所和门户网站公开申请登记所需材料目录与示范文本等信息。申请人应当提交下列材料，并对申请材料的真实性负责：

(1)登记申请书；
(2)申请人、代理人身份证明材料、授权委托书；
(3)相关的不动产权属来源证明材料、登记原因证明文件、不动产权属证书；
(4)不动产界址、空间界限、面积等材料；
(5)与他人利害关系的说明材料；
(6)法律、行政法规以及本条例实施细则规定的其他材料。

3. 不动产登记机构审查材料及实地查看

(1)动产登记机构收到不动产登记申请材料，应当分别按照下列情况办理：

1)属于登记职责范围，申请材料齐全、符合法定形式，或者申请人按照要求提交全部补正申请材料的，应当受理并书面告知申请人；

2)申请材料存在可以当场更正的错误的，应当告知申请人当场更正，申请人当场更正后，应当受理并书面告知申请人；

3)申请材料不齐全或者不符合法定形式的，应当当场书面告知申请人不予受理并一次性告知需要补正的全部内容；

4)申请登记的不动产不属于本机构登记范围的，应当当场书面告知申请人不予受理并告知申请人向有登记权的机构申请。不动产登记机构未当场书面告知申请人不予受理的，视为受理。

(2)不动产登记机构受理不动产登记申请的，应当按照下列要求进行查验：

1)不动产界址、空间界限、面积等材料与申请登记的不动产状况是否一致；

2)有关证明材料、文件与申请登记的内容是否一致；

3)登记申请是否违反法律、行政法规规定。

(3)属于下列情形之一的，不动产登记机构可以对申请登记的不动产进行实地查看：

1)房屋等建筑物、构筑物所有权首次登记；
2)在建建筑物抵押权登记；
3)因不动产灭失导致的注销登记；
4)不动产登记机构认为需要实地查看的其他情形。

对可能存在权属争议，或者可能涉及他人利害关系的登记申请，不动产登记机构可以向申请人、利害关系人或者有关单位进行调查。不动产登记机构进行实地查看或者调查时，申请人、被调查人应当予以配合。

4. 登记

不动产登记机构应当自受理登记申请之日起 30 个工作日内办结不动产登记手续，法律另有规定的除外。登记事项自记载于不动产登记簿时完成登记。不动产登记机构完成登记，应当依法向申请人核发不动产权属证书或者登记证明。房地产开发企业在完成登记后，取得《不动产权证书》。

登记申请有下列情形之一的，不动产登记机构应当不予登记，并书面告知申请人：
(1) 违反法律、行政法规规定的；
(2) 存在尚未解决的权属争议的；
(3) 申请登记的不动产权利超过规定期限的；
(4) 法律、行政法规规定不予登记的其他情形。

（四）不动产登记的内容

不动产登记簿应当记载以下事项：
(1) 不动产的坐落、界址、空间界限、面积、用途等自然状况；
(2) 不动产权利的主体、类型、内容、来源、期限、权利变化等权属状况；
(3) 涉及不动产权利限制、提示的事项；
(4) 其他相关事项。

不动产登记机构应当依法将各类登记事项准确、完整、清晰地记载于不动产登记簿。任何人不得损毁不动产登记簿，除依法予以更正外不得修改登记事项。

过程小结

本过程主要介绍了土地使用权的获取。通常获取建设项目用地主要有三种方式，即出让、划拨和转让。其中，出让和划拨属于土地一级市场行为；转让属于土地二级市场行为。划拨土地是无偿无限期的，只有国家机关用地和军事用地；城市基础设施用地和公益事业用地；国家重点扶持的能源、交通、水利等基础设施用地等情况才能申请划拨用地。土地使用权出让，是指国家将国有土地使用权在一定年限内出让给土地使用者，由土地使用者向国家支付土地使用权出让金的行为。土地使用权出让是有偿有限期的，土地使用权出让可以采取四种方式，即协议、招标、拍卖、挂牌。土地使用权转让是指土地使用者将土地使用权再转移的行为，包括出售、交换和赠予三种方式。开发企业取得土地使用权，签订国有土地使用权出让合同后，应及时领取建设用地规划许可证，并进行不动产登记，取得不动产权证书。

过程 4　土地使用权的获取

任务工单 4

任务名称	编制土地使用权竞买实施计划方案				
任务目的	了解土地使用权出让的含义与特征；掌握土地使用权出让的期限、土地使用权出让的方式				
任务内容	1. 比较各种不同土地获取方式的优劣。 2. 根据上一过程的可行性研究报告，编制该地块土地使用权竞买实施计划方案				
第（　）组	姓名				
	学号				
任务实操	比较各种不同土地获取方式的优劣				
	划拨土地				
	出让土地				
	二级市场流转				
	竞买实施计划				
	竞买方式				
	竞买准备				
	竞买报价方案				
	竞买计划				

考核评价表 4

任务完成考核评价表				
任务名称	编制土地使用权竞买实施计划方案			
班级		学生姓名		
评价方式	评价内容	分值	成绩	
自我评价	各种不同土地获取方式的分析劣	30		
	竞买实施计划的编制情况	20		
	对知识和技能的掌握程度	30		
	我胜任了小组内的工作	20		
	合计			
小组评价	小组本次任务完成质量	30		
	个人本次任务完成质量	30		
	个人对理论应用实践的能力	20		
	个人的团队精神与沟通能力	20		
	合计			
教师评价	小组本次任务完成质量	10		
	个人本次任务完成质量	10		
	个人对小组任务的贡献度	40		
	个人对小组任务的参与度	40		
	合计			
总评＝自我评价×（　）％＋小组评价×（　）％＋教师评价×（　）％＝				

过程4 土地使用权的获取

思考与练习

一、思考题

1. 房地产项目用地获取的方式有哪些？
2. 哪些情况下可以采用划拨的方式取得土地使用权呢？
3. 土地使用权出让和转让有什么区别？
4. 办理建设用地使用权首次登记应当准备哪些材料？

二、单项选择题

1. 下列国有建设用地中，不能通过划拨方式取得使用权的是（　　）。
   A. 城市绿地　　　　B. 商品住宅　　　　C. 街心公园　　　　D. 地税局机关
2. 商业用地不能采取（　　）方式出让。
   A. 招标　　　　　　B. 拍卖　　　　　　C. 挂牌　　　　　　D. 协议
3. 甲公司以出让方式按法定最高年限取得了某度假村土地使用权，3年后建成开业，则开业时度假村的土地使用权的剩余使用年限为（　　）年。
   A. 37　　　　　　　B. 40　　　　　　　C. 47　　　　　　　D. 50
4. 因房屋买卖、交换、赠予、继承、划拨、转让、分割、合并、裁决等原因致使相关法律行为发生所有权转移的，应进行（　　）登记。
   A. 首次　　　　　　B. 变更　　　　　　C. 转移　　　　　　D. 注销

过程 5　房地产开发项目融资

过程 5　房地产开发项目融资

知识目标

1. 了解当前房地产开发项目常见的传统型与创新型的融资方式。
2. 掌握不同规模、不同生命周期和不同阶段下融资方式的选取。
3. 掌握房地产企业资金平衡计划的编制内容。

能力目标

1. 能区分银行信贷、股权融资、债券融资等各类融资方式。
2. 能编制一份简易的资金平衡计划。

素养目标

1. 适度消费，量入而出，量力而行。
2. 理性投资，增强风险意识。

案例导入

耗资 600 亿元建了 13 年：中国最高烂尾楼（图 5-1），为何成了烫手山芋？

早在 2015 年，天津的媒体就报道，滨海高新区在建的高银金融大厦，也就是 117 大厦完成了主体结构封顶。这座 117 层的超高摩天大楼，在当时以 596.5 m 的结构高度，成为仅次于迪拜哈利法塔的世界第二高度建筑，也是当时中国在建的结构第一高楼。当大家都期待着这座大楼在来年正式开业，成为天津新地标的时候，曾经创了 11 项中国和世界纪录的 117 大厦，却忽然按下了暂停键。原因很简单——没钱了。117 大厦的项目，因为资金链的断裂搁浅，成了一个烫手山芋。虽然 2016 年 117 大厦停工后，投资方高银集团和擅长处理不良资产的中国信达成立合伙企业，试图挽救这座"中国第一高楼"。可直到 2020 年，117 大厦几乎没有任何进展，就连玻璃幕墙都没装饰完成，中国信达还一纸诉状把高银集团

过程 5　房地产开发项目融资

图 5-1　中国最高烂尾楼

告上法庭。就这样，耗资 600 多亿元的 117 大厦又多了一项"纪录"——中国最高烂尾楼。

596.5 m 高的天津 117 大厦，从"中国第一高楼"变成了"中国最高烂尾楼"，带给我们什么警示？

房地产企业作为典型的资金密集型行业代表，其项目的开发与经营有着投资金额大、占用资金多、资金回收慢、经营风险大等特点。对于房地产企业来说，现金为王，现金流的充裕与通畅是房地产项目顺利落地生根的巨大保障，也是房地产企业可持续生存与发展的重要血液。一旦资金链断裂，房地产项目就会出现烂尾，甚至导致企业破产。因此，资金的筹集和运用对于房地产企业来说至关重要。

任务 5-1　项目融资方式选取

任务背景

邕投地产有限责任公司自成立以来，一直依赖原始的资本积累和部分银行借款维持运营，然而随着业务的日渐增多，财务压力也与日俱增。公司高层一致认为，公司当期应积极拓展融资渠道，寻求多元化的融资方式，改善目前单一的融资结构，才能实现可持续发展。

任务设定

公司管理层请财务部的赵亮通过向当地金融机构咨询、网上查阅资料等方式，为邕投地产有限责任公司制定一份可行的融资方案。赵亮应该怎么做？会用到哪些方面的知识？你能帮助赵亮完成该融资方案吗？

过程 5　房地产开发项目融资

一、房地产项目常见的融资方式

（一）传统型融资方式

1. 自有资金

所谓自有资金，是指股东投入（含发行股票募集的资金）或由企业生产经营活动所得的留存利润，可以自由流动、自行支配且无须偿还的资金。

2006 年《国务院办公厅转发建设部等部门关于调整住房供应结构稳定住房价格意见的通知》中明确规定："为抑制房地产开发企业利用银行贷款囤积土地和房源，对项目资本金比例达不到 35% 等贷款条件的房地产企业，商业银行不得发放贷款。"因此，在我国，任何一个房地产企业都必须持有一定比例的自有本金，这部分资金除了本身具有融资功能以外，也为企业寻求其他融资方式提供一定担保。从理论上看，任何投资都存在风险，为增强借贷双方的信任，35% 的自有资金可视为融资者同生共死，有难同当的诚意表示。

2. 银行信贷

银行信贷是指银行等金融机构将存款款项作为本金暂时借予借款人使用，定期回收并收取一定利息的经济行为。偿还期在一年以内的，为短期信贷，偿还期在一年以上的，则为长期信贷。短期信贷由于必须在一年内偿还，所以只能作为企业的流动周转资金，但在开发项目建成阶段，可以以建筑物作为抵押，申请长期信贷。常见的项目开发贷款有短期透支贷款、存款抵押贷款和房产抵押贷款。

长期以来，我国房地产市场对银行信贷这一融资方式有着很强的依赖，是房地产项目开发资金最重要的融资渠道之一。据统计，我国房地产企业的年平均资产负债率高达 79%。

3. 销售回笼款

销售回笼款是指开发商按照合同规定预先收取购房者的定金及房款。根据目前的预售制度，项目取得预售证后即可对外销售。销售资金的回笼不但可以弥补项目后续开发成本，还能用于偿还项目贷款。

4. 施工单位垫资

施工单位垫资是指房地产企业延期支付建筑施工单位工程款项以达到短期融资目的的行为。现阶段，不是任何项目都允许施工单位进行垫资。《住房和城乡建设部关于印发工程保函示范文本的通知》（建市〔2021〕11 号）规定，政府投资项目所需资金，应当按照国家有关规定落实到位，不得由施工单位垫资建设。2020 年 5 月 1 日以后开工的房屋建筑市政基础设施工程项目，建设单位应当向施工单位提供工程款支付担保。

5. 股权融资

股权融资是房地产企业的股东通过资本市场出让一部分企业所有权，引进新股东实现资本金增加的融资行为。当前，我国房地产企业股权融资主要包括直接发行上市和借壳上市（表 5-1）。

股权融资作为上市公司主要的融资渠道,有着以下特点:
(1)所获资金无须还本付息,新旧股东共同分享企业的盈利与增长。
(2)单次资金融资量巨大,且可长期使用。
(3)可改善资本结构,降低资产负债率,有效扩大银行借款的融资空间。
(4)因每股收益的摊薄,对经营业绩要求很高,经营压力增大。

表 5-1 我国房地产企业股权融资情况

房地产企业 IPO	代表房企	特点
H 股上市	恒大地产、龙湖地产	门槛相对较低,约束条件少,国际化更强,市场化条件更优越
A 股上市	万科地产、保利地产、金地集团	审核要求严格,上市难度较大
借壳上市	荣安集团、万方地产	融资成本低,融资风险大

6. 债券融资

债券融资是指企业依照法定程序发行的、承诺到期向债券持有者偿还本金并支付利息的一种融资行为(表 5-2)。

表 5-2 我国房地产企业债券融资情况

代表房企	债券融资
龙湖	龙湖集团拟公开发行 2021 年公司债券(第一期),本期债券发行规模不超过 30 亿元(含 30 亿元)。2021 年公司债券(第一期)中五年期品种及七年期品种的票面利率询价区间分别为 3.60%~4.60% 及 4.00%~5.00%
万科	万科完成发行 2020 年度第二期公司债券,最终发行规模 25 亿元人民币。其中,五年期发行额 10 亿元人民币,票面利率为 2.56%;七年期发行额为 15 亿元人民币,票面利率为 3.45%

(二)创新型融资方式

1. 房地产信托

房地产信托,是信托投资公司(受托人)利用其专业理财优势,通过实施信托计划汇集资金用于房地产开发项目,并将投资综合收益按一定比例分配给投资者(委托人)。我国的信托投资公司主要是通过向开发商发放信托资金(债权型房地产信托,如图 5-2 所示),或直接参与房地产投资(股权型房地产信托,如图 5-3 所示)两种方式进行运作。

2. 房地产证券化

房地产证券化,是指金融中介机构将其持有的若干房地产第一贷款(通常从银行收购)依照期限、利率、还款方式等区别进行汇集和重组后,再以证券的形式在资本市场上发行从而回收本金,赚取利息差价,如图 5-4 所示。房地产证券化将房地产投资物权形式直接转变成有价证券形式,不仅能使银行快速回笼资金,减轻贷款压力,并且将银行与第一贷款隔离开来,融资风险被分散给了众多参与其中的资本机构及散户。金融系统的安全性得到了显著提升,有利于整个金融系统的良性发展。

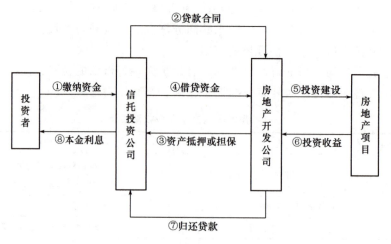

图 5-2 债权型房地产信托

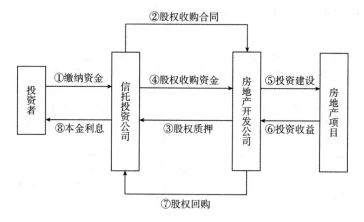

图 5-3 股权型房地产信托

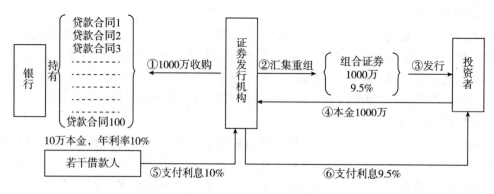

图 5-4 房地产证券化过程

3. 合作开发

合作开发是指开发商寻找一家或几家有经济实力的企业，与之合作开发房地产项目，是众多小型房地产企业青睐的一种分散和转移筹资负担的较为可行的办法。目前，合作模式主要有财务投资和联合开发两种形式。二者区别在于股东的参与度，前者参与少，一般只管财务底线和总体目标的完成，不会过多干涉项目的管理；而后者则参与度高，不同股东分别承担起开发、建设、营销、经营、物业等不同环节。

拓展阅读

广西宝塔 5.34 亿摘南宁高新区两宅地　将与绿地香港合作开发

2017 年 1 月 24 日上午，位于相思湖片区两幅 111 亩商住地块挂牌出让，由广西宝塔工业园区开发投资有限公司分别以单价 482 万元/亩、481 万元/亩，总价约为 3.12 亿元、2.22 亿元成交。此地块较为方正，周边学府较多，教育氛围浓厚，将由绿地集团与广西宝塔工业园区开发投资有限公司进行合作，打造成为高端住宅产品。

4. 融资租赁

融资租赁是一种创新型金融服务形式，是实物信用与银行信用相结合的产物。拥有土地经营权的房地产开发商，将该土地出租给其他的投资者开发建设房地产，以每年获得的租金作为抵押，申请房地产项目开发的长期贷款；或者是开发商通过租赁方式获得土地的使用权以后，以自发开发的房地产作为抵押向银行申请长期抵押贷款。

拓展阅读

我国不动产融资租赁精选案例

1. 武汉城市交通设施售后回租

2008 年 11 月，武汉地铁集团与工银金融租赁公司签订了 20 亿元人民币融资租赁协议，将武汉地铁 1 号线一期核心运营设备（包括机车等）所有权，以 20 亿元人民币的价格和 15 年期限让渡给工银金融租赁公司。在此期间，武汉地铁集团仍然保留经营、使用权，但需向金融租赁公司支付租金，到期后可按残值回购所有权。这在我省大额金融租赁业务中尚属首例，在全国的轨道交通建设中，使用金融租赁的方式融资亦属首次。

2. 天津港保税区工业厂房在建工程融资租赁

2009 年 11 月，天津市政府与海航集团新阶段全面战略合作协议签署，其中天津港保税区管委会、海航集团下属天津渤海租赁公司、光大银行天津分行共同签署了天津空客厂房融资租赁创新项目合作协议。根据协议，渤海租赁公司以 36.3 亿元人民币从天津空客 A320 飞机总装线厂房建设单位天津港保税区投资公司，买下其 11 万 m^2 厂房的产权，租赁给天津港保税区投资公司，租赁期为 15 年，不影响天津空客总装公司的使用和生产。光大银行天津分行为渤海租赁公司提供资金支撑。这是天津首例工业厂房在建工程的融资租赁业务，也是天津滨海新区近年金融创新完成的最大一笔基础设施融资租赁业务，创新了我国基础设施租赁的商业模式，开拓了国内租赁业的经营领域。

3. 云南昆石高速公路售后回租

2009年5月22日，云南省公路开发投资有限责任公司与深圳国银金融租赁有限公司、国家开发银行云南省分行三方，历时近半年多的云南昆明至石林高速公路融资租赁从意向到合同谈判整个工作顺利完成，并在昆明举行了合同签字仪式。

昆石高速公路融资采用的是固定资产售后回租模式，云南省公路开发投资有限责任公司将昆石高速公路37.48亿元的固定资产解出质押后，转让给国银金融租赁公司，再由公司在5年内以同期银行利率加上租赁费逐年等额回购。这种融资模式既不改变公司对昆石公路的管理和经营权，又能及时为公司筹集到大额建设资金，为在建（新建）公路项目提供有效的资金保障。

二、房地产企业融资方式的选择

对房地产企业来说，并非上述任何一种融资工具都适用于自身。不同的地产公司、不同阶段、不同环节都有着各自不同的风险控制和融资需求。因此，如何根据自身情况来选择最优融资结构，规避融资风险是房地产企业融资决策的核心。

（一）不同规模房地产企业融资方式的选择

对于大型房企而言，如万科、保利、万达等，财务状况比较乐观，拥有大量的现金流量，风险评级通常比较高，融资渠道相对来说比较广泛，一般都同时运用好几种融资方式组合。因此，在融资方式的选择方面，重点不是强调哪一种方式最好，而是多种渠道并重，实现多元化融资。

而对于某些中小型房企来说，由于股权、债券等融资方式对融资主体的规模作了规定，可以选择的融资方式在一定程度上受到限制。对于中小企业来说，应该根据企业自身发展情况，结合融资背景，选择最适合企业发展需要的融资方式。

（二）不同生命周期阶段融资方式的选择

房地产企业在不同的生命周期有着不同的战略重点和市场占有率，这就决定了在不同阶段的房地产企业面临着不同的经营风险和财务风险，因此，房地产企业要根据不同阶段的具体情况选择合适企业发展的融资方式。

1. 初创期阶段

初创期阶段是指从创立之日起，未满1年的企业。企业主要目的是土地使用权的取得和开办费用的垫支，此时企业需要大量的资金投入，因此对融资方式的选取不仅要求筹资量大，并且能放款及时。然而，这时的企业尚处于艰难的创业阶段，各项机制和制度仍未建立和健全，故除吸收股东直接投资外还可以采用房地产信托等要求不是很苛刻且较为灵活的融资方式。

2. 成长期阶段

成长期阶段是指创立时间在 1～5 年的企业。此时，房地产品牌一般已经逐步被大众所熟知，具有一定的名声和影响力，企业开始逐渐获利，在这个阶段，企业一般会选择不断拓展经营范围、扩大企业发展规模。因此，该阶段的企业对融资方式的要求依然是能获取大量资金并且能够及时取得。而相对于初创期的企业来说，成长期的企业通常已具有一定的市场基础，经营业绩也在不断增长，因而可供选择的融资方式也相对较多，如房地产信托、房地产融资租赁、合作开发、银行信贷等。

3. 成熟期阶段

成熟期阶段一般是成立时间在 5 年以上的企业。在这个时期，企业已在行业内独树一帜，增长速度相对于成长期来说开始逐渐放慢，盈利水平也趋于平稳。在这个阶段，企业倾向于选择融资成本较低且可形成再融资效益的融资方式，如上市融资、债券融资、房地产证券化等。

4. 衰退期阶段

衰退期阶段，房地产企业无论是盈利能力、资本积累，还是获取土地的能力都在渐渐下降，企业形象逐步降低，缺乏实力开展新的地产项目，非常容易引起财务危机，企业的资信等级也通常被银行下调，因而该阶段可供选择的融资方式并不多，只能利用银行短期贷款来缓解困境。

（三）不同阶段融资方式的选择

房地产开发可以根据不同的融资需求，分为开发阶段、建设阶段和租售阶段三个阶段。

1. 开发阶段

开发阶段涵盖了开发项目的投资决策分析以及项目立项后到正式施工之前的前期工作，包括获取土地使用权、落实资金和项目的规划设计等。开发阶段的融资特点是融资周期长、数额大，受到政策规定的自有资金须达 35% 才能获得银行贷款的限制。

2. 建设阶段

建设阶段是指项目的施工、设备安装和装修及后续的配套设施完善阶段。该阶段的融资特点是开发商融资进度能与开发进度相配合，既满足工程需要，又不因过度融资导致过高的资金成本。

3. 租售阶段

租售阶段是指房地产开发的产品已处于租售和经营阶段。其特点是本阶段开始收回资金，一般不需要进行融资。

过程 5　房地产开发项目融资

任务 5-2　编制房地产开发项目的资金平衡计划

任务背景

邕投地产有限责任公司 2020 年度期初结存 1 322.66 万元，第一季度股东拟投入 8 000 万元，第二季度预计新增 8 500 万元贷款，四个季度的销售回笼款分别为 1 800 万元、4 800 万元、7 200 万元、3 850 万元；本年度四个季度开发成本预计为 12 030.20 万元、12 006.50 万元、10 000.04 万元、10 001.21 万元，四个季度的税费预计为 406 万元、650.80 万元、500 万元、620.02 万元，四个季度的期间费用预计为 195.21 万元、206.52 万元、246.63 万元、180.56 万元，第四季度预计偿还借款 331.20 万元，四个季度其他支出预计为 105.50 万元、135.25 万元、90.63 万元、74.58 万元。

任务设定

财务部张经理请赵亮负责编制邕投地产有限责任公司 2020 年度的资金平衡计划。在编制资金平衡计划的过程中，赵亮会用到哪些知识，你了解吗？能帮助赵亮吗？

知识链接

一、资金平衡计划的内容

资金平衡计划是房地产企业用于反映项目开发与经营各期的资金支出、资金来源和资金盈亏情况的重要工具（表 5-3）。编制资金平衡计划是房地产企业资金管理的重中之重，合理的资金计划有利于企业实现有效的资源配置，提高资金的使用效率，从而更好地防范财务风险。资金平衡计划的编制和有效实施可以反映出企业的财务管理水平。

表 5-3　××公司××年度资金平衡计划表

项目		以前	第一季度	第二季度	第三季度	第四季度	合计
一、期初结存							
二、资金支出	开发成本						
	税费						
	期间费用						
	偿还借款						
	其他支出						
	合计						

· 140 ·

续表

项目		以前	第一季度	第二季度	第三季度	第四季度	合计
三、资金来源	股东投入						
	借入资金						
	销售回笼						
	其他来源						
	合计						
四、资金净流量							
五、期末余额							

二、编制资金平衡计划的阶段

资金平衡计划的编制主要包括两个阶段，一是房地产项目可研论证阶段，在对项目开发总投资进行估算的基础上落实资金来源与融资方式，该阶段的重点是落实好资金的来源渠道；二是项目的实施阶段，以项目的实际开发流程为依据，结合地价支付、工程进度、融资时点、销售计划等，对各时期的资金计划做出详细的安排，以保证工程能如期完成，该阶段的重点是合理安排资金使用。

资金平衡计划编制完成后需报送公司董事会进行审批，审批通过后，企业各部门必须严格执行，其执行的情况将作为考核企业管理水平的一项重要指标。

三、编制资金平衡计划应遵循的原则

（一）注意资金筹集的合理性

企业在确定融资规模时应量力而行，留有余地，切勿满打满算。合理的融资规模既不能筹资过多，造成资金闲置浪费，增加融资成本和财务风险，又不能筹资不足，影响企业投融资计划及其他业务的正常开展。

（二）注意各项目之间的严谨性

企业在编制资金平衡计划时，应注意各指标之间的钩稽关系。例如，项目投入资金要与计划开工量相符，销售回笼款要与年度销售任务相匹配，税费计划要有据可依，贷款规模要与项目总投资相符，资金来源要与使用时点相匹配。

（三）注意资金使用的真实性

企业在编制资金使用计划时，一定要秉着真实、可靠的原则，做到量入为出、综合平衡。

（四）注意资金计划的全局性

各部门在编制自身资金使用计划时要考虑自身的年度发展规划，吸取往年的资金使用

过程 5　房地产开发项目融资

经验。财务部汇总各部门资金使用计划时要统筹兼顾，以企业总体计划为着眼。企业应定期召开资金平衡会议，平衡各部门的资金使用计划，使各部门认识达成一致。

过程小结

在我国目前宏观环境和房地产企业的发展水准下，银行贷款在相当长一段时期内仍然是我国房地产企业的主要渠道，但不是唯一的渠道，企业可以根据自身规模、所处生命周期、项目不同阶段等选择吸收直接投资、股权融资、债券融资等传统型融资方式，也可积极拓展其他融资渠道，如房地产信托、房地产证券化、合作开发、融资租赁等创新型融资方式，从而改善单一的融资结构，提升资金存量与活力，为企业源源不断地输送血液，实现可持续发展。

为更好地反映企业资金效益与盈亏，企业应定时编制资金平衡计划，做好资金使用计划与融资规划，提高资金使用效率。在编制过程中，应当遵循合理性、严谨性、真实性与全局性等原则，做到量入为出、综合平衡。

任务工单 5

任务名称	编制房地产资金平衡计划					
任务目的	1. 了解资金平衡方案的主要内容。 2. 明确项目资金来源与资金用途。 3. 制订项目资金平衡方案，能对项目全生命周期的现金流进行动态的平衡安排					
任务内容	1. 制订一份可行的融资方案，选取合适的资金融资方式。 2. 根据结存资金与各季度的预计资金收支，编制资金平衡计划					
第（　）组	姓名					
	学号					
任务实操	融资方案的制定					
	传统型融资方式					
	创新型融资方式					
	其他					
	资金平衡计划的编制（表5-4）					
	期初结存					
	资金支出					
	资金来源					
	资金净流量					
	期末余额					

考核评价表 5

任务完成考核评价表				
任务名称		编制房地产资金平衡计划		
班级			学生姓名	
评价方式	评价内容	分值		成绩
自我评价	融资方案的合理性	25		
	表 5-4 的完成情况	35		
	对知识和技能的掌握程度	20		
	我胜任了小组内的工作	20		
	合计			
小组评价	小组本次任务完成质量	30		
	个人本次任务完成质量	30		
	个人对理论应用实践的能力	20		
	个人的团队精神与沟通能力	20		
	合计			
教师评价	小组本次任务完成质量	30		
	个人本次任务完成质量	30		
	个人对小组任务的贡献度	20		
	个人对小组任务的参与度	20		
	合计			
总评＝自我评价×（ ）％＋小组评价×（ ）％＋教师评价×（ ）％＝				

思考与练习

一、思考题

1. 房地产企业的开发经营有着什么样的特点？
2. 简述股权融资与债券融资的不同。

3. 为何提倡当前房地产企业的融资结构应由单纯依赖银行贷款转向以银行贷款为主、创新融资为辅的多元化融资模式？

二、单项选择题

1. 下列房地产开发企业融资方式中，不属于债务融资的是（　　）。
   A. 银行信贷　　　　B. 商业信用　　　　C. 租赁融资　　　　D. 发行股票

2. 资本金作为项目投资中由投资者提供的资金，是获得债务资金的基础，国家对房地产开发项目资本金比例的要求是（　　）。
   A. 20%　　　　　　B. 25%　　　　　　C. 30%　　　　　　D. 35%

3. 房地产证券化的特征不包括（　　）。
   A. 将投资物权形式转变成有价证券形式
   B. 分散金融风险
   C. 中介机构在证券化中以利息差价为主要盈利手段
   D. 将银行与第一贷款联系起来

4. 以下关于资金平衡计划的说法，不正确的是（　　）。
   A. 有助于提高资金的使用效率
   B. 反映资金来源、支出与盈亏情况
   C. 在考虑融资规模时，应尽可能多筹资，以备不时之需
   D. 必须报送公司董事会进行审批

5. 成熟期阶段一般是成立时间在（　　）年以上的企业。
   A. 2　　　　　　　B. 3　　　　　　　C. 4　　　　　　　D. 5

过程 6　房地产开发项目开发报建

过程 6　房地产开发项目开发报建

知识目标

1. 熟悉建设工程规划许可证的取得流程。
2. 掌握房地产开发项目招标的流程。
3. 熟悉建筑工程施工许可证的取得流程。

能力目标

通过本过程内容的学习,能掌握各种开发报建手续的流程,能协调与房地产主管部门的关系,保证开发计划顺利实施;能组织有关部门完成相关规划设计,完善小区的各种市政配套设施;能参与各有关单位及部门招投标过程,从而培养房地产开发报建从业人员所需的沟通能力、团队协作能力和统筹规划能力。

素养目标

培养在报建过程中遵守法律法规和管理规定的思想素质,以及恪守廉洁的职业道德。

任务 6-1　取得《建设工程规划许可证》

任务背景

在项目拓展部黄经理的安排下,赵亮需要负责项目前期开发报建的相关工作,黄经理首先对赵亮进行了职能培训,他告诉赵亮:报建流程贯穿于房地产开发的全过程之中,每个环节必须要经过政府相关职能部门的登记审核,并严格按照有关的法定程序进行(图 6-1),报建中取得的相关手续及政府部门的批文是项目得以顺利开展的重要"通行证",如《建设工

过程 6 房地产开发项目开发报建

程规划许可证》和《建筑工程施工许可证》，通过内部各部门间的相互协调，不断从政府各管理部门获取且反馈信息以最终完成项目开发目标，为项目合法建设和运营提供保障。同时，他对赵亮在新的工作岗位上也提出了期望。他希望赵亮轮岗后，能具备较强的沟通协调能力，团队合作精神及遵守法律法规、标准和管理规定的思想素质和恪守廉洁的职业道德。

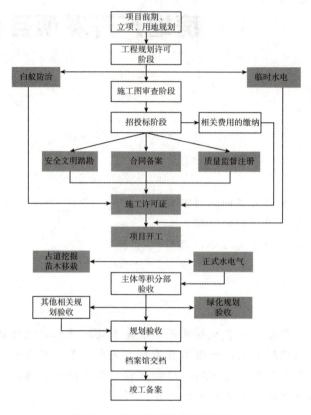

图 6-1 房地产报建工作流程图

任务设定

在开发报建的工作中，赵亮接到了黄经理给他安排的第一个工作——申报公司在南宁投资开发房地产项目的《建设工程规划许可证》。在报建手续开始之前，他需要去了解该工作需要对接的是政府哪个机关，同时取回南宁市工程建设许可阶段办事指南，了解前期需要准备的申请材料、办理期限，以及具体流程是怎么样的。你能帮助他吗？

知识链接

《建设工程规划许可证》（图6-2）是经城乡规划主管部门依法审核，建设工程符合城乡规划要求的法律凭证，是建设活动中接受监督检查时的法定依据。没有此证的建设单位，其工程建筑是违章建筑，不能领取房地产权属证件。

过程 6　房地产开发项目开发报建

《建设工程规划许可证》核发目的是确认有关建设活动的合法地位，保证有关建设单位和个人的合法权益。根据自然资规〔2019〕2号文件，《建设工程规划许可证》由市、县自然资源主管部门向建设单位核发。

图 6-2　建设工程规划许可证

一、申领《建设工程规划许可证》应提供的资料

开发商须持建设工程规划许可证申报表、建筑设计方案文本，方案文本中需附《建设工程规划许可申请人承诺书》《工程规划许可承诺表》及《建设项目面积指标计算书》、项目背景情况说明、立面表现效果图、总平面图、建筑定位图、各楼层平面图、立面图、剖面图、夜景亮化图、日照分析图及日照分析结论；分期建设的项目，方案文本需附已批建筑的效果图或已建成现状的实景照片。属总平或单体方案调整的项目，需提交已批总平图或单体方案原件。经核发单位审查批准后，签发《建设工程规划许可证》。

二、规划方案审查

取得修建性详细规划及总平面设计方案批复、建设工程设计方案通知书批复及土地证（不动产权证）是受理《建设工程规划许可证》申报的前置条件。

1. 审查建设工程申请条件

建设单位或者个人，申请办理建设工程规划许可证，应当提交使用土地的有关证明文件，包括建设项目批准、核准、备案文件，土地权证明文件等，填写建设工程申请表。主管部门首先审查申请者是否符合法定资格，报送的资料、图纸、表格是否完备，是否符合申请建设工程规划许可证的应有条件和要求。

2. 审核修建性详细规划

城镇中的中心区、历史文化街区、重要的景观风貌区、重点发展建设区等重要地块地段，由城乡规划主管部门和镇人民政府组织编制修建性详细规划，由城市、县人民政府审批。另外，一些可能涉及周边单位或者公众切身利益，必须进行严格控制的成片开发建设地段，则由城乡规划主管部门决定可由建设单位编制，然后对其修建性详细规划进行审定。

· 147 ·

3. 审定建设工程设计方案

审核建设工程设计方案是实施建设工程规划管理的关键环节。建设单位或者个人，申请办理建设工程规划许可证，应当提交根据控制性详细规划、规划条件和经审定的修建性详细规划所编制的该建设工程的建设工程设计方案，明确建筑面积、地上及地下建筑面积、用地性质、绿化率、容积率、建筑密度、绿地面积、机动车及非机动车停车位数量等。规划主管部门经一定工作程序审定建设工程设计方案和提交规划设计修改意见。

《城乡规划法》第四十条规定，规划主管部门应当依法将经审定的建设工程设计方案的总平面图予以公布。经审定的建设工程设计方案，应通知建设单位或者个人，签发设计方案审定通知书。

4. 审查工程设计图纸文件

《省城乡规划条例》中明确，申请材料中应包含符合国家设计规范和标准的施工图设计文件(蓝图)，审图机构出具审核意见并加盖审图章，建设单位或者个人提交经审定的建设工程总平面图，单体建筑设计的平、立、剖面图及基础图，地下室平、立、剖面图等施工图纸；道路交通工程和市政管线工程应提交相应的设计图纸，以及有关文件，经审查批准。

总体来说，规划作为房地产开发前期工作的一项重要内容，对整个房地产开发有着重要作用，房地产开发商应该对规划的内容及相关指示有一个充分的了解。

拓展阅读

南宁市《建设工程规划许可证》申领程序

(1) 房建类项目工程建设许可阶段流程(告知承诺方式)如图 6-3 所示。

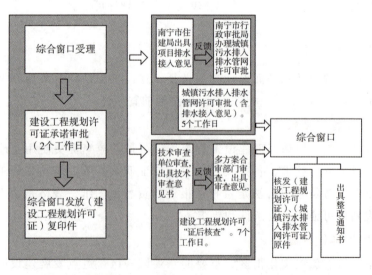

图 6-3 房建类项目工程建设许可阶段流程图(告知承诺方式)

(2) 房建类项目工程建设许可阶段流程(实质性审查方式)如图 6-4 所示。

过程6 房地产开发项目开发报建

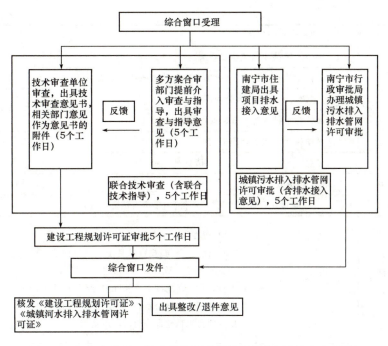

图 6-4 房建类项目工程建设许可阶段流程图(实质性审查方式)

(3)南宁市一般社会投资项目工程建设许可阶段办事指南见表6-1。

表 6-1 南宁市一般社会投资项目工程建设许可阶段办事指南

1	事项名称	《建设工程规划许可证》审批、《城镇污水排入排水管网许可证》审批(含排水接入申请)		
2	适用范围	全市范围内使用国有建设用地新建、改建、扩建的一般社会投资项目,不包括特殊工程和交通、水利、能源等领域的重大工程		
3	实施机关	南宁市自然资源局、南宁市行政审批局、南宁市住房和城乡建设局		
4	是否收费	否		
5	办理期限	10个工作日(建设单位补正、修改或需要公示、提交南宁市城市规划委员会、南宁市土地储备经营管理委员会、专家评审的,不计入审批时间)	《建设工程规划许可证》审批	5个工作日(实质性审查方式)
				2个工作日(告知承诺审批方式)
			《城镇污水排入排水管网许可证》审批	5个工作日
6	文书名称	建设工程规划许可证	南宁市自然资源局	文书有效期限	根据《广西壮族自治区实施＜中华人民共和国城乡规划法＞办法》第三十三条,建设单位或者个人取得建设工程规划许可证后1年内取得建筑施工许可证。
		城镇污水排入排水管网许可证	南宁市行政审批局		根据《城镇污水排入排水管网许可管理办法》,排水许可证的有效期为5年

过程 6　房地产开发项目开发报建

续表

7	实施依据	（一）建设工程规划许可				
		1.《中华人民共和国城乡规划法》				
		2.《广西壮族自治区实施〈中华人民共和国城乡规划法〉办法》				
		（二）城镇污水排入排水管网许可				
		1.《城镇污水排入排水管网许可管理办法》				
		2.《城镇排水与污水处理条例》				
申请材料						
序号	材料名称	形式和份数	规范化要求		材料来源	类型
《建设工程规划许可证》审批（南宁市自然资源局）						
1	申请表	原件一套	（1）可在网上下载填写；（2）申请表中的"项目代码"需与《投资项目统一代码回执》标注的代码一致；（3）应由申请人签字或盖章；（4）成立项目公司的，原受让人、项目公司均加盖公章；（5）填写《一般社会投资项目工程建设许可阶段申请表》			
2	建筑设计方案文本	A3 纸原件，纸质版一式两份及电子版一份（含报批规划指标校验；设计方案文本电子文件，CAD 格式为 T3. CAD、大地 2000 坐标系	设计方案需包含以下设计内容： （1）选择告知承诺审批的项目需在方案文本中附《建设工程规划许可申请人承诺书》《工程规划许可承诺表》以及《建设项目面积指标计算书》(可从网上下载样本)。 （2）项目背景情况说明（如属政策性建房的需提交房改办批文扫描件，核原件）。 （3）立面表现效果图、总平面图、建筑定位图、各楼层平面图、立面图、剖面图、夜景亮化图、日照分析图及日照分析结论（含自身及对周边日照分析情况）；分期建设的项目，方案文本需附已批建筑的效果图或已建成现状的实景照片。属总平或单体方案调整的项目，需提交已批总平图或单体方案原件。 （4）排水平面图。图中标注：①雨水、污水管道布置、规格及排水走向；②沉淀池、化粪池、隔油池等污水处理设施位置、规格；③检查井位置、规格；④与市政雨污水管网接管位置并标注大地 2000 坐标系。 （5）绿色建筑及建筑节能设计专篇。包含可再生能源应用设计、大型公共建筑中水回收利用设计内容，附《民用建筑项目落实民用建筑节能强制性标准、绿色建筑标准承诺书》(可从网上下载样本)。 （6）海绵城市设计专篇		申请人自备	

过程6 房地产开发项目开发报建

续表

2	建筑设计方案文本	A3纸原件，纸质版一式两份及电子版一份（含报批规划指标校验；设计方案文本电子文件，CAD格式为T3.CAD、大地2000坐标系）	（7）人防设计专篇。注明人防易地建设还是结建防空地下室，如结建防空地下室，设计方案应包含人防规划总平面图（阴影示意出规划的人防地下室位置、注明防空地下室的平时用途、面积以及人防地下室设置在地下的层数、与相邻地下工程连通的位置、预留连通口的位置）。 （8）附属绿化工程设计专篇。 （9）涉及轨道规划控制的项目，设计方案需包含作业项目与轨道交通结构的位置关系图、轨道交通运营单位出具的意见。 （10）涉及建设农贸市场的项目，设计方案需包含农贸市场项目在总平面图中的具体位置标识、农贸市场内部的分区布局或摊档平面布置图、周边农贸市场位置示意图（提供以项目所在地为圆心、半径3千米范围内现有和在建农贸市场现状分布示意图，标注市场名称和间距，周边没有农贸市场的则需进行文字说明）。 （11）特殊项目：如涉及文物保护等其他方面的设计方案	申请人自备

《城镇污水排入排水管网许可证》审批（含排水接入申请）（南宁市行政审批局、南宁市住房和城乡建设局）

1	申请表	原件一套	（1）可在网上下载填写；（2）填写《城镇污水排入排水管网许可申请表》	申请人自备
2	承诺书	原件一套	项目建设业主承诺完全按照提供的一层排水总平面图施工及污水排入排水管网的许可意见施工，工程质量合格，如后期管养单位抽检发现项目雨污水管错接或混接的、工程质量不合格的，由项目建设业主无条件整改并承担全部费用，加盖项目建设业主公章（可从网上下载样本）	申请人自备

温馨提示
1	建设单位可根据项目实际情况，自主选择以下事项是否在本阶段并联或并行办理： （1）应建防空地下室的新建民用建筑项目防空地下室防护设计（规划）审查。 （2）建设用地（含临时用地）规划许可证核发。 （3）建设项目环境影响评价审批。 （4）生产建设项目水土保持方案审批。 （5）节能审查
2	（1）房建类项目建设工程规划许可报建方案图纸编制内容及深度要求具体详见《南宁市房建类项目建设工程规划许可报建方案图纸编制内容及深度要求》。 （2）承诺审批的相关审批流程及报建技术要求详见《南宁市自然资源局关于房建类项目建设工程规划许可承诺审批流程相关事项的通告》

续表

3		审批结果送达方式包括现场领取和邮寄送达，申请单位（人）可根据情况自行选择送达方式
4		代理人身份证明（指身份证、军官证、警察证、护照或其他身份证明等），提供原件核验，无须提供复印件
5	办理地点及受理时间	（1）线上办理。 网址：http://116.1.203.47:7601/ （2）线下办理。 1）南宁市工程建设项目一站式并联审批工程建设许可阶段综合窗口（房建类B725、B726；市政类B723、B724）。 2）地址：南宁市良庆区玉洞大道33号市民中心7楼B区；业务咨询电话：0771—4977550（房建类）/0771—4977551（市政类）。 3）受理时间：除法定节假日外，星期一至星期五：上午9：00—12：00、下午13：00—17：00。 4）公交线路：可乘坐公交12路、15路、21路、48路、117路、220路、B02路公交车。 5）地铁线路：可乘坐3号线五象湖站下车
6	受理条件	（1）审查人员对所提交的电子文件进行审查，决定是否受理。不予受理的，一次性告知理由。 （2）对于决定受理的，由审批部门进行审核，并在承诺期限内作出决定

三、相关法律规定

建设工程规划许可证所包括的附图和附件，按照建筑物、构筑物、道路、管线及个人建房等不同要求，由发证单位根据法律、法规规定和实际情况制定。附图和附件是建设工程规划许可证的配套证件，具有同等法律效力。

《城乡规划法》第六十四条规定："未取得建设工程规划许可证或者未按照建设工程规划许可证的规定进行建设的，由县级以上地方人民政府城乡规划主管部门责令停止建设；尚可采取改正措施消除对规划实施的影响的，限期改正，处建设工程造价百分之五以上百分之十以下的罚款；无法采取改正措施消除影响的，限期拆除，不能拆除的，没收实物或者违法收入，可以并处建设工程造价百分之十以下的罚款。"

拓展阅读

2020年3月7日，茂名市某区城管执法分局收到该区规划建设和交通环保局函告：茂名市A旅游开发有限公司的F海岛旅游项目未办理建设工程规划许可证违法建设96幢违建小木屋事宜，请求查处违法行为。经调查，A公司于2004年12月9日取得了F海岛《国有土地使用权证》，证件批准使用土地面积为653 333 m^2。在2006年至2009年间，A公司在未办理《建设工程规划许可证》的情况下违法建设96幢小木屋，违法建设总面积为3 330.97 m^2，建成后即投入旅游营运，违法建设行为事实清楚，证据充分。

按照《城乡规划法》第六十四条、《广东省城乡规划条例》第八十条、《广东省住房和城乡建设厅关于住房和城乡建设系统行政处罚自由裁量权的基准（城乡规划建设类）》第

过程 6　房地产开发项目开发报建

C101.64.1 的规定，对 F 海岛项目 96 幢违建小木屋的工程造价进行评估，工程总造价约为 168.55 万元。综上所述，茂名市某区城管执法分局对 A 公司作出责令改正并处以 8% 的罚款的行政处罚，最终罚款金额约为 13.48 万元(168.55 万元×8%)。

任务实施

赵亮在与南宁市自然资源局沟通过程中学习到，建设工程规划管理的主要审核内容是审核建设工程申请条件、修建性详细规划、建设工程设计方案及工程设计图纸文件等。他的实施依据是《中华人民共和国城乡规划法》和《广西壮族自治区实施〈中华人民共和国城乡规划法〉办法》。

通过查阅《中华人民共和国城乡规划法》了解到，"申请办理建设工程规划许可证，应当提交使用土地的有关证明文件、建设工程设计方案等材料。需要建设单位编制修建性详细规划的建设项目，还应当提交修建性详细规划"，所以在正式办理《建设工程规划许可证》前，首先需要主管部门审查开发项目的总平面图及设计方案，根据城乡规划及其有关法律法规以及技术规范对于在城市、镇规划区内各项建设工程进行组织、控制、引导和协调，审查修建性详细规划、建设工程总平面图、设计方案等，使其符合城乡规划的要求。

任务 6-2　房地产开发项目招标管理

任务背景

赵亮在帮助公司取得了《建设工程规划许可证》后，准备着手办理《建筑工程施工许可证》的报建手续，但是在此之前他了解到，在《建筑工程施工许可证》取得之前还需对房地产开发项目进行招标管理，于是他前往工程管理中心和相关人员沟通对接施工招标的相关手续。

任务设定

赵亮需要了解招标方面的哪些知识？如何进行招标管理？你能帮助他吗？

知识链接

在取得《建筑工程施工许可证》之前，还需对房地产开发项目进行招标管理，房地产开发商通过招标方式发包工程，招标时必须考虑投标单位的技术实力、经济实力、管理经验、效率高低、价格合理与否、信誉是否良好等情况，在众多的投标单位中选择优胜者，如技术先进、质量最佳、工期最短、造价最低的投标单位，将建设工程发包给中标者，与其达成协议，签订合同。

过程6 房地产开发项目开发报建

在项目建设阶段，除施工可以进行招标外，其他内容如监理服务、勘察设计、设备需求等均可通过招标吸引有能力的承包企业参加投标，直至确定"最优"单位。招标的全过程如图6-5所示。

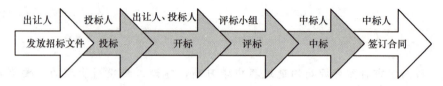

图6-5 房地产开发项目招标流程

一、招标方式

《中华人民共和国招标投标法》规定，招标的方式有公开招标和邀请招标两种。

1. 公开招标

公开招标是指招标人以招标公告的方式邀请不特定的法人或者其他组织投标。招标的公告必须在国家规定的报刊、信息网络或者其他媒介发布。公开招标的优缺点如下：

（1）优点。

①公平、公正。对于符合投标条件的投标者均可在公平环境下参加投标竞争，享有同等机会，各项资料均公开，办理人员难以徇私舞弊。

②造价合理。招标人可在较广的范围内选择最优投标人，择优率高，使工程造价更合理。

③提升品质。因各竞争投标的产品规格或施工方法不一，可以使招标者了解技术发展水平，促进其提高工程质量。

（2）缺点。

①耗费高。公开登报、招标文件制作、开标场所布置等均需要花费大量财力、人力和时间。

②风险大。参与竞标的单位越多，中标概率越小，同时对于招标人，公开招标会增加串通投标发生的风险。

③程序多。从招标文件的制作到合同签约，每个阶段都必须严格遵循有关规定和流程，手续较为烦琐。

2. 邀请招标

房地产开发项目邀请招标是指招标人以投标邀请书的方式邀请特定的法人或者其他组织投标。招标人应当邀请三个以上具备承担招标项目的能力且资信良好的潜在投标人投标。邀请招标的优缺点如下：

（1）优点。

①风险小。保证投标人具有可靠的资信和完成任务的能力和合同的履行。同时投标人数量减少，提高了中标的概率，降低了投标风险。

②耗费低。与公开招标相比，邀请招标的工作量相对小，可缩短周期，减少人力物力。

（2）缺点。

选择范围小。由于受招标人自身的条件限制，不可能对所有的潜在招标人都了解，可能会失去技术上、报价上有竞争力的投标人。

二、施工招标程序

施工招标是指招标人的施工任务发包,通过招标方式鼓励施工企业投标竞争,从中选出技术能力强、管理水平高、信誉可靠且报价合理的承建单位,通过签订合同的方式约束双方在施工过程中施工过程中行为规范的经济活动,它的特点是招标范围灵活多样,有利于施工的专业化。

拓展阅读

南宁市建筑工程施工招标事项备案流程

南宁市建筑工程施工招标事项备案流程如图 6-6 所示。

建筑工程施工招标事项备案流程图
(该事项法定办结时限:20个工作日;承诺办结时期:3个工作日)

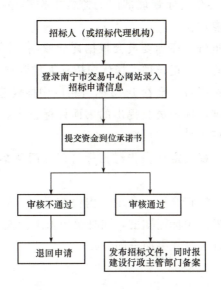

图 6-6　南宁市建筑工程施工招标事项备案流程图

招标程序如下:

(1)申请招标:招标人向招标管理部门提出招标申请,并将项目审批、土地规划等前期手续报招标管理部门核准或备案。

(2)编制资格预审文件和招标文件:招标申请获批后,应准备资格预审文件和招标文件的编制。资格预审是招标人采用预审办法对潜在投标人进行投标前的资格审查,招标文件是开发商向投标人介绍工程情况和招标条件的重要文件。依法编制资格预审文件和招标文件后提交招标管理部门审查备案。

(3)刊登发布公告:经招标管理部门批准后,招标人在指定媒介发布资格预审公告和招标公告。

过程6　房地产开发项目开发报建

(4)受理交易登记：招标人提交招标备案登记表，招标管理部门安排开标、评标日程。

(5)投标报名：投标人按招标公告的要求，携带全部相关证件到招标管理部门报名。

(6)投标人资格预审：行政部门和招标人共同对申请资格预审的投标单位所报资料进行审查，列出投标人名单并报送到招标管理部门核准。

(7)发放招标文件：招标人应按规定的时间和地点，将招标文件、图纸和有关技术资料发放给通过资格预审的招标单位，招标单位收到后核对确认。

(8)踏勘现场：发放招标文件后，招标人组织投标人进行现场勘察，以使投标单位了解工程场地和周围环境。

(9)组建评标委员会：由招标人提交评标专家抽取申请表、合格投标人明细表报招标管理部门备案，并在其现场监督下，从市综合性评标专家库或省综合性评标专家库中随机抽取专家名单，组建评标委员会，负责相关招标项目的评标工作。

(10)接收投标文件：投标人编制投标文件并进行密封和标记，在规定截标时间前递交投标文件给招标人并签到。

(11)公开开标：招标人在招标管理部门的监督下按程序组织开标。开标由招标单位、投标单位、评标委员共同参加。

(12)评标、提交评标报告：评标委员会根据评标原则、评标方法对各投标单位递交的投标文件进行综合评价，确保公正合理、择优向招标人推荐单位。评标委员会完成评标后，应当向招标人提交书面评标报告，推荐1~3名合格的中标候选人，并标明排名顺序。

(13)定标：招标人根据评标委员会提出的书面评标报告和推荐的中标候选人确定中标人。招标人也可以授权评标委员会直接确定中标人。

(14)中标公示：招标人提交定标报告经招标管理部门备案后，将中标结果在招标投标网公示。

(15)发出中标通知书、签订合同：公示期内没有异议或异议不成立的，招标人经招标管理部门备案后向中标人发出中标通知书，同时通知未中标人，并在30日内按照招标文件和中标人的投标文件与中标人订立书面合同。

三、招标纪律

(1)参加招标工作的人员须遵守下述纪律：

1)采用何种招标方式须经审批；

2)在工程招标中，不得隐瞒工程真实情况，弄虚作假；

3)不得泄露标底或串通招标单位，排挤竞争对手公平竞争；

4)不得接受相关企业宴请或礼物、礼金；

5)不得私自在家中接待投标企业。

(2)与招标工作无关的人员不得有以下干扰招标工作的行为：

1)在招标过程中以各种方式向工作人员授意、施加压力；

2)引荐投标企业到工作人员家中；

3)向招标工作人员骗取有关情况并泄露给投标企业。

(3)投标单位应遵守下列纪律:
1)不得在投标中弄虚作假;
2)不得非法获取标底;
3)不得在投标中串通投标,抬高或压低标价;
4)不得采取行贿或其他手段串通投标单位排挤竞争对手;
5)承包单位不得将承包工程转包或违规分包。

拓展阅读

招标案例警示

2018年8月2日至8月5日,李某、赵某、齐某、何某、吴某作为省综合评标库专家,被随机抽取参加2018年某工程项目的评标活动。5人接受请托人高额好处费,相互串通,瓜分标段,共同给请托人委托公司打高分,违规操纵评标结果,该项目共七个标段,前五个标段的中标候选人第一名均是被5人共同操纵产生,性质极其恶劣。

经该市中级人民法院终审,5人均触犯刑法,判处有期徒刑一年到一年六个月不等,缓期一至二年不等。

李某、赵某、齐某、何某、吴某5人,无视法律规定,故意犯罪,最终承担了法律责任。就案件可能涉及的几点法律相关规定特提醒大家:

(一)关于对共同犯罪相关的警示提醒

5人共谋操作评标并获取好处费,有共同收受他人贿赂的主观故意和行为,最终法院并不以每人实际收受好处费金额认定受贿金额,而以5人受贿总额认定每人的受贿金额。

(二)关于对非国家工作人员受贿罪相关的警示提醒

5人受贿金额超过六万元,已触犯刑法,处五年以下有期徒刑或者拘役。

(三)关于对公职人员犯罪相关的警示提醒

受贿属于故意犯罪,公职人员一旦故意犯罪,无论是否缓刑,均被开除公职。

附件:

警示提醒涉及的法律法规条款

(1)《中华人民共和国刑法》第二十五条:共同犯罪是指二人以上共同故意犯罪。二人以上共同过失犯罪,不以共同犯罪论处;应当负刑事责任的,按照他们所犯的罪分别处罚。

(2)《中华人民共和国刑法》第一百六十三条:公司、企业或者其他单位的工作人员利用职务上的便利,索取他人财物或者非法收受他人财物,为他人谋取利益,数额较大的,处五年以下有期徒刑或者拘役;数额巨大的,处五年以上有期徒刑,可以并处没收财产。

(3)《最高人民法院最高人民检察院关于办理商业贿赂刑事案件适用法律若干问题的意见》第六条:依法组建的评标委员会、竞争性谈判采购中谈判小组、询价采购中询价小组的组成人员,在招标、政府采购等事项的评标或者采购活动中,索取他人财物或者非法收受他人财物,为他人谋取利益,数额较大的,依照刑法第一百六十三条的规定,以非国家工作人员受贿罪定罪处罚。

(4)《中华人民共和国公职人员政务处分法》第十四条:公职人员犯罪,有下列情形之一的,予以开除:因故意犯罪被判处管制、拘役或者有期徒刑以上刑罚(含宣告缓刑)的。

过程 6 房地产开发项目开发报建

任务 6-3 取得建设项目《建筑工程施工许可证》

任务背景

赵亮在公司项目拓展部的轮岗工作准备结束,他接到黄经理交给他的最后一项任务:办理《建筑工程施工许可证》。在此前的开发报建工作中他已经学习到相关知识,对于建筑工程施工许可证的具体办理,他有信心很好地完成。

任务设定

赵亮决定对己方做最后的申领条件检查,请与赵亮一起评估邕投地产有限责任公司所投项目是否具备申领条件,以及如何申领。

知识链接

《建筑工程施工许可证》(图 6-7)(俗称建设工程开工证)是建筑施工单位符合各种施工条件、允许开工的批准文件,是建设单位进行工程施工的法律凭证,也是房屋权属登记的主要依据之一。没有开工证的建设项目均属违章建筑,不受法律保护。当各种施工条件完备时,建设单位应当按照计划批准的开工项目向工程所在地县级以上人民政府住房城乡建设主管部门办理施工许可证手续,领取施工许可证。未取得施工许可证的不得擅自开工。

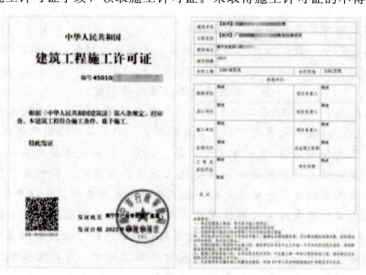

图 6-7 建筑工程施工许可证

《建筑工程施工许可证》的核发目的是确保土地利用符合城市规划,维护建设单位按照城市规划使用土地的合法权益。核发单位由工程所在地县级以上人民政府住房城乡建设主

过程6 房地产开发项目开发报建

管部门办理。工程投资额在 30 万元以下或者建筑面积在 300 m² 以下的建筑工程，可以不申请办理施工许可证。省、自治区、直辖市人民政府住房城乡建设主管部门可以根据当地的实际情况，对限额进行调整，并报国务院住房城乡建设主管部门备案。

一、申请领取施工许可证的条件

(1)已经办理该建筑工程用地批准手续；
(2)依法应当办理建设工程规划许可证的，已经取得《建设工程规划许可证》；
(3)需要拆迁的，其拆迁进度符合施工要求；
(4)已经确定建筑施工企业；
(5)有满足施工需要的资金安排、施工图纸及技术资料；
(6)有保证工程质量和安全的具体措施；住房城乡建设主管部门应当自收到申请之日起七日内，对符合条件的申请颁发施工许可证；
(7)已在质量监督主管部门及安全监督主管部门办理相应的质量、安全监督注册手续；
(8)建设资金已经落实，工期不足 1 年的，到位资金不得少于工程合同价款的 50%；工期超过 1 年的，到位资金不得少于工程合同价款的 30%。

拓展阅读

南宁市施工许可阶段并联审批流程

南宁市施工许可阶段并联审批流程(无纸化全程网上审批)如图 6-8 所示。

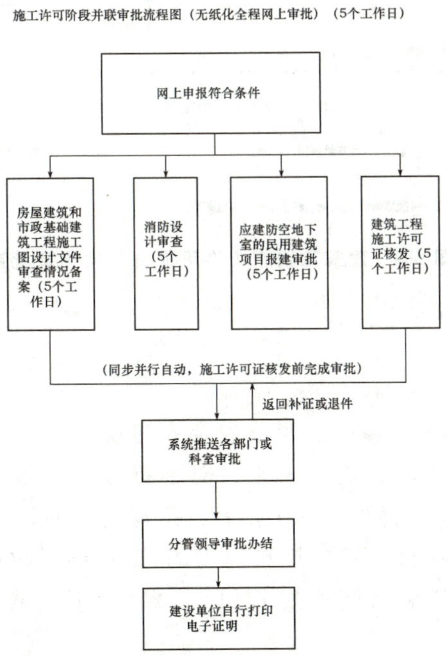

图 6-8 南宁市施工许可阶段并联审批流程图(无纸化全程网上审批)

二、建筑工程施工许可证办理流程

(1)建设单位向发证机关领取《建筑工程施工许可证申请表》。

(2)建设单位持加盖单位及法定代表人印鉴的《建筑工程施工许可证申请表》,并附相关证明文件,向发证机关提出申请。

(3)发证机关在收到建设单位报送的《建筑工程施工许可证申请表》和所附证明文件后,对于符合条件的,应当自收到申请之日起7日内颁发施工许可证;对于证明文件不齐全或失效的,应当限期要求建设单位补正,审批时间可以自证明文件补正齐全后作相应顺延;对于不符合条件的,应当自收到申请之日起7日内书面通知建设单位,并说明理由。

(4)建筑工程在施工过程中,建设单位或者施工单位发生变更的,应当重新申请领取施工许可证。

拓展阅读

南宁市建筑工程施工许可证办理模式

南宁市现已采用全程网络申办模式,申领人和审核人在系统中补正及退件。网络审批系统如图6-9和图6-10所示。

图6-9 建筑工程施工许可证办理网络审批系统

三、相关法律规定

《中华人民共和国建筑法》第六十四条规定:违反本法规定,未取得施工许可证或者开工报告未经批准擅自施工的,责令改正,对不符合开工条件的责令停止施工,可以处以罚款。《建设工程施工许可管理办法》第十二条规定:对于未取得施工许可证或者为规避办理施工许可证将工程项目分解后擅自施工的,由有管辖权的发证机关责令停止施工,限期改正,对建设单位处工程合同价款1%以上2%以下罚款;对施工单位处3万元以下罚款。

过程6 房地产开发项目开发报建

办理材料及目录

材料名称	材料填写样本	来源渠道	纸质材料	材料类型	材料必要性	填报须知
《施工许可阶段并联审批申请表》（建设项目五方参建单位需在相应位置盖章）	空白附件↓样本附件↓	申请人自备	1份	原件	必要	本表以自愿为原则
项目用地批准手续	无	政府部门核发	1份	复印件	必要	本表内容应真实反映
建设工程规划许可证	无	政府部门核发	1份	复印件	必要	本表内容应真实反映
中标通知书或发承包审核通知书	无	政府部门核发	1份	原件	必要	本表内容应真实反映
施工图设计文件审查合格证明文件	无	政府部门核发	1份	原件	必要	本表内容应真实反映
建设工程质量安全监督注册书	无	政府部门核发	1份	原件	必要	本表内容应真实反映

图 6-10　建筑工程施工许可证办理材料及目录

过程小结

　　房地产开发报建是一项综合性很强的工作。整个开发报建的流程是从拿地前的可行性分析到项目的规划设计再到施工、经营销售最后验收交付的一个持续性过程。这个过程具有涉及面广、开发周期长、环节繁多等特征。每个环节必须要经过政府相关职能部门和各相关机构的登记审核，并严格按照有关的法定程序进行，为项目合法建设和运营提供保障。任何环节的变化，都可能导致项目周期拉长、成本上升等风险。因此，项目开发报建必须遵循一定的程序，科学地开展工作。

　　本过程的任务主要涉及《建设工程规划许可证》的办理，招标管理和《建筑工程施工许可证》的办理。其中，《建设工程规划许可证》是建设工程符合城乡规划要求的法律凭证，是建设活动中接受监督检查时的法定依据；施工招标则是确定建筑施工企业，是申请领取施工许可证的必要条件之一；《建筑工程施工许可证》是建筑施工单位符合各种施工条件、允许开工的批准文件，是建设单位进行工程施工的法律凭证，也是房屋权属登记的主要依据之一。"未批先建"的建设项目均属违章建筑，不受法律保护。

过程6 房地产开发项目开发报建

任务工单6

任务名称	熟悉房地产开发报建流程				
任务目的	掌握各种开发报建手续的流程，收集相关报建手续的办事指南，培养房地产开发报建从业人员所需的沟通能力、团队协作能力和统筹规划能力				
任务内容	1. 在网上搜集相关信息，前往学生所在地办理《建设工程规划许可证》、施工单位招标管理及《建筑工程施工许可证》的业务主管部门办事大厅参观，提前熟悉工作环境。 2. 取回相关报建手续的办事指南，和办事人员沟通，了解前期需要准备的申请材料和办理期限。 3. 整理材料形成一本报建工作指导手册				
第（ ）组	姓名				
	学号				
任务实操	《建设工程规划许可证》				
	审核机关部门				
	业务办理大厅地址				
	办事指南名称				
	办理期限及流程				
	招标管理				
	审核机关部门				
	业务办理大厅地址				
	办事指南名称				
	办理期限及流程				
	《建筑工程施工许可证》				
	审核机关部门				
	业务办理大厅地址				
	办事指南名称				
	办理期限及流程				

考核评价表6

任务完成考核评价表			
任务名称	熟悉房地产开发报建流程		
班级		学生姓名	
评价方式	评价内容	分值	成绩
自我评价	任务工单6参观业务办事大厅的参与情况	20	
	任务工单6报建工作手册的完成情况	40	
	对知识和技能的掌握程度	20	
	我胜任了小组内的工作	20	
	合计		

续表

评价方式	评价内容	分值	成绩
小组评价	小组本次任务完成质量	30	
	个人本次任务完成质量	30	
	个人对理论应用实践的能力	20	
	个人的团队精神与沟通能力	20	
	合计		
教师评价	小组本次任务完成质量	30	
	个人本次任务完成质量	30	
	个人对小组任务的贡献度	20	
	个人对小组任务的参与度	20	
	合计		

总评＝自我评价×(　)％＋小组评价×(　)％＋教师评价×(　)％＝

思考与练习

一、思考题

1. 为帮助企业增强市场竞争力，房地产企业的开发报建人员应具备什么样的素质？
2. 简述申报《建设工程规划许可证》的具体流程，其中需要特别注意的事项是什么？
3. 若进行房地产企业的施工招标，如何选择合适的招标方式，制定规范的招标程序？
4. 未取得建设工程规划许可证擅自施工的法律后果是什么？

二、选择题

1. 建设单位申请领取《建设工程规划许可证》时需提交的材料是(　　)。【单选】
   A. 建筑工程施工许可证　　　　　B. 施工合同
   C. 招标文件　　　　　　　　　　D. 建设工程设计方案

2. 根据《中华人民共和国招标投标法》规定，招标方式分为(　　)。【多选】
   A. 公开招标　　B. 协议招标　　C. 制定招标
   D. 邀请招标　　E. 行业内招标

3. 在招标环节中，由招标人或者招标代理机构完成的工作包括(　　)。【多选】
   A. 发布招标公告　　B. 编写招标文件　　C. 进行资格预审
   D. 接收投标文件　　E. 组织现场踏勘

4. 建设单位申请领取施工许可证必须有已经落实的建设资金。建设工期不足一年的，到位资金原则上不得少于工程合同价的(　　)。【单选】
   A. 20％　　　　　B. 30％　　　　　C. 40％　　　　　D. 50％

第三篇　一砖一瓦筑家园

> 锲而不舍，
> 金石可镂。
>
> "不惰者，众善之师也。"在长期实践中，我们培育形成了爱岗敬业、争创一流、艰苦奋斗、勇于创新、淡泊名利、甘于奉献的劳模精神，崇尚劳动、热爱劳动、辛勤劳动、诚实劳动的劳动精神，执着专注、精益求精、一丝不苟、追求卓越的工匠精神。劳模精神、劳动精神、工匠精神是以爱国主义为核心的民族精神和以改革创新为核心的时代精神的生动体现，是鼓舞全党全国各族人民风雨无阻、勇敢前进的强大精神动力。
> ——习近平总书记在 2020 年全国劳动模范和先进工作者表彰大会上的讲话

过程 7　房地产开发项目管理

知识目标

1. 熟悉房地产开发项目合同管理的概念及工作内容。
2. 熟悉房地产开发项目成本控制的概念、主要内容及措施。
3. 熟悉房地产开发项目工程质量的概念、内容和控制手段。
4. 熟悉房地产开发进度管理的概念、影响工程项目进度的因素、措施及进度计划编制方法。

能力目标

具备一定的项目建设管理能力；掌握房地产开发项目合同管理、进度管理、质量管理、成本管理的方法。

素养目标

发扬工匠精神和创新精神，增强文化自信；培养契约精神和诚信精神；增强团结协作和敬业精神。

任务 7-1　房地产开发项目合同管理

任务背景

工程部是"盖房子"的一线生产部门，工程部也是每个管培生进入公司后必须轮岗的部门，为了让每个管培生对房地产开发项目的建设有一个感性的认识，了解现场施工情况，通过目前工作延伸到之前和之后的工作内容，最终全盘了解整个项目工程建设的流程，安

过程 7　房地产开发项目管理

排到工程部做一线工作是培养管培生重要的一步。赵亮在项目拓展部完成工作后，领导把他安排到工程部学习。来到工程办公室，他首先看到墙上挂了很多施工工艺规范、标准及职能要求等，通过了解他认识到工程部作为公司的一个核心管理职能部门，其职责主要体现在工程项目中标后的实施管理过程中，如：

(1) 工程技术管理。
(2) 合同管理。
(3) 项目成本控制管理。
(4) 工程质量控制管理。
(5) 组织编写、审核工程部月度工作计划、阶段总结和年度总结等。

赵亮在项目拓展部轮岗过程中曾学习房地产开发项目招标管理的内容，来到工程部后，他了解到当项目完成施工招标后，招标人需按照招标文件和中标人的投标文件与中标人签订相关的书面合同。赵亮这时要了解清楚施工合同管理的工作内容，你能帮助他吗？

建设工程合同是指在工程建设过程中，房地产开发商与项目承包方为完成确定的房地产开发项目所规定的内容，明确双方权利义务关系而依法定立的协议，通常包括监理合同、勘察设计合同、施工合同等（图 7-1）。

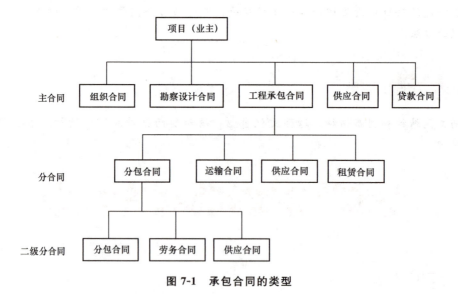

图 7-1　承包合同的类型

一、房地产开发项目施工合同

建设工程施工合同是发包方(建设单位)与承包方(施工单位)就完成商定的施工工程,明确双方相互权利义务的协议。施工合同是项目成本控制、质量控制、进度控制的主要依据。

为了指导建设工程施工合同当事人的签约行为,维护当事人的合法权益,根据《中华人民共和国招标投标法》《民法典》《中华人民共和国建筑法》及相关法律法规,制定了《建设工程施工合同(示范文本)》(GF—2017—0201)(以下简称《示范文本》),尽管《示范文本》从法律性质上并不具备强制性,但由于较为合理公平地设置了合同双方的权利义务,因此得到较为广泛的应用。《示范文本》由合同协议书、通用合同条款和专用合同条款三部分组成,并附有11个附件。

二、房地产开发项目施工合同管理

建设工程施工合同管理是指各级工商行政管理机关、建设行政主管机关,以及建设单位、承包单位、监理单位依据法律法规、采用法律和行政手段,对建设工程施工合同关系进行组织、指导、协调及监督,保护合同当事人的合法权益,调解合同纠纷,防止和制裁违法行为,保证施工合同贯彻实施的一系列活动。

三、房地产开发项目施工合同管理的工作内容

1. 住房城乡建设主管部门

住房城乡建设主管部门从市场管理的角度对施工合同进行宏观管理。

2. 建设单位

建设单位对合同进行总体策划和总体控制,对授标及合同的签订进行决策,为承包商的合同实施提供必要的条件,委托监理工程师负责监督承包商履行合同。

3. 监理单位

监理单位站在公正的第三者的立场上对施工合同进行管理,其工作内容可以涉及包括招标投标阶段和施工实施结算的进度管理、质量管理、投资管理与组织协调的全部或部分。

4. 承包单位

承包单位合同管理对于施工承包单位来说是一项具体、细致的工作,应作为施工项目管理的重点和难点加以对待。其工作内容主要包括以下几项:

(1)确定工程项目合同管理组织。包括项目的组织形式、人员分工和职责等。
(2)合同文件、资料的管理,及时填写并保存经有关方面签证的文件和单据。
(3)监督工程小组和分包商按合同施工,并做好各分包合同的协调和管理工作。
(4)对合同实施情况进行跟踪;收集合同实施的信息及各种工程资料,并做出相应的信息处理;对合同履行情况做出诊断;向项目经理提出合同实施方面的意见、建议,甚至警告。
(5)进行合同变更管理。
(6)日常的索赔和反索赔。这里包括与业主之间的索赔和反索赔两个方面;与分包商及

其他方面之间的索赔和反索赔。

（7）建立合同管理系统，如合同分析、合同数据档案库及合同网络系统、合同监督系统、索赔管理系统。

任务 7-2　房地产开发项目成本控制

任务背景

赵亮在任务 6-3 办理完成《建筑工程施工许可证》后，GC2018-075 地块工程项目建设顺利开启动工，在工程部进行项目管理过程中，赵亮了解到成本控制、质量管理、进度管理是项目工程管理的三个核心。

任务设定

联系理论和实践，为实现项目施工成本最优化，赵亮应采取哪些措施对房地产项目进行有效的成本控制？你清楚吗？

知识链接

房地产开发项目成本控制是房地产企业的一项重要基础管理，是监督成本费用、降低工程造价的重要手段，是指房地产企业结合本行业特点，以施工过程中直接耗费为原则，以货币为主要计量单位，对项目从开工到竣工所发生的各项收、支进行全面系统的管理，以实现项目施工成本最优化目的的过程。建设开发成本包括土地费用、前期工程费、安装工程费、基础设施费、公共配套设施费、开发间接费、财务费用等。

一、房地产开发项目成本控制的主要内容

房地产开发项目成本控制是加强房地产开发项目成本管理、实现成本计划的重要手段。其主要内容有以下几项：

（1）编制成本计划，确定成本控制目标。根据工程进度计划可以编制成本计划。为了便于管理，成本计划可分解为材料设备成本计划、施工机械费用计划、人工费成本计划、临时工程成本计划、管理费成本计划五个方面。

（2）审查施工组织设计和施工方案。施工组织设计和施工方案对工程成本支出影响很大。科学合理的施工组织设计和施工方案能有效地降低建设成本。

（3）控制工程款的动态结算。建筑安装工程款包括按月结算、竣工后一次结算、分段结算和其他双方约定的结算方式等几种支付方式。不同的工程款结算方式对开发商工程成本支出数额也有较大影响。

（4）控制工程变更。在项目实施过程中，经常出现工程量变化、施工进度变化，以及开发商与承包商在执行合同中出现争执等问题，都有可能使项目建设成本支出超出原来的预算成本，所以要尽可能减少和控制工程变更的数量。

二、房地产开发项目成本控制的措施

项目建设成本的有效控制是以合理确定为基础，以有效控制为核心。成本控制贯穿项目建设全过程，即在投资决策阶段、设计阶段、建设项目发包阶段和建设实施阶段，把成本控制在批准的造价限额以内，随时纠正发生的偏差，以保证项目管理目标的实现，力求在项目建设中能合理使用人力、物力、财力，取得较好的投资效益。

1. 项目策划阶段的成本控制

在项目策划阶段，开发商必须组织企业内外部可动用的各种资源，在进行科学有效的市场调研基础上，经过多方案比较，确定项目的定位和规模，力争实现最大的经济效益。

2. 项目设计阶段的成本控制

影响房地产项目成本的主要阶段是设计阶段，设计阶段也是成本控制的关键环节，主要从以下几个方面采取措施：

（1）优化设计。在设计阶段，应采用科学的理论方法，加强经济论证，对设计方案进行优化选择。

（2）实行限额设计。要求设计单位在设计中凡是能进行定量分析的设计内容，均要通过计算，充分考虑施工的可能性和经济性。

（3）加强对设计变更的严格控制。对规范项目各参与者的行为、确保工程质量和工期、控制建设成本具有十分重要的意义。

（4）明确要求设计单位提供现场配合服务。在设计合同中明确规定设计单位在施工期间应积极进行现场配合。

3. 材料采购、使用中的成本控制

对于大宗材料的选购，可以采取由施工单位直接与材料商签订采购合同，开发商出面帮助施工单位与供应商确定采购价格的方式采购材料。

4. 施工过程中的成本控制

（1）严格控制现场签证。现场签证实行三级管理，即监理工程师初审并注明审查理由，项目经理部专业工程师确认并注明签证理由，最后项目经理签字确认。

（2）谨慎对待索赔。采取有效措施防止事态的扩大和损失的加剧，将损失控制在最低限度。

（3）合理安排施工顺序。现场管理人员要合理安排施工单位进行施工，避免因安排不当而导致索赔事件的发生。

（4）认真核实付款申请。对于在施工阶段施工单位上报的付款申请，项目经理部要认真核实其上报的工程量与实际完成的工程量是否相符。

（5）确保竣工结算质量。竣工结算时，负责人员要认真核算工程量，实行工程结算复审制度和工程尾款会签制度，确保结算质量和开发商的投资收益。

过程 7　房地产开发项目管理

拓展阅读

引起房地产开发项目成本超支的因素

在房地产开发项目成本控制过程中，如果经过对比分析，发现某一方面已经出现成本超支，或预计最终会出现成本超支，则应将该部分成本超支问题单独提出，做进一步分析，分清责任，提出成本控制的相应措施。成本超支的原因包括但不限于以下几个方面：

（1）原成本计划数据不准确，估价错误，预算太低，不适当地采用低价政策。

（2）工程范围增加，设计修改，功能和建筑质量标准提高，工作量大幅度增加。

（3）外部原因，包括来自项目所有者或是上级主管部门的干预、阴雨天气、物价上涨、不可抗力事件发生等。

（4）实际管理中出现的问题，包括执行了不恰当的控制程序，费用控制存在问题，产生了预算外开支；成本控制责任不明，实施者对成本没有承担义务，缺少成本方面的限额概念，又没有节约成本的奖励措施；采购了劣质材料，材料消耗增加，浪费严重；周转资金占用量大，财务成本高；合同中存在不利条款，在合同执行中存在缺陷等。

任务 7-3　房地产开发项目质量控制

任务背景

质量是企业信誉的关键，质量管理是项目工程管理的其中一项核心目标，在 GC2018—075 地块工程项目施工过程中，赵亮在项目现场管理时发现施工单位人员在施工过程中存在不规范行为。

任务设定

赵亮应该运用哪些合理的质量控制手段，约束施工单位，杜绝工程质量问题发生。

知识链接

质量控制是指房地产开发企业贯彻执行建设工程质量法规和强制性规范、标准，确保完成合同中规定的质量目标所进行的监督与管理的活动。相对而言，工程质量的影响因素较多，主要有人的质量意识和质量能力、建设项目的决策因素，项目勘察因素，项目总体规划和设计因素，建筑材料、构配件及相关工程用品的质量因素，工程项目施工方案及施工环境等因素。

过程 7　房地产开发项目管理

一、房地产开发项目质量控制的内容

1. 前期资料检查

房地产开发项目在正式施工前，需要对规划设计、地质勘探、放线等各项前期准备工作所取得的成果进行检验，这些是房地产开发项目顺利进行的前提条件，也是质量控制的基础。

2. 原材料检验

房地产开发项目材料质量的好坏直接影响工程的质量，因此，应当在订货阶段就向供货商提供检验的技术标准，并将这些标准列入订购合同中以确保材料质量。一些重要材料应当在签订购货合同前取得样品或样本，材料到货后再与样品进行对照检查，或进行专门的化验或试验，未经检验或不合格的材料不得与合格的材料混装入库。

3. 配套设备检验

在各种设备安装之前均应进行检验和测试，对于不合格的设备应避免采用。工程施工中应确立设备检查和试验的标准、手段、程序、记录、检验报告等制度。对于主要设备的试验与检查，可考虑到制造厂进行监督和检查。

4. 程序与工艺检验

在开工前需要对程序与工艺进行论证检验，在工程施工过程中，按照既定的程序与工艺对实际操作进行监督、检验。

5. 施工阶段质量控制

在建设施工阶段应对各项设备、仪器进行检查并调校误差，控制混凝土质量，对各单项工程制定具体有效的质量检查评定方法，且保证其得以落实。

6. 建立质量控制档案

为便于追查责任，实施整改，应汇集所有质量检查和检验证明文件、试验报告，包括分包商在工程质量方面提交的文件。

7. 竣工质量验收

房地产开发项目竣工验收的主要内容是工程质量、投资计划、工期等的完成情况。竣工验收是工程建设的最后一道工序，也是最重要的一道工序。

二、施工过程质量控制手段

1. 旁站监督

旁站监督在工程施工阶段，对关键部位、关键工序的施工质量实施全过程现场跟班的监督活动。实施旁站监理是房地产开发企业经常采用的一种现场检查形式，即在施工过程中派工程技术人员到现场观察、监督与检查施工过程，注意并及时发现质量事故的苗头、影响质量的不利因素、潜在的质量隐患及出现的质量问题等，以便及时进行控制。

2. 测量控制

房地产开发商的技术人员在施工前，应对施工放线及高程控制进行检查控制，不合格者不得施工；发现偏差及时纠正；中间验收时，对于数值不符合要求者，应指令施工单位处理。

3. 试验数据

试验数据是判断和确认各种材料和工程部位内在品质的主要依据。通常需要通过试验手段取得试验数据来判断质量优劣。

4. 指令文件

指令文件是表达开发商对施工承包单位提出指示和要求的书面文件，用以向施工单位指出施工中存在的问题，提出要求或指示等。开发商的各项指令都应是书面的或有文件记载的方为有效。

5. 规定质量监控工作程序

遵守的质量监控工作程序是进行质量监控的必要手段和依据。如对未提交开工申请单、未经审查、批准的工程，不得开工，未经签署质量验收单予以质量确认，不得进行下道工序等监控程序。

6. 利用支付控制手段

工程款的支付条件之一就是工程质量要达到规定的要求和标准，如果施工单位的工程质量达不到要求的标准，开发商有权停止对施工单位支付部分或全部工程款，且由此造成的损失由施工单位负责。

任务 7-4 房地产开发项目进度控制

任务背景

赵亮在工程部实习过程中了解到，工程项目进度管理的目的是实现最优工期，在最短时间内高质量完成任务。在项目经理的要求下，赵亮需根据工程项目的进度目标，学习使用横道图法去编制经济合理的房地产开发项目进度计划。

任务设定

在房地产开发项目进度计划编制前需要掌握哪些相关知识？请与赵亮一起学习。

知识链接

房地产开发项目进度控制是施工现场管理很重要的工作，是指以进度计划为依据，综合利用组织、技术、经济和合同措施，确保项目工期目标得以实现。同时，根据进度计划可以检查工程项目执行情况，若发现实际执行情况与计划进度不一致，应及时分析原因，采取必要措施，对原工程进度计划进行调整或修正。

过程 7　房地产开发项目管理

进度控制的主要任务包括对项目建设总周期目标进行具体的分析论证、编制项目进度计划、编制其他配套进度计划、监督建设项目进度计划的执行等。房地产开发商能否按时交付直接影响到企业的商业信誉和公众形象。

一、影响房地产开发项目进度的因素

由于房地产开发项目的施工特点，尤其是较大、较复杂的施工项目工期较长，影响进度的因素较多。编制计划和执行控制施工进度计划时必须充分认识与评估这些因素，才能克服其影响，使施工进度尽可能按计划进行。其主要影响因素见表7-1。

表7-1　影响房地产开发项目进度的因素

类型	影响因素	相应对策
项目经理部内部因素	(1) 施工组织不合理，人力、机械设备调配不当，解决问题不及时； (2) 施工技术措施不当或发生事故； (3) 质量不合格引起返工； (4) 与相关单位关系协调不善等； (5) 项目经理部管理水平低	(1) 提高项目经理部的组织管理水平、技术水平； (2) 提高施工作业层的素质； (3) 重视与内外关系的协调
相关单位因素	(1) 设计图纸供应不及时或有误； (2) 业主要求设计变更； (3) 实际工程量增减变化； (4) 材料供应、运输等不及时或质量、数量、规格不符合要求； (5) 水电通信等部门、分包单位没有认真履行合同或违约； (6) 资金没有按时拨付等	(1) 与有关单位以合同形式明确双方协作配合要求，严格履行合同，寻求法律保护，减少和避免损失； (2) 编制进度计划时，要充分考虑向主管部门和职能部门进行申报、审批所需的时间，留有余地
不可预见因素	施工现场水文地质状况比设计合同文件预计的要复杂得多。如严重自然灾害、战争、社会动荡等	(1) 该类因素一旦发生就会造成较大影响，应做好调查分析和预测； (2) 有些因素可通过参加保险，规避或减少风险

二、房地产开发项目进度管理的措施

房地产开发项目进度管理采取的主要措施有管理信息措施、组织措施、技术措施、合同措施和经济措施。房地产开发项目进度管理措施见表7-2。

表7-2　房地产开发项目进度管理措施

措施类型	措施内容
管理信息措施	(1) 建立能对施工进度有效控制的监测、分析、调整、反馈信息系统和信息管理工作制度； (2) 随时监控施工过程的信息流，实现连续、动态的全过程进度目标控制

续表

措施类型	措施内容
组织措施	(1)建立施工项目进度实施和控制的组织系统； (2)制定进度控制工作制度：检查时间、方法，召开协调会议时间、人员等； (3)落实各层次进度控制人员、具体任务和工作职责； (4)确定施工项目进度目标，建立施工项目进度控制目标体系
技术措施	(1)尽可能采用先进施工技术、方法和新材料、新工艺、新技术，保证进度目标实现； (2)落实施工方案，在发生问题时，能适时调整工作之间的逻辑关系，加快施工速度
合同措施	以合同形式保证工期进度的实现，即 (1)保持总进度控制目标与合同总工期相一致； (2)分包合同的工期与总包合同的工期相一致； (3)供货、供电、运输、构件加工等合同规定的提供服务的时间与有关的进度控制目标一致
经济措施	(1)落实实现进度目标的保证资金； (2)签订并实施关于工期和进度的经济承包责任制； (3)建立并实施关于工期和进度的奖惩制度

三、房地产开发项目进度计划的编制方法

编制工程项目进度计划主要有横道图法、网络图法、里程碑法、进度曲线法等多种方法。其中，横道图法和网络图法是最常见的方法。

1. 横道图法

横道图又称甘特图，是用直线线条在时间坐标上表示出单项工程进度的方法。横道图具有形象、直观、易懂、绘制简便等特点，被广泛应用于工程项目的进度管理工作中。对于一些并不十分复杂的建筑工程，采用这种图表比较合适（图7-2）。

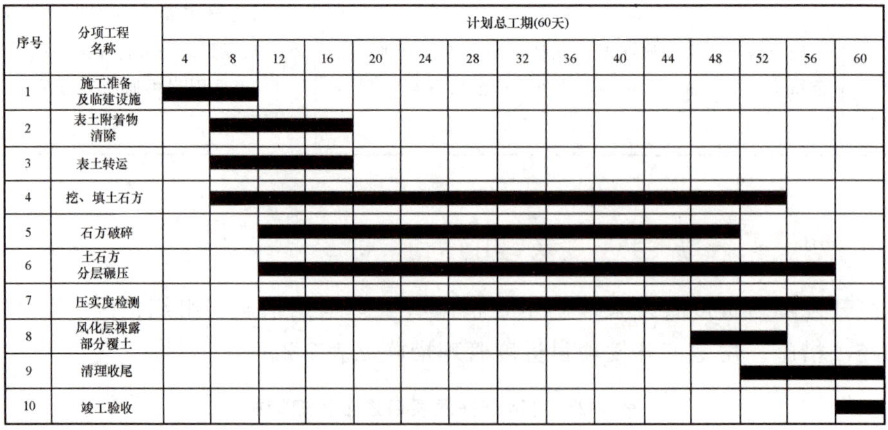

序号	分项工程名称	计划总工期(60天)													
		4	8	12	16	20	24	28	32	36	40	44	48	52	56	60
1	施工准备及临建设施	■	■													
2	表土附着物清除		■	■												
3	表土转运		■	■	■											
4	挖、填土石方			■	■	■	■	■	■	■	■					
5	石方破碎				■	■	■	■	■	■	■	■				
6	土石方分层碾压					■	■	■	■	■	■	■	■			
7	压实度检测						■	■	■	■	■	■	■	■		
8	风化层裸露部分覆土											■	■	■		
9	清理收尾													■	■	
10	竣工验收															■

图 7-2　横道图

2. 网络图法

网络图法是20世纪50年代末出现的管理方法，这种方法的机理是，利用箭头和节点所组成的有向、有序的网状图形来表示总体工程任务各项工作流程或系统安排的一种进度计划表达方式(图7-3)。

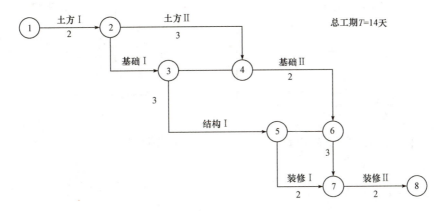

图 7-3 网络图

说明：1. 该工程分两段施工，即Ⅰ段和Ⅱ段；
2. 施工过程包括四个工序：土方工程、基础工程、结构工程和装修工程；
3. 方框内数字表示顺序；箭头旁数字表示工期，即天数

3. 里程碑法

里程碑法是在横道图或者网络图上标示出一些关键事项，这些事项能够被明显地确认，反映进度计划执行中各个阶段的目标，一般是处于关键线路上的一些关键项目，这些事项对项目进度计划能否顺利实现具有重大的影响。通过这些关键事项在一定时间内的完成情况可反映项目进度计划的进展情况。

4. 进度曲线法

进度曲线法以时间为横轴，以完成的累计工程量为纵轴，按计划时间累计完成任务量的曲线作为预定的进度计划。从整个项目的实施进度来看，由于项目后期收尾工程的实际工程完成量比较小，所以，该进度曲线一般是S形曲线(表7-3)。以最后一种形态居多。

表 7-3 施工速度、累计完成任务量与时间的关系

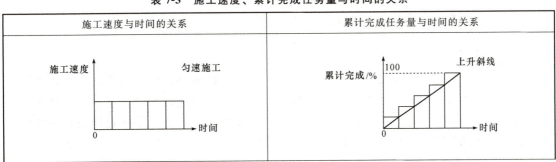

续表

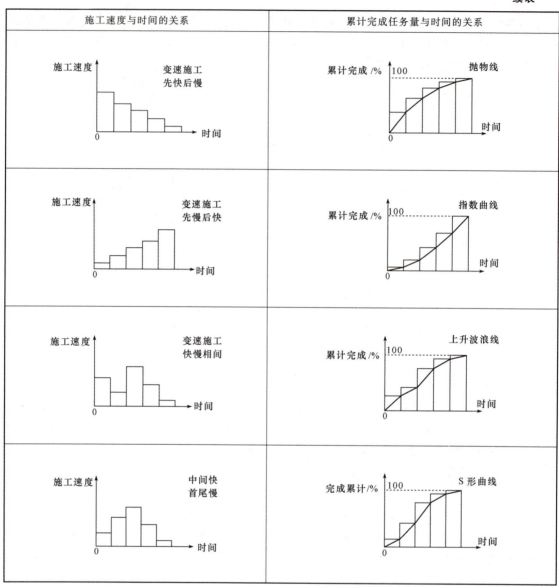

四、房地产开发项目进度控制的主要内容

1. 论证与分析开发项目建设总周期

论证与分析项目开发项目建设总周期就是在充分考虑房地产市场走势、市场周期波动及周边的竞争性项目和企业资金情况的基础上,对整个项目进行通盘考虑、全面规划,用以指导开发项目人力、物力的运用和时间、空间的安排。理想的开发项目建设总周期安排为房地产市场的低谷投入生产,高峰期时产出项目。

2. 编制开发项目建设总进度计划、年度计划

开发项目建设总进度计划是指依据初步设计文件对工程建设项目从开始建设到竣工验

过程 7　房地产开发项目管理

收的全过程的统一部署。其主要目的是安排各单位工程的建设进度、合理分配年度投资、组织各方面的协调。开发项目建筑年度计划是依据工程建设项目总进度计划和设计文件确定开发项目的年度建设任务。

3. 核准施工进度计划

施工企业编制的施工进度计划主要是确定工程承包合同内各单位工程及单项工程的施工期限和开竣工日期。在正式开工前由施工单位依据总进度计划编制并由监理工程师审查通过，经开发企业批准确认后执行。房地产开发企业应对其中总工期和阶段性里程碑事件的时间进行核准，以便于同整个项目的营销计划或其他工作计划相对应。

4. 编制其他配套进度计划

其他配套进度计划包括以下两类：

（1）材料供应、设备采购计划。如果开发企业实行的是甲方供料制，那么开发企业应根据工程进度计划，制订材料设备供应计划，确定材料、设备的数量和供货时间，以及各类物资的供货程序。

（2）临时工程计划。包括工地临时施工用房、临时销售用房、现场供电、给水排水等，主要是为承包单位的顺利施工、销售准备用的临时工程。

5. 督促监理工程师

房地产开发企业应加强对监理单位的监督工作，主要是检查监理单位的进度控制组织是否健全和运行状态是否良好，审查监理单位提交的进度控制报告，督促监理单位做好进度控制，检查来自企业高层的进度控制指令落实与执行情况，做好工地例会等协调会议的组织与决议实施工作。

6. 检查与纠偏进度计划

一是抓好对计划完成情况的检查，正确估测完成的实际量，计算已完成计划的百分率；二是分析比较提出纠正偏差的措施，每月（旬、周）组织召开一次计划分析会并认真审阅监理工程师提交的监理报告，发现问题，分析原因，必要时进行计划的调整；三是认真搞好计划的考核、工程进度动态通报和信息反馈，为领导决策和项目管理协调提供依据。

过程小结

本过程主要介绍了房地产开发项目管理过程中合同管理、成本控制、质量管理、进度管理四个方面的概念及内容。其中，施工合同是项目成本控制、质量控制、进度控制的主要依据，而成本、质量和进度又是项目管理中的三大目标控制，项目建设目标的理想化状态是达到最短工期、最低造价和最高质量，如何运用有效的工作措施和手段对合同、成本、质量和进度四方面的内容实施管理和控制，是项目取得成功的关键因素。

过程 7　房地产开发项目管理

任务工单 7

任务名称	熟悉我国开发项目管理内容				
任务目的	进一步了解目前我国建设工程合同的内容，熟悉合同中有关工程质量、成本控制、工程进度管理等规定				
任务内容	1. 结合建设工程合同中关于成本控制和工程质量管理的规定，学生组队到各建设单位及施工单位调查了解如何控制成本及如何处理工程质量问题。 2. 结合建设工程合同中关于项目进度管理的规定，学生组队到各建设单位及施工单位调查了解项目上的工期制定，并结合工程项目进度计划的编制方法绘制某单项工程的横道图。 3. 整理材料形成调研报告				
第（　）组	姓名				
	学号				
任务实操	项目调研				
	任务名称				
	项目地址				
	项目概况				
	成本控制计划情况				
	材料设备成本计划				
	施工机械费用计划				
	人工费成本计划				
	临时工程成本计划				
	管理费成本计划				
	工程质量				
	存在工程质量问题				
	工程质量控制手段				
	工程项目进度				
	单项工程内容				
	绘制单项工程项目进度横道图				

考核评价表 7

任务完成考核评价表				
任务名称		熟悉我国开发项目管理内容		
班级		学生姓名		
评价方式	评价内容	分值	成绩	
自我评价	任务工单 7 项目调研情况	30		
	任务工单 7 横道图编制情况	30		
	对知识和技能的掌握程度	20		
	我胜任了小组内的工作	20		
	合计			

续表

评价方式	评价内容	分值	成绩
小组评价	小组本次任务完成质量	30	
	个人本次任务完成质量	30	
	个人对理论应用实践的能力	20	
	个人的团队精神与沟通能力	20	
	合计		
教师评价	小组本次任务完成质量	30	
	个人本次任务完成质量	30	
	个人对小组任务的贡献度	20	
	个人对小组任务的参与度	20	
	合计		

总评＝自我评价×（　）％＋小组评价×（　）％＋教师评价×（　）％＝

思考与练习

一、思考题

1. 参与施工合同管理工作的主体单位有哪些？他们各自负责什么工作？
2. 开发项目建设的三大目标，成本、进度、质量自检是什么关系？如何进行有效的控制？
3. 工程质量的影响因素有哪些？如何进行有效的质量控制？
4. 进度计划的编制方法主要有哪些？如何选择合适的进度计划？

二、选择题

1. 横道图法用于项目建设阶段的（　　）。【单选】
   A. 质量控制　　　B. 进度控制　　　C. 成本控制　　　D. 合同管理
2. 建设工程施工合同是发包方与（　　）就完成商定的施工工程，明确双方相互权利义务的协议。【单选】
   A. 施工单位　　　B. 监理单位　　　C. 设计单位　　　D. 建设单位
3. 工程质量控制的内容包括（　　）。【多选】
   A. 原材料检验　　　　　　　　B. 配套设备检验
   C. 程序与工艺检验　　　　　　D. 施工阶段质量控制
   E. 确立成本控制档案制度
4. 项目进度管理的措施包括（　　）。【多选】
   A. 管理信息措施　　B. 组织措施　　C. 质量措施
   D. 合同措施　　　　E. 经济措施

过程 8　房地产开发项目竣工验收

过程 8　房地产开发项目竣工验收

 知识目标

1. 了解竣工验收、分户验收、综合验收的概念；了解竣工验收的主体。
2. 掌握项目竣工验收的管理内容；掌握项目验收方法与分户验收、综合验收管理。
3. 熟悉项目竣工验收的条件、标准、流程及项目验收常见质量问题与对策。

 能力目标

1. 能够做一般的房地产项目竣工验收管理方案。
2. 能够运用房地产项目验收知识对具体项目进行分户验收和综合验收。
3. 能够识别一般的房地产项目质量问题并能给出解决对策。

 素养目标

严谨认真，养成及时完成阶段性工作任务的习惯，做到"今日事，今日毕"。

任务 8-1　项目竣工验收

任务背景

GC2018—075 地块工程项目建设已经接近完工，根据相关法律法规和国家相关标准的规定，该项目的开发建设单位邕投地产有限责任公司要会同建设、设计、施工、设备供应单位及工程质量监督等部门，对该项目是否符合规划设计要求及建筑施工和设备安装质量进行全面检验。负责该项目工程部全面工作的赵亮开始研究竣工验收的条件、验收的范围及竣工验收的依据和标准。当然他知道在竣工验收前，还应对每一户住宅进行分户质量验

过程 8 房地产开发项目竣工验收

收。赵亮按照国家有关标准、规范要求进行工程竣工验收的准备,梳理每一户住宅及单位工程公共部位开始进行专门验收,并在分户验收合格后出具工程质量竣工验收记录。这项工作是房地产开发工作的收尾工作,也是非常重要的一个环节,赵亮清楚地意识到把好验收关是对物业买受人负责任的重要体现,更是响应国家相关规定和标准的体现。

竣工验收与分户验收的相关知识内容都有哪些?你了解吗?请通过学习本任务了解赵亮在竣工验收与分户验收的过程中都做了哪些工作,工作是否到位。

一、竣工验收管理

(一)竣工验收的概念

竣工验收是指建设工程项目竣工后,由投资主管部门会同建设、设计、施工、设备供应单位及工程质量监督等部门,对该项目是否符合规划设计要求及建筑施工和设备安装质量进行全面检验后,取得竣工合格资料、数据和凭证的过程。竣工验收是全面考核建设工作,检查是否符合设计要求和工程质量的重要环节,对促进建设项目(工程)及时投产,发挥投资效果,总结建设经验有重要的作用。

(二)竣工验收的条件

国务院颁布的《建设工程质量管理条例》第十六条规定,建设单位收到建设工程竣工报告后,应当组织设计、施工、工程监理等有关单位进行竣工验收。

建设工程竣工验收应当具备下列条件:
(1)完成建设工程设计和合同约定的各项内容。
(2)有完整的技术档案和施工管理资料。
(3)有工程使用的主要建筑材料、建筑构配件和设备的进场试验报告。
(4)有勘察、设计、施工、工程监理等单位分别签署的质量合格文件。
(5)有施工单位签署的工程保修书。
建设工程经验收合格的,方可交付使用。

(三)竣工验收的范围

竣工验收范围是凡列入固定资产投资的基本建设或更新技术改造措施计划,无论新建、改建、扩建和迁建的项目,按照上级主管部门批准的设计文件规定的工程内容全部建成,生产性建设项目经联动试车运转或试生产考核,具备连续生产条件,能够生产合格产品,非生产性建设项目符合设计要求,能够正常使用,都要及时组织验收,办理移交固定资产

过程 8　房地产开发项目竣工验收

手续，交付生产或使用。对住宅小区的验收还应验收土地使用情况和单项工程、市政、绿化及公用设施等配套设施。

（四）竣工验收的依据

(1) 上级主管部门对该项目批准的各种文件。
(2) 可行性研究报告。
(3) 施工图设计文件及设计变更洽商记录。
(4) 国家颁布的各种标准和现行的施工验收规范。
(5) 工程承包合同文件。
(6) 技术设备说明书。
(7) 建筑安装工程统一规定及主管部门关于工程竣工的规定。
(8) 从国外引进的新技术和成套设备的项目，以及中外合资建设项目，要按照签订的合同和进口国提供的设计文件等进行验收。
(9) 利用世界银行等国际金融机构贷款的建设项目，应按世界银行规定，按时编制《项目完成报告》。

（五）竣工验收的一般标准

(1) 工程项目按照工程合同规定和设计图纸要求已经全部施工完毕，且已达到国家有关规定的质量标准，能满足使用要求。
(2) 交工工程达到窗明、地净、水通、灯明，有采暖通风的项目，应能正常运转。
(3) 设备调试、试运达到设计要求。
(4) 建筑物四周 2 m 以内场地整洁。
(5) 技术档案资料齐全。

（六）竣工验收的流程

房地产开发竣工验收的流程如图 8-1 所示。

二、分户验收管理

（一）分户验收的概念

分户验收，即"一户一验"，是指住宅工程在按照国家有关标准、规范要求进行工程竣工验收时，对每一户住宅及单位工程公共部位进行专门验收，并在分户验收合格后出具工程质量竣工验收记录。实行分户验收，就等于给每个购买住房的老百姓都把住了质量关，避免了整体验收和抽检所造成的遗漏，也就避免了交付使用后的"扯皮"现象。

（二）分户验收的内容

(1) 地面、墙面和顶棚质量；
(2) 门窗质量；

过程 8　房地产开发项目竣工验收

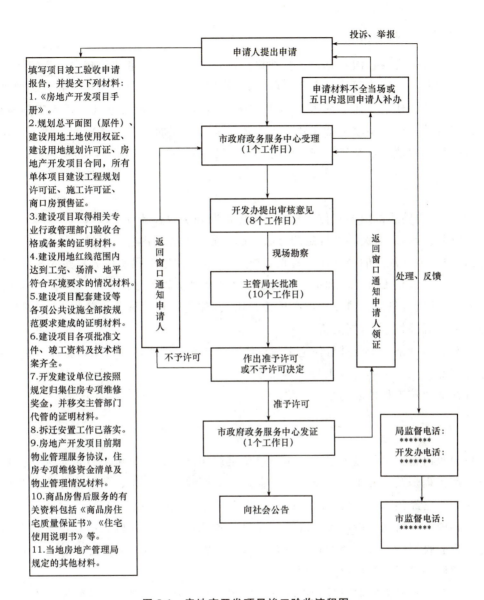

图 8-1　房地产开发项目竣工验收流程图

(3)栏杆、护栏质量；
(4)防水工程质量；
(5)室内主要空间尺寸；
(6)给水排水系统安装质量；
(7)室内电气工程安装质量；
(8)建筑节能和采暖工程质量；
(9)有关合同中规定的其他内容。

过程 8　房地产开发项目竣工验收

(三)分户验收的依据

分户验收依据为现行国家有关工程建设标准,主要包括住宅建筑规范、混凝土结构工程施工质量验收、砌体工程施工质量验收、建筑装饰装修工程施工质量验收、建筑地面工程施工质量验收、建筑给水排水及采暖工程施工质量验收、建筑电气工程施工质量验收、建筑节能工程施工质量验收、智能建筑工程质量验收、屋面工程质量验收、地下防水工程质量验收等标准规范,以及经审查合格的施工图设计文件。

(四)分户验收的程序

(1)根据分户验收的内容和住宅工程的具体情况确定检查部位、数量。

(2)按照现行国家有关标准规定的方法,以及分户验收的内容适时进行检查。

(3)每户住宅和规定的公共部位验收完毕,应填写《住宅工程质量分户验收表》,建设单位和施工单位项目负责人、监理单位项目总监理工程师分别签字。

(4)分户验收合格后,建设单位必须按户出具《住宅工程质量分户验收表》,并作为《住宅质量保证书》的附件,一同交给住户。

分户验收不合格,不能进行住宅工程整体竣工验收。同时,住宅工程整体竣工验收前,施工单位应制作工程标牌,将工程名称、竣工日期和建设、勘察、设计、施工、监理单位全称镶嵌在该建筑工程外墙的显著部位。

(五)分户验收的组织实施

分户验收由施工单位提出申请,建设单位组织实施,施工单位项目负责人、监理单位项目总监理工程师及相关质量、技术人员参加,对所涉及的部位、数量按分户验收内容进行检查验收。已经预选物业公司的项目,物业公司应当派人参加分户验收。

建设、施工、监理等单位应严格履行分户验收职责,对分户验收的结论进行签认,不得简化分户验收程序。对于经检查不符合要求的,施工单位应及时进行返修,监理单位负责复查。返修完成后重新组织分户验收。

工程质量监督机构要加强对分户验收工作的监督检查,发现问题及时监督有关方面认真整改,确保分户验收工作质量。对在分户验收中弄虚作假、降低标准或将不合格工程按合格工程验收的,依法对有关单位和责任人进行处罚,并纳入不良行为记录。

拓展阅读

广西壮族自治区住宅工程质量分户验收管理规定

第一条　为加强住宅工程质量管理,保障竣工住宅使用功能,根据《中华人民共和国建筑法》《建设工程质量管理条例》和住房城乡建设部《房屋建筑和市政基础设施工程竣工验收规定》(建质〔2013〕171号)、《关于做好住宅工程质量分户验收工作的通知》(建质〔2009〕291号)及相关建筑工程施工质量验收规范,结合我区实际情况,制定本规定。

第二条 自治区行政区域范围内，住宅工程质量分户验收（以下简称"分户验收"）及其监督管理，适用本规定。

本规定所称分户验收，是指住宅工程在竣工验收前，对每一户住宅进行的质量验收。

第三条 自治区住房城乡建设主管部门负责全区住宅工程质量分户验收的监督管理，具体工作委托自治区建设工程质量安全管理站实施。

县级及以上住房城乡建设主管部门按照职责和管理权限负责本行政区域内住宅工程质量分户验收的监督管理，具体工作可以委托所属的工程质量监督机构实施。

第四条 建设单位是住宅工程施工质量的第一责任主体，对住宅质量负首要责任，负责组织住宅工程的建设实施、质量验收和质量保修等工作。

设计单位应当严格按照法律、法规、工程建设标准和合同进行住宅工程设计，对设计质量负责。

施工单位应当严格按照施工图设计文件、施工技术标准和合同进行住宅工程施工，对施工质量负责。

监理单位应当严格按照法律、法规及有关技术标准、施工图设计文件和合同，采取旁站、巡视和平行检验等形式实施监理，对住宅工程质量承担监理责任。

住宅装饰装修工程的设计、施工、监理等单位必须依法取得住房城乡建设主管部门颁发的相应等级的资质证书，并在其资质等级许可的范围内承揽工程。

第五条 建设单位项目负责人组织施工单位项目经理和监理单位总监理工程师等有关人员共同组成分户验收组进行分户验收。

已选定物业服务企业的，物业服务企业应当参加分户验收工作。

全装修住宅的装饰装修工程非主体施工总承包单位完成的，装饰装修的施工单位应当参加分户验收。

第六条 分户验收是检验批验收的补充，不代替检验批验收，分户验收不合格的，不得进行竣工验收。

第七条 分户验收应当以验收时可观察到的工程观感质量和使用功能质量为主要验收内容。

第八条 分户验收应当依据国家、行业和地方有关建筑工程施工质量验收标准、经审查合格的施工图设计文件进行。

第九条 分户验收主要包括以下检查内容：

（一）室内空间尺寸；

（二）门窗及玻璃安装质量；

（三）墙面和顶棚面层施工质量；

（四）地面面层施工质量；

（五）防水工程施工质量；

（六）给水排水系统安装质量；

（七）室内电气工程安装质量；

（八）细部工程施工质量；

（九）其他。

过程 8　房地产开发项目竣工验收

第十条　分户验收应当按照以下程序进行：

（一）编制分户验收方案。施工单位负责组织编制分户验收方案，方案应当包含分户验收的依据、内容、参加验收的单位及人员、验收程序、抽查项目的部位及数量、验收标准、验收时间安排等具体要求，其中验收内容必须符合本规定第九条要求。

（二）审定分户验收方案。分户验收方案应经监理单位和建设单位审核确认后方可实施。

（三）分户验收前准备。对于非全装修住宅工程，在分户验收前，施工单位应当在建筑物上标识好暗埋水、电管线的走向和室内空间尺寸测量的控制点、线。

对于全装修住宅工程，在分户验收前，施工单位应当绘制水电布线图，可不在实体表面标识水电布线位置，空间尺寸的测量应在全装修施工前进行。

（四）现场检查。分户验收组应当按方案进行验收并及时填写验收记录；对验收过程中抽查到的不合格部位，施工单位应当及时整改，整改完成后，分户验收组应当对整改情况进行复查。

（五）填写表格。工程所有各户住宅均验收合格后，分户验收组按户出具《住宅工程质量分户验收表》（以下简称《验收表》），按单位工程出具《单位工程分户验收汇总表》（以下简称《汇总表》）。

第十一条　建设单位应当在工程竣工验收 7 个工作日前将验收的时间、地点及验收组名单书面通知工程所在地住房城乡建设主管部门或其委托的工程质量监督机构，并将《汇总表》作为书面通知的附件同时报送。

第十二条　住宅工程分户验收合格后，竣工验收前，建设单位应委托具有相应检测资质的单位进行室内环境污染物浓度检测，检测数量、方法和结果应符合《民用建筑工程室内环境污染控制标准》（GB/50325—2020）的要求；检测结果不合格的住宅，不得组织竣工验收。

第十三条　《汇总表》《验收表》在竣工验收时应全数检查，竣工验收组应当按竣工验收方案抽查工程实体质量以验证《验收表》是否与实际情况相符。

第十四条　建设单位应当将《验收表》和水电布线位置图、空间尺寸测量点位置图作为《住宅工程质量保证书》的附件，在房屋交付使用时一并交予用户。

第十五条　工程质量监督机构在监督工程竣工验收过程中，应当抽查分户验收情况，并在工程质量监督报告中出具住宅工程质量分户验收监督意见。

第十六条　本规定所附的表格为基本表格，表格包括的内容为分户验收的基本内容，各市、县（区）可根据当地实际情况增加分户验收的表格及验收内容。

第十七条　本规定自 2020 年 7 月 13 日起施行。

第十八条　本规定由广西壮族自治区住房和城乡建设厅负责解释。

附表：住宅工程质量分户验收表（略）

任务 8-2　项目联合验收

任务背景

GC2018—075 地块工程项目已全面完工，具备竣工验收条件，赵亮已经根据竣工验收

过程 8　房地产开发项目竣工验收

的条件、验收的范围以及竣工验收的依据和标准开始制定竣工验收具体方案。赵亮需要代表建设单位向住房城乡建设主管部门提出申请,在规定的时间内,住房城乡建设主管部门会同自然资源、国家安全、人防、园林绿化等主管部门和给水排水、燃气、电力、通信等市政公用服务企业联合完成相关专业工程的验收及配套验收、备案。

联合验收的具体程序有哪些?赵亮准备了解清楚后就着手启动该项工作。你了解吗?

一、项目联合验收管理内容

(一)联合验收的概念

联合验收俗称综合验收,是指工程建设单位申请,住房城乡建设、规划自然资源、人防、市场监管、水务、档案、交通、城市管理、通信等主管部门精简优化并协同推进工程竣工验收相关行政事项,督促协调市政服务企业主动提供供水、排水、供电、燃气、热力、通信等市政公用服务,规范、高效、便捷完成工程验收,推动工程项目及时投入使用的工作模式。

(二)联合验收的内容

联合验收的内容按工程项目类型分为以下两大类。

1. 房屋建筑工程

房屋建筑工程验收内容包含规划(验收)条件核实、消防验收及备案、人防工程竣工验收备案、工程质量竣工验收监督及备案、建设工程城建档案验收、水土保持、防雷、项目配套设施核验(含配套教育设施、配套公共服务用房或临时用房、白蚁防治备案、园林绿化、海绵城市、环卫、给水排水、燃气、电力、光纤到户通信配套等)。

2. 市政基础设施工程

市政基础设施工程验收内容包含规划(验收)条件核实、消防验收及备案、人防工程竣工验收备案、工程质量竣工验收监督及备案、建设工程城建档案验收、水土保持、防雷、园林绿化、海绵城市、路灯照明、交通设施、给水排水、燃气、电力、弱电通信配套等。

(三)联合验收的条件

(1)建设项目业主完成"多测合一"工作。工程建设项目竣工验收事项涉及的测量项目合并为"一次委托、联合测绘、成果共享"的综合性联合测量项目。由建设单位委托有资质的测绘机构对涉及建设项目竣工测量事项进行联合测绘,及时出具审核通过的"多测合一"竣工验收联合测绘报告,作为联合验收依据。联合测绘事项主要包括规划竣工测绘、绿地面

过程 8　房地产开发项目竣工验收

积测绘、房产测绘、用地复核验收宗地测绘、总平范围内地下管网测绘等；联合检测事项包括消防设施及系统检测、人防防护设备检测、环境保护设施检测、特种设备检测和专业设备检测等。

（2）建设工程主体工程、辅助工程、项目配套设施（含配套教育设施、配套公共服务用房或临时用房、园林绿化、海绵城市、环卫、给水排水、燃气、电力、光纤到户通信配套等）已按批准的施工图（或规划设计文件）要求完成，已通过工程竣工规划核实或已具备建设工程规划条件核实条件。

（3）建设工程已按施工图设计和合同约定的内容建成，具备法律法规规定的质量竣工验收条件。

（4）消防设施及系统已按施工图与审批条件建成，已验收合格或具备验收条件。

（5）已按人防主管部门批复要求完成人防工程建设，通过人防验收或符合人防工程设计、施工规范已具备验收条件。

（6）工程项目所在地块的范围内道路、园林绿化、给水（含二次给水）、电力、燃气、排水、有线电视、通信、海绵城市、绿色建筑、环卫、照明、交通设施、停车位（库）、智能监控等配套设施工程已经完工，且已经预验收合格。

（7）白蚁预防工程竣工后，由白蚁防治单位、项目建设单位和工程监理单位依照国家、省、市颁布的白蚁防治工程质量检验评定标准进行验收。

（8）光纤到户通信设施工程按照光纤到户国家标准开展，经有计量认证资质的检测机构对光纤到户通信设施进行检测，并应符合国家标准。

（9）严格执行水土保持标准、规范、规程确定的验收标准和条件，已自主完成水土保持设施验收。

（10）工程建设档案资料（含声像档案资料）已收集齐全并整理完毕，符合文件归档整理规范。

（四）联合验收的程序

1. 申请

建设项目完工并具备联合验收条件的，建设单位向当地的"联合验收窗口"提出联合验收申请，需提供联合验收办事指南要求的申请材料，材料齐全的"联合验收窗口"予以受理，出具建设工程竣工联合验收受理告知书。

2. 资料审核

各专项主管部门自收案之日起 1 个工作日内在反馈资料审核意见（包括建设单位提出的不涉及事项），出具《建设工程竣工联合验收申请审核意见书》。

牵头部门汇总各专项主管部门资料审核情况，自受案之日起 2 个工作日内作出是否受理的决定：资料齐全，符合申请要求的，出具建设工程竣工联合验收受理告知书；对资料不全或不符合要求的，一次性告知，并要求申请人 5 个工作日内补齐，补充材料经所涉及部门审核通过后，牵头部门出具受理通知。申请人逾期未补齐材料或材料审核仍不通过的，作出不予受理决定。

3. 开展验收

（1）对于已经受理的项目（案件自受理之日起开始计算审批用时），牵头部门根据项目实际情况和建设单位意见，协调确定现场统一验收时间，并通知各专项主管部门，并提前通知建设单位组织勘察、设计、施工、监理等参建单位做好现场验收准备。各专项主管部门应主动提前联系建设单位提出需对接的相关问题，由建设单位进行汇总，在勘验现场时一并协调；认为不需现场查验的，应自受理之日起 2 个工作日内向建设单位说明。

（2）牵头部门按约定时间统一组织各专项主管部门赴工程现场开展联合验收工作（应自受理之日起 5 个工作日内完成），各部门验收人员按职责分工在现场开展各专项检查验收（备案）工作。对发现的存在问题可快速整改完毕的，各部门应及时指导建设单位于现场验收后 3 个工作日内完成并确认。

（3）各专项部门自受理之日起 9 个工作日内在"联合验收系统"填写各专项验收（备案）意见；验收（备案）通过的，填写通过意见；验收（备案）不通过的，填写不通过的理由、法定依据及整改意见。

（4）对各主管部门现场验收时要求建设单位补充的相关资料，建设单位应自受理之日起 8 个工作日内再补充报送，建设五方责任主体出具的《建设工程质量竣工验收意见书》，在质量竣工验收监督通过后，也在此阶段报送。

4. 出具结果

（1）对所有专项验收（备案）都通过的项目，牵头部门自受理之日起 10 个工作日内出具房屋建筑和市政基础设施工程竣工联合验收确认书（含各专项部门结果文书复印件）。

（2）联合验收实行"一票否决"方式，各专项验收（备案）有不通过的，牵头部门汇总需整改问题，自受理之日起 10 个工作日内出具办理结果通知书，对存在问题一次性告知。

（3）各专项主管部门应对建设单位的验收整改工作进行监督服务指导。建设单位整改完成后需重新提出联合验收申请，原已审查通过的材料不再重复提交［已合格的专项验收（备案）结果继续保留有效］，涉及的主管部门自行在规定时限内完成专项验收（备案）工作。

（4）验收（备案）全部通过后，牵头部门出具房屋建筑和市政基础设施工程竣工联合验收确认书，并同步完成房屋建筑和市政基础设施工程竣工验收备案手续。由建设单位将备案核准等材料及时移交至当地城建档案馆。

拓展阅读

南宁市房屋建筑和市政基础设施工程竣工联合验收流程

南宁市房屋建筑和市政基础设施工程竣工联合验收流程如图 8-2 所示。

二、项目联合验收管理办法

项目联合验收管理办法各地的规定大致相同，这里介绍广西壮族自治区政府 2019 年 7 月施行的房屋建筑和市政基础设施工程竣工联合验收实施办法。

过程8　房地产开发项目竣工验收

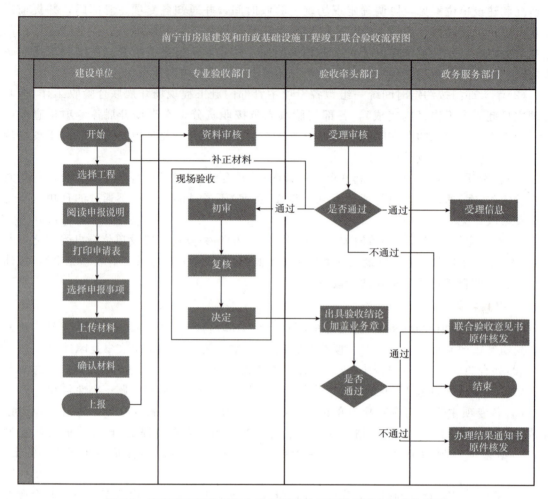

图8-2　南宁市房屋建筑和市政基础设施工程竣工联合验收流程图

广西壮族自治区房屋建筑和市政基础设施工程竣工联合验收实施办法（试行）

第一章　总则

第一条　【实施依据和目的】为贯彻落实国务院办公厅《关于全面开展工程建设项目审批制度改革的实施意见》（国办发〔2019〕11号）和我区优化营商环境的有关文件精神，提高建设项目审批效率和便利化程度，结合我区实际，制定本办法。

第二条　【竣工联合验收的定义】竣工联合验收，是指房屋建筑和市政基础设施工程（以下简称"房建市政工程"）具备竣工验收条件后，根据建设单位的申请，在规定的时间内，住房城乡建设主管部门会同自然资源、国家安全、人防、园林绿化等主管部门和给水排水、燃气、电力、通信等市政公用服务企业[以下简称"各部门（单位）"]联合完成相关专业工程的验收及配套验收、备案。

竣工联合验收适用于已核发施工许可证的新建、扩建和改建的房建市政工程，不包括涉密、特殊工程和国防、交通、水利、能源等领域的重大工程。

第三条 【牵头部门】自治区住房城乡建设厅负责全区房建市政工程竣工联合验收的统一协调和监督管理工作,并负责建立全区房建市政工程竣工联合验收管理信息化工作平台。

县级以上住房城乡建设主管部门是竣工联合验收的牵头单位。住房城乡建设主管部门依托政务服务机构设置统一的竣工验收资料接收窗口(以下简称"窗口"),接收竣工联合验收申请资料,出具资料审查意见、竣工联合验收受理通知书,记录和出具竣工联合验收结论。

第二章 竣工联合验收的申请条件和要求

第四条 【申请条件】房建市政工程符合下列情形的,建设单位可申请竣工联合验收:

(一)房建市政工程已按批准的施工图要求建成。

(二)房建市政工程附属配套设施,包括道路、供水系统、雨水系统、污水系统、强弱电系统(包括计量装置)、通信系统、燃气系统、环卫设施、园林绿化等已按批准的施工图要求建成,无施工图的,按已批准的建设工程规划许可文件要求建成。

(三)房建市政工程和附属配套设施均预验收合格,相关各方已签署工程预验收合格文件,施工单位已出具工程竣工报告,勘察单位已出具勘察文件及实施情况检查报告,设计单位已出具设计文件及实施情况检查报告,监理单位已出具工程竣工质量评估报告。

(四)住宅工程已完成质量逐套验收,逐套验收数据已上传至广西建设工程质量安全监督信息管理系统。

(五)特种设备已取得使用登记证书。

(六)消防系统已建成,已具备验收条件。

(七)涉及国家安全事项的建设项目已落实安全防范措施,并具备验收条件。

(八)人防工程已建成,已具备验收条件。

(九)按照法律法规规定委托具有相应资质的单位完成测绘和检测等工作。

(十)工程建设档案资料(含声像档案资料)已收集齐全并整理完毕,符合文件归档整理规范。

(十一)规定拆除的建筑物、构筑物和已到期的临时建筑及设施均已按要求拆除,施工场地清理完毕。

(十二)其他法律法规要求达到的验收条件。

第五条 【联合验收测绘】建设单位申请竣工联合验收前,应委托具有相应资质的测绘机构对涉及房建市政工程相关竣工测量事项进行联合测绘,统一出具竣工联合测绘报告。联合测绘事项主要包括规划条件核实测绘、绿地面积测绘等。竣工联合验收测绘的具体流程、测绘标准及内容由各市结合实际制定并予以公布。

第六条 【其他验收方式】建设单位未达到竣工联合验收条件但已具备有关专项工程验收条件的,可选择申请专项验收。

第七条 【同步进行】 房建市政工程与其附属配套设施应同步设计、同步施工、同步验收和同步交付使用。

第三章 竣工联合验收程序

第八条 【联合验收提出】建设单位向窗口提出竣工联合验收申请,提交竣工联合验收申请表(详见附件1),根据申报竣工联合验收资料(详见附件2)、各部门(单位)现场验收和监督的内容标准(详见附件3),做好工程验收、相关资料和相关原件的准备工作。

过程8 　房地产开发项目竣工验收

第九条 【联合验收审查】窗口按照各部门（单位）提供的资料清单审查建设单位提交的竣工联合验收申请资料。

经审查，申请资料齐全的，由窗口当场出具竣工联合验收受理通知书，并在1个工作日内将竣工联合验收受理通知书及申请材料发送给各部门（单位），启动竣工联合验收工作。竣工联合验收办理时限为通知书发出之日起7个工作日。

经审查，申请资料不齐全的，由窗口当场退回并反馈意见，一次性告知所需补充的材料。建设单位根据审查意见完善资料后重新提交竣工联合验收申请。

第十条 【联合验收实施】竣工联合验收启动后，住房城乡建设主管部门应主动协调各部门（单位）加强对申报的建设单位的服务指导。各部门（单位）在办理时限内按照各自职能分工核查竣工验收资料，并实施现场实地验收或监督验收。参加现场竣工联合验收的各部门（单位）可以根据需要到现场进行验收核实后，再核发相关认可文件；也可以依据联合测绘报告、专业检测报告等技术资料和其他必要的材料，不再进行现场核实验收而直接核发相关认可文件。

第十一条 【联合验收结果出具】现场验收和监督验收工作完成后，各部门（单位）要在办理时限截止前的一个工作日向住房城乡建设主管部门出具验收结论文件、监督意见或备案凭证（加盖验收部门印章）。对各部门（单位）均验收合格的房建市政工程，住房城乡建设主管部门通过窗口出具《房建市政工程竣工联合验收结果告知书》（格式详见附件4），由窗口工作人员统一通知申请人领取。

第十二条 【验收异常情况处理】专项工程竣工验收资料经各部门（单位）核查不合格，或专项工程现场验收和监督验收结果不合格的，各部门（单位）应一次性将整改意见提交窗口汇总后统一反馈建设单位，该工程终止竣工联合验收程序；其他合格的专项工程竣工验收资料、现场验收结论或监督意见保留有效。

第十三条 【整改复查】根据整改意见，建设单位完成整改后，向窗口提出复验申请，再次进入竣工联合验收程序，竣工联合验收时限重新计算。各部门（单位）在规定时限内对不合格项进行再次验收，并重新提出验收结论或监督意见。

第十四条 【验收备案】竣工联合验收合格的工程，由住房城乡建设主管部门负责做好房建市政工程竣工验收的相关备案工作。

第四章　附则

第十五条 【各部门（单位）责任】各部门（单位）要及时梳理本部门（单位）涉及竣工联合验收的相关技术标准和规定，加强对本系统有关工作的监督、指导和业务培训。对竣工联合验收中存在违法违规行为的，由有关部门依法处理。

第十六条 本办法自2019年7月1日起施行。

附件：1. 竣工联合验收申请表

　　　2. 申请联合竣工验收资料

　　　3. 现场验收和监督的内容标准

　　　4. 竣工联合验收结果告知书（样式）

附件1：

竣工联合验收申请表（竣工验收阶段）

一、申报单位基本信息（再次申请的，只填委托代理人信息）

申报单位	
单位类型	□中央　□军队　□自治区□市属　□县（区、市）属　□其他
法定代表人	联系电话
项目负责人	移动电话
委托代理人	移动电话

选择申请文件获取方式，需要送达的请填写以下信息：

获取方式	□电子文书　□申报单位自取　□政务中心或行政机关送达
收件人（委托代理人）	移动电话　　　　　　　　　　　　　　　　邮政编码
送达单位名称	固定电话　区号　电话号　分机号
送达单位地址	省份　城市市　行政区区　路（街）　号　电子邮箱

二、建设项目基本情况（再次申请的，只填工程名称、项目代码）

工程名称		本次申报单体名称	
项目代码		计划竣工时间	
建设位置	市（县）　　区　　路（街）　　号		
工程类别	□房屋建筑工程　□市政基础设施工程　□装修改造工程		
项目类型	□新建扩建项目　□内部改造项目　□现状改建项目		
工程规模	平方米	工程造价	万元
本次联合验收建筑规模	房屋建筑工程	总建筑面积（　）平方米	地上建筑面积　　　　平方米
			地下建筑面积　　　　平方米
	市政基础设施工程	建筑规模　米（平方米）（座）	
	装修改造工程	装修改造施工面积　　平方米	
	其他构筑物等	（简要说明）	
	防（灭）火设施	有□　无□	消防水源　有□　无□
	人防工程	建筑面积　平方米	易地建设　是□　否□
施工单位		项目负责人	
监理单位		项目负责人	
设计单位		项目负责人	
勘察单位		项目负责人	

过程 8　房地产开发项目竣工验收

三、前期工作成果文件

文件名称		文号
规划审批文件	□建设工程规划许可证 □乡村建设规划许可证	
施工许可审批文件	□建筑工程施工许可证	
其他成果文件		

四、申请办理事项

房建市政工程竣工联合验收事项

验收事项				办理部门
□规划验收	□消防验收	□人防验收	□竣工验收	牵头部门协调各专项验收部门办理
□国家安全验收	□园林绿化验收	□电力验收	□给水验收	
□排水验收	□燃气验收	□通信验收		

五、申请材料

申请参加建筑工程联合竣工验收的，按附件 2 要求向窗口提交申请联合竣工验收资料。

六、告知事项（填表说明）

（一）申请联合验收的房建市政工程和附属配套设施按施工图（或规划方案）建设完成；按施工合同约定完工，具备竣工验收条件；特种设备已取得使用登记证书；消防工程建成具备验收条件（有消防水源的市政基础设施工程验收时应通知消防管理部门参加）；人防工程建成具备验收条件；水、电、气、道路、绿化、管线按设计要求完成并经相关单位验收合格；档案资料整理完毕；已完成测量、测绘和检测等工作；其他事项具备验收条件。

（二）本表包括申报单位基本信息、建设项目基本情况、前期工作成果文件、申请办理事项、申请材料和告知事项六部分内容。

（三）申请单位须按照单位证书（照）填写单位全称。申请文件到各市、县（区）竣工验收资料接收窗口领取。

（四）建设项目基本情况包括工程名称、建设位置、工程规模、本次联合验收建筑规模等。其中项目类型按下列标准划分：

1. 内部改造项目——内部改造项目是指不增加现状建筑面积，不改变建筑外轮廓的建设项目，建筑面积以合法建筑为计算基数。

2. 现状改建项目——现状改建项目是指不增加现状建筑面积，但改变建筑外轮廓或用地内建筑布局的建设项目，包括位于重要大街、历史文化街区、市人民政府规定的特定地区的外装修工程。

3. 新建扩建项目——新建扩建项目是指不属于内部改造和现状改建的其他项目。

（五）前期工作成果文件是按照审批流程，前期已取得的相关主管部门的批准文件。

七、申请条件（如具备相应条件，由建设单位自行在□中打钩）

□房建市政工程已按批准的施工图要求建成。

□房建市政工程附属配套设施，包括道路、供水系统、雨水系统、污水系统、强弱电系统(包括计量装置)、通信系统、燃气系统、环卫设施、园林绿化等已按批准的施工图或建设工程规划许可文件要求建成。

□房建市政工程和附属配套设施均预验收合格,相关各方已签署工程预验收合格文件,施工单位已出具工程竣工报告,勘察单位已出具勘察文件及实施情况检查报告,设计单位已出具设计文件及实施情况检查报告,监理单位已出具工程竣工质量评估报告。

□住宅工程已完成质量逐套验收,逐套验收数据已上传至广西建设工程质量安全监督信息管理系统。

□特种设备已取得使用登记证书。

□消防工程建成具备验收条件。

□涉及国家安全事项的建设项目已落实安全防范措施,并具备验收条件。

□人防工程建成,已具备验收条件。

□按照法律法规规定委托中介机构已完成测量、测绘和检测等工作。

□工程建设档案资料(含声像档案资料)已收集齐全并整理完毕,符合文件归档整理规范。

□规定拆除的建筑物、构筑物和已到期的临时建筑及设施均已按要求拆除,施工场地清理完毕。

附件2:

申请联合竣工验收资料

序号	涉及部门	所需材料
1	行业主管部门或市政公用服务企业	竣工验收告知书
2	行业主管部门或市政公用服务企业	专项工程竣工验收方案
3	行业主管部门或市政公用服务企业	专项工程竣工图或规划图纸
4	行业主管部门或市政公用服务企业	专项工程竣工预验收合格文件
5	行业主管部门	单位工程逐套验收汇总表(住宅工程提供)
6	行业主管部门	住宅工程质量保证书
7	行业主管部门	住宅使用说明书
8	行业主管部门	特种设备使用登记证书
9	行业主管部门	消防设施检测报告
10	行业主管部门	人防工程预验收合格报告
11	行业主管部门或市政公用服务企业	联合测绘成果(规划竣工测绘、绿地面积测绘、房产测绘、用地复核验收宗地测绘等)
12	行业主管部门或市政公用服务企业	施工单位工程竣工报告
13	行业主管部门或市政公用服务企业	经建设(或监理)单位审查符合要求的完整的工程质量控制文件
14	行业主管部门或市政公用服务企业	施工单位签署的工程质量保修书

续表

序号	涉及部门	所需材料
15	行业主管部门或市政公用服务企业	建设主管部门及工程质量监督机构责令改正问题全部整改完成的说明
16	行业主管部门或市政公用服务企业	勘察单位勘察文件及实施情况检查报告
17	行业主管部门或市政公用服务企业	设计单位设计文件及实施情况检查报告
18	行业主管部门或市政公用服务企业	监理单位工程竣工质量评价报告
19	市政公用服务企业	市政公用服务企业的相应检测报告
20	行业主管部门或市政公用服务企业	法律法规规定的其他文件

附件3：

现场验收和监督的内容标准

一、自然资源部门

各市县按规划管理职能分工对房屋建筑和市政基础设施工程是否符合建设用地规划许可证、经依法审查的建设工程设计方案、建设工程规划许可证及其附件、附图的内容进行核实。主要包括：

（一）总平面布局：总用地面积、容积率、绿地率、建筑密度、停车泊位、建筑占地面积、退线距离、平面布置、退界距离、出入口设置等；

（二）建筑功能和指标：建筑使用性质、建筑面积、建筑层数、建筑高度、建筑尺寸、建筑形式、立面效果等；

（三）规定拆除的建筑物、构筑物、已到期的临时建筑及其他设施的拆除情况；

（四）配套设施建设情况；

（五）其他相关内容。

二、住房城乡建设部门

（一）工程质量监督机构对工程竣工验收的组织形式、验收程序、执行验收标准等情况进行现场监督。

（二）建设单位是否组织了包括勘察、设计、施工、监理等单位组成验收组，是否制定了工程竣工验收方案。

（三）建设、勘察、设计、施工、监理单位是否分别汇报工程合同履约情况和在工程建设各个环节执行法律、法规和标准、规范情况。

（四）验收组是否审阅了建设、勘察、设计、施工、监理单位的工程档案资料。

（五）验收组是否实地查验了工程质量。

（六）验收组是否对勘察、设计、施工、设备安装质量和各管理环节等方面作出全面评价并形成经验收组人员签署的工程竣工验收意见。

（七）建设单位是否对建设主管部门及工程质量监督机构责令改正问题整改情况、拟设置永久性标牌情况和工程款支付情况作出说明。

（八）消防工程已按经审查合格的施工图设计文件施工完成，有消防工程检测合格报告、消防工程质量验收资料、消防水源验收资料(市政基础设施工程)、消防产品和装修材料检测验收资料。

三、人防部门

(一)人防工程质量监督机构要求整改的质量问题全部整改完毕。

(二)人防工程已按经审查合格的人防施工图设计文件施工完成。

(三)有完整的人防工程竣工图纸。

(四)已按规定完成人防工程面积测绘(有人防工程测绘报告)。

(五)对于存在易地建设的工程,有人防工程易地建设费缴费证明或免建免缴证明。

(六)有完整的人防工程施工质量控制资料及人防专用设备检测报告。

(七)人防工程质量竣工验收合格。

(八)有人防工程质量保修书。

(九)已完成人防工程移交预验收,并形成人防工程移交预验收记录。

四、园林绿化管理部门

园林绿化等已按批准的施工图或建设工程规划许可文件要求建成。

五、国家安全管理部门

涉及国家安全的房屋建筑和市政基础设施工程已按经审查合格的施工图设计文件施工完成。

六、电力部门

(一)土建工程完工并自检合格。

(二)电气工程完工并自检合格。

(三)施工与设计一致。

(四)有客户受电工程竣工报告(含竣工图纸)。

(五)电气设备试验合格,有电力设备交接试验报告(含隐藏工程)。

(六)施工质量符合《广西壮族自治区居住区供配电设施建设规范》(DBJ/45—004—2012)及国家电力行业技术规程、规范和南方电网公司技术标准、管理规定要求。

七、给水部门

(一)给水工程施工、试压、冲洗、消毒应符合《给水排水构筑物工程施工及验收规范》(GB 50141—2008)、《给水排水管道工程施工及验收规范》(GB 50268—2008)及供水企业管理规定;方案齐全、审批手续完善并具备可操作性。

(二)给水工程所用材料、设备、药剂等符合供水企业相关要求。

(三)给水工程施工与规划方案及设计图纸一致。

(四)给水工程管线上方无圈、压、埋、占等现象。

八、排水部门

(一)排水工程符合设计图纸。

(二)排水工程符合相关规范、标准:《给水排水管道工程施工及验收规范》(GB 50268—2008)、《给水排水构筑物工程施工及验收规范》(GB 50141—2008)、《房屋建筑与市政基础设施工程资料管理规程》(DBJ/T 45—064)等。

(三)排水工程符合排水设施户线管理要求,预处理设施竣工资料,排水设施竣工资料管理要求等。

过程8 房地产开发项目竣工验收

九、燃气部门

(一)燃气室外输配工程,按照测量资料踏勘管线,检查工作坑及调压设备、闸井的整体安装情况。

(二)燃气室内工程验收,按照设计文件检查燃气管道、计量系统、用气设备等的安装情况。

(三)《燃气管道气压严密性试压记录表》。

十、通信部门

(一)公用通信设施已经按照住宅区和住宅建筑内光纤到户标准或建筑物内光纤到用户单元标准安装完成并验收合格。

(二)工程规划范围内已按设计图纸完成通信管线布置、设施安装等施工内容,并经测试、验收符合设计和规范要求。

(三)各市、县(区、市)牵头开展验收工作的通信部门由自治区通信管理局、住房城乡建设厅共同确定。

附件4:

竣工联合验收结果告知书(样式)

20××联验字××××号

(建设单位名称):

贵单位的(工程名称)于　　年　　月　　日通过(主管单位名称)、(市政公用服务企业名称)、……组织的竣工联合验收。

特此通知

联合验收章
年　月　日

三、联合验收和竣工验收的区别

(1)定义不同:联合验收是指整体工程达到竣工条件后,在质量监督部门监督下,由建造单位(也称发包人,俗称甲方)、施工总承包单位(也称承包人,俗称乙方)、勘测单位、规划单位以及监理单位五方进行验收工作。竣工验收是指工程竣工后,根据项目及合同要求,对工程是否符合设计要求、施工建设质量等进行检验验收的过程。

(2)验收对象不同:联合验收是竣工验收的一种方式。联合验收的五个验收对象包括建造单位、施工总承包单位、勘测单位、规划单位及监理单位。竣工验收没有明确验收对象。

过程 8　房地产开发项目竣工验收

任务 8-3　项目竣工验收常见质量问题与对策

任务背景

赵亮在参与 GC2018—075 地块工程项目竣工验收过程中，在分户验收和联合验收过程中都发现了一些问题，这些问题需要建设各方进一步完善。例如，细部观感质量较差；外窗淋水试验未按规定做；分户验收过程中有些工作人员检查流于形式，未按规定对每一户及公共部位组织检查等。

任务设定

遇到这样的问题，作为该项目工程负责人的赵亮，开始策划在验收过程中遇到的问题的对策。赵亮需要制定怎样的对策，才能将发现的问题完好解决？你能帮助他吗？

一、房地产项目验收中常见的质量问题

房地产项目在验收过程中发现的常见问题比较多，以商品住宅来说，整体质量包括住宅的工程质量、功能质量、环境质量和服务质量。验收时，常见的质量问题如下。

（一）工程质量

工程质量又称为施工质量、建筑质量。工程质量水平表示住宅作为产品使用的可靠性。从住宅使用者的反映来看，投诉最多，带有普遍性、多发性的是一般性质量问题，如施工粗糙、屋里渗水、外墙渗水及涂料开裂、铝合金门窗渗水严重、管道滴漏、墙地壳开裂、砌体及抹灰工程质量差等。这类问题影响住宅的使用功能但不足以造成重大伤亡事故，且不容易在事前察觉，往往要通过使用才能发现。

（二）功能质量

住宅功能是指住宅满足居民日常生活使用要求的机能，其质量的高低即对生活使用要求的满足程度之优劣。用经济学语言来表达，它指住宅本身满足消费者偏好，提供效用的能力，即住宅本身使用价值的大小。厨房和卫生间是家庭活动的重要场所，是设备密集之地，与人的日常生活需要密切相关，因此，厨卫功能状况最能体现住宅功能的质量水平，故被称为"住宅的心脏"。目前，厨卫的主要问题表现在以下两个方面：

（1）功能单一，不够完整。有的是位置不当，厨房被挤上了阳台，或卫生间门对餐厅

过程8　房地产开发项目竣工验收

门,或厨房作为进出卫生间的通道,导致使用功能的混乱与干扰。有的是功能设施不齐,厨房无足够的储藏柜和电插座,厨卫中各专业工程的管线和计量表具定位设备混乱的现象也十分普遍,使用上不方便。有的通风或采光差,异味在室内难以排出。

(2)面积过小,功能质量水平低,不仅使用上没有舒适感,而且影响了使用功能的扩展。厨房功能的横向扩张和纵向深化现已成为当代国际住宅功能质量发展的一个重要趋势,即一方面厨卫设备、装修水平不断提高;另一方面新的使用功能又在不断引入,形成了所谓的"厨卫文化"。厨卫功能质量水平的落后,已成为住宅功能质量水平低的突出问题,需认真加以解决。

(三)环境质量

住宅的环境质量,是指住宅与自然、社会环境的和谐状况,实际上是指以住宅为媒介的人和自然、社会的关系问题。商品房环境质量较差主要表现在以下四个方面:

(1)空间环境质量不高。从室内空间来看,许多住宅都未能真正做到动静、内外、洁污"三分区";从室外空间来看,电杆电线纵横交错,阳台搭建杂乱无章,晒衣铁架层层出挑,遮阳雨篷五花八门,无法给人以美的享受。

(2)生活环境质量较低。许多住宅区缺乏必要的公建配套设施,生活服务设施的布点位置不够合理。很多小区道路的设计欠妥,外部人流、车辆畅通无阻,对住户干扰很大,无法形成安静的居家环境。

(3)文化环境质量甚差。住宅区的文化、教育和娱乐健身设施不足,普遍缺乏文化气息,建筑外观千楼一貌,毫无个性与风格,公建和绿化敷衍而建,毫无文化品位,设置智能化网络设计不足,无法适应新时代智能化等新技术进入家庭的需要。

(4)生态环境质量较差。绿化面积极少,空气污染严重,加上容积率偏高,人口密度较大,以及小区道路沿街为市,餐馆排列,油烟扰民现象相当严重,致使住宅区生态失衡。

(四)服务质量

服务是产品使用价值的延伸。住宅的服务质量是住宅这一产品的附加部分,其质量和整体产品的质量是统一的。住宅产品的服务也是一种售后服务,但一般按专业分工,分为售后保修服务和物业管理服务,前者由开发商承担,后者通常由物业服务企业提供,其作用就在于弥补工程质量的不足,提高功能质量和环境质量水平。服务质量差体现在以下三个方面:

(1)重建轻管。重建轻管主要是指轻视售后服务作为房地产销售一切的重要内容的意义;轻视物业管理促使物业保值增值、回报和吸引置业者的重大作用;忽视房地产售后服务工作的复杂性、艰巨性与长期性。

(2)建管脱节。建管脱节是指没有按规定提供物业管理的早期介入,使建与管未能紧密衔接,导致管理工作的先天不足。

(3)服务水平低下。住户的反映是:管道不通无人修,公建侵占无人管,住户失窃无人理,垃圾成堆无人问。对开发公司最大的意见是:维修不及时,返修不彻底,配套不齐备,反映无人理,售房前的许诺不兑现,产权证拖着老不办。

二、提高房地产开发项目质量的对策

造成商品住宅质量问题的原因主要是政策不完善、监管不到位、维权难等方面。提高商品住宅质量的主要对策如下：

(1)转变三个观念，提高自身素质。观念决定行动。形成商品住宅质量不高的内在原因，首先在于房地产商的许多观念未能适应形势要求的变化而转变。

1)变"甲方"观念为"用户"观念，以住户的住房需求为导向。只有具有了"用户观念"，真正站在住户的位置上抓设计和工程质量时，住宅的质量才有可能提高。

2)变"质量效益对立"观念为"质量就是效益"的观念。提高质量必然会提高成本，因此不少公司把住宅的质量控制与开发效益对立起来，以降低质量为代价来减少成本，结果因小失大，损害了自己的长远利益。

3)对住宅的理解，要把建筑由空间概念扩大为环境的观念，高度重视住宅的整体质量，认真抓好住宅的配套设施及环境的设计与建设。

在树立这些新观念的同时，房地产业的从业人员还必须下苦功来提高自身业务素质与文化修养。现在，产品质量的竞争已成为市场竞争的主要竞争形式，而产品的质量首先决定生产者的素质。如果说观念是软件的话，那素质就是硬件，只有这两方面结合，以正确的开发观念为指导并切实地贯彻执行，才能提高住宅产品的质量。

(2)抓住规划龙头，高度重视设计住宅质量是一个涉及方方面面的综合性大课题，但这个大课题的龙头在于规划，关键在于建筑设计。

1)城市功能分区时要处理好居住区与其城市功能区域的关系，根据本市总体发展方针和远近期结合的原则，规划应为居住区建设的发展留有适当余地，合理划分不同层次的住宅区域，同时要把塑造"绿色、生态、文明"作为社区环境规划永恒追求的目标。

2)设计要体现绿化环保和新型的节能建材使用方向，智能化设施设备的系统和集成设计，预留前瞻性。

(3)选好施工队伍，严格实施监理。施工队伍的素质(尤其是项目经理的素质)是影响住宅工程质量好坏的一个决定性因素。前期通过整治，建筑市场的混乱状况已有所好转，但无证施工、越级承包、倒手转包的现象仍然存在，只不过形式上很多都变成了"挂靠"。为了住宅的质量和公司的生存，开发公司的项目经理务必要抵挡住各种诱惑与压力，认真把好钻探、土建、安装、装饰等施工队伍的选择关，首先把低质的队伍挡在门外，并坚持自始至终、全面地实行建设监理制。

(4)抓好"四新"应用，加大科技含量，科技是第一生产力。人类住宅的发展过程也就是科技进步的过程。因此，增加住宅的科技含量，是提高住宅整体质量的关键所在，新技术与新工艺应用不够、原材料和构配件质量差，是住宅整体质量不高的重要原因。住宅质量中的许多问题，若依靠科技，花钱不多即可得到解决。如落水管和噪声大的问题，换上价格差不多的夹层PVC管便可一举三得，获得轻便美观和降低噪声的效果。

(5)重视物业管理。提高物业管理水平，是住宅产品质量的重要组成部分，要树立精品住宅，精品物业的意识，按规定提供配套的物业管理用房。在商品房预销售时将前期物业管理内容作为商品房买卖合同的组成内容，加强住宅小区室内装修管理，大力推行物业管理招投标，鼓励业主、物业服务企业通过市场竞争机制进行双向选择，提高物业管理水平。推行物业服务合同示范文本，规范物业管理经营行为。

过程 8　房地产开发项目竣工验收

过程小结

项目竣工验收是指建设工程项目竣工后,由投资主管部门会同建设、设计、施工、设备供应单位及工程质量监督等部门,对该项目是否符合规划设计要求以及建筑施工和设备安装质量进行全面检验后,取得竣工合格资料、数据和凭证的过程。本过程主要介绍了房地产竣工验收、分户验收、项目联合验收的概念、依据、程序及相关的法律法规依据。

任务工单 8

任务名称	模拟填写一份竣工验收阶段的联合验收申请表
任务目的	了解竣工验收阶段的联合验收申请流程,掌握验收申请表的填写方法和申报内容的基本信息
任务内容	1. 根据本课程的案例地块模拟一个房地产项目竣工验收的过程。 2. 了解房地产项目竣工验收的具体流程。 3. 掌握建设项目的基本情况。 4. 模拟填写一份竣工验收阶段的联合验收申请表
第(　)组	姓名　　　　　　　 学号

任务实操

一、申报单位基本信息(再次申请的,只填委托代理人信息)

申报单位							
单位类型	□中央	□军队	□自治区	□市属	□县(区、市)属	□其他	
法定代表人				联系电话			
项目负责人				移动电话			
委托代理人				移动电话			

选择申请文件获取方式,需要送达的请填写以下信息:

获取方式	□电子文书	□申报单位自取	□政务中心或行政机关送达		
收件人 (委托代理人)	移动电话			邮政编码	
送达单位名称			固定电话	区号 / 电话号 / 分机号	
送达单位地址	省份	城市市	行政区区	路(街)　号	电子邮箱

续表

任务实操	二、建设项目基本情况（再次申请的，只填工程名称、项目代码）				
	工程名称			本次申报单体名称	
	项目代码			计划竣工时间	
	建设位置	市（县）　　　区　　　路（街）　　　号				
	工程类别	□房屋建筑工程　□市政基础设施工程　□装修改造工程				
	项目类型	□新建扩建项目　□内部改造项目　□现状改建项目				
	工程规模	平方米		工程造价	万元
	本次联合验收建筑规模	房屋建筑工程	总建筑面积（　）平方米	地上建筑面积	平方米
				地下建筑面积	平方米
		市政基础设施工程	建筑规模　　米（平方米）（座）		
		装修改造工程	装修改造施工面积　　平方米		
		其他构筑物等	（简要说明）		
		防（灭）火设施	有□　无□	消防水源	有□　无□
		人防工程	建筑面积　　平方米	易地建设	是□　否□
	施工单位			项目负责人	
	监理单位			项目负责人	
	设计单位			项目负责人	
	勘察单位			项目负责人	

三、前期工作成果文件

文件名称		文号
规划审批文件	□建设工程规划许可证 □乡村建设规划许可证	
施工许可审批文件	□建筑工程施工许可证	
其他成果文件		

四、申请办理事项

房建市政工程竣工联合验收事项

验收事项	办理部门
◎规划验收　消防验收　◎人防验收　◎竣工验收　◎国家安全验收　◎园林绿化验收　◎电力验收　◎给水验收　◎排水验收　◎燃气验收　◎通信验收	牵头部门协调各专项验收部门办理

过程 8　房地产开发项目竣工验收

考核评价表 8

任务完成考核评价表				
任务名称	模拟填写一份竣工验收阶段的联合验收申请表			
班级		学生姓名		
评价方式	评价内容	分值		成绩
自我评价	申报单位基本信息和建设项目基本情况填写完成情况	30		
	任务工单 8 的整体完成情况	30		
	对知识和技能的掌握程度	20		
	我胜任了小组内的工作	20		
	合计			
小组评价	小组本次任务完成质量	30		
	个人本次任务完成质量	30		
	个人对理论应用实践的能力	20		
	个人的团队精神与沟通能力	20		
	合计			
教师评价	小组本次任务完成质量	30		
	个人本次任务完成质量	30		
	个人对小组任务的贡献度	20		
	个人对小组任务的参与度	20		
	合计			
总评＝自我评价×(　)％＋小组评价×(　)％＋教师评价×(　)％＝				

思考与练习

一、思考题

1. 请协助赵亮制作一份 GC2018－075 地块工程项目竣工验收流程图。
2. 分户验收工作方案的重点是什么？
3. 在进行竣工验收过程中遇到问题应该怎么办？

二、单项选择题

1.（　　）是指建设工程项目竣工后，由投资主管部门会同建设、设计、施工、设备供应单位及工程质量监督等部门，对该项目是否符合规划设计要求及建筑施工和设备安装质量进行全面检验。

　　A. 竣工验收　　　　B. 联合验收　　　　C. 承接查验　　　　D. 分户验收

2.（　　）俗称综合验收，是指工程建设单位申请，住房城乡建设、规划自然资源、人防、市场监管、水务、档案、交通、城市管理、通信等主管部门精简优化并协同推进工程竣工验收相关行政事项，督促协调市政服务企业主动提供供水、排水、供电、燃气、热力、通信等市政公用服务，规范、高效、便捷完成工程验收，推动工程项目及时投入使用的工作模式。

  A. 竣工验收 B. 联合验收 C. 承接查验 D. 分户验收

  3. 分户验收由（ ）提出申请，建设单位组织实施，施工单位项目负责人、监理单位项目总监理工程师及相关质量、技术人员参加，对所涉及的部位、数量按分户验收内容进行检查验收。

  A. 监理单位 B. 设计单位 C. 建设单位 D. 施工单位

  4. 联合验收的程序是（ ）。

  A. 申请、资料审核、开展验收、出具结果
  B. 资料审核、申请、开展验收、出具结果
  C. 开展验收、资料审核、申请、出具结果
  D. 申请、开展验收、资料审核、出具结果

第四篇　安居乐业好生活

丰年人乐业，
陇上踏歌行。

"我代表党和人民庄严宣告，经过全党全国各族人民持续奋斗，我们实现了第一个百年奋斗目标，在中华大地上全面建成了小康社会，历史性地解决了绝对贫困问题，正在意气风发向着全面建成社会主义现代化强国的第二个百年奋斗目标迈进。这是中华民族的伟大光荣！这是中国人民的伟大光荣！这是中国共产党的伟大光荣！"

……

"全体中国共产党员！党中央号召你们，牢记初心使命，坚定理想信念，践行党的宗旨，永远保持同人民群众的血肉联系，始终同人民想在一起、干在一起，风雨同舟、同甘共苦，继续为实现人民对美好生活的向往不懈努力，努力为党和人民争取更大光荣！"

——习近平总书记在庆祝中国共产党成立100周年大会上的讲话

2021年，中华民族的历史翻开崭新篇章。全国脱贫攻坚总结表彰大会上习近平总书记庄严宣告：在迎来中国共产党成立一百周年的重要时刻，我国脱贫攻坚战取得了全面胜利！现行标准下近1亿农村贫困人口全部脱贫，832个贫困县全部摘帽，790万户、2568万贫困群众的危房得到改造，960多万人"挪穷窝"，摆脱了闭塞和落后，搬入了新家园。提前10年实现了联合国2030年可持续发展议程减贫目标。在以习近平同志为核心的党中央坚强领导下，告别绝对贫困、更加意气风发的中国人民，在全面建设社会主义现代化国家新征程上团结奋斗，必将创造更多令世界刮目相看的人间奇迹！

过程 9 房地产开发项目市场营销

过程 9 房地产开发项目市场营销

 知识目标

1. 掌握目标市场选择的 5 大步骤，确定销售方式。
2. 掌握直接与间接销售渠道的优劣势和决策因素。
3. 理解房地产定价方法和价格策略。
4. 理解营销节点铺排的依据并熟悉每个节点重点工作内容。

 能力目标

1. 能够运用房地产销售定价和价格调整方法对项目进行定价。
2. 对房地产项目进行营销节点铺排和对具体节点实施动作策划。

 素养目标

培养仰望星空追逐目标与梦想，脚踏实地努力达成目标的精神。

任务 9-1 选择项目销售模式

 任务背景

赵亮到在营销部轮岗学习，会分别进入项目销售部门和策划部门，至少轮岗半个月。了解从项目开发到营销全过程，营销部门涉及哪些主要工作会成为赵亮本次在营销部轮岗的重要目的。赵亮初步了解，他在销售部门的工作主要以"销售"前、中、后期的内容为主，如销售模式选定、定价、折扣、销售渠道的拓展等；在策划部门更多的是"幕后"工作，如项目整体形象定位、项目价值梳理、项目推广节点计划、联络销售部门的销售需求给予帮助等。

过程 9　房地产开发项目市场营销

到了新项目,销售经理对赵亮下了任务要求并简单说了一下目前该项目的信息,具体如下:

该地块踞守广西首府南宁城央核心,独占城市中轴线邕江三湾之首——西园半岛,纵览近800 m一线江景,距地铁2号线南宁剧场站直线距离仅约600 m,加之以百年西园文脉厚涵,是集聚"天时地利人和"的典范住区。

项目区位傲居主城核心区域,拥有成熟配套资源。西园悦府扼守主城C位,衔接着都会的繁华百态,享受得天独厚的配套资源,让理想的生活完成一次全新的进阶。商业配套齐全,闲暇时相约几个好友,驾车能抵达各大商场,万千繁华在侧;优质医疗聚集,几分钟就能抵达第一人民医院、广西医科大学第一附属医院、第二人民医院等多所三甲医院,让老人孩子偶尔身体不适的突发状况,不再那么手足无措。

同时,在景观资源上距离邕江最小距离仅30 m,邕江以文脉底蕴赋予了滨江生活独特的韵味。千年历史的南宁与母亲河邕江共生。日常步行至滨江公园,将一线邕江磅礴江景融入生活,感受习江风拂面;傍晚漫步于此,欣赏市芯独有的绚丽江景。

"出则繁华,入则宁静",长久以来一直是居住的最高境界,也是项目为城市精英量身定制的宜居条件。西园门口长达200 m的迎宾树阵,指引着家的方向,徜徉其间,归家的风景栩栩扑面,通向私家园林谧境。百余年的古树以挺拔的身姿诉说着此处的文化沉淀,园林里的序曲没有鸣笛声,只有微风划过树叶的沙沙作响;闲暇之时,与家人一起沉浸私属的自然谧境,散步、穿行或玩耍。在这里,每一天都是那么的舒适宜人,生活于此,才能满足人们的美好期待。

产品方面,开发商坚持匠筑美宅,解锁未来人居宽境。项目在追求高层建筑的城市空间下,梯户比可谓是生活品质和私密性的主要衡量标准之一,西园进阶产品为3梯4户,更大程度上缩减业主等候电梯的时间;沿江产品则为2梯2户,进出上下更自由,充分保证生活品质。

项目参照国内外一线豪宅室内空间布局,臻造建筑面积为115～149 m² 三居室、建筑面积为176～220 m² 四至五居室,更注重居住体验。

任务设定

根据以上地块项目信息,赵亮需要完成以下工作:
(1)分析项目的目标客群(含客户画像),制定适合该项目目标市场的营销策略;
(2)请根据项目案例介绍为该项目选择合适的销售模式并分析原因。请通过本任务的学习,与赵亮一起完成这些工作。

过程9 房地产开发项目市场营销

一、房地产市场细分程序

由于受地理环境、年龄、收入、文化程度、心理等因素的影响，消费者对房地产有不同的偏好，进而产生不同的购买习惯和购买行为。这些引起人们对房地产产品产生不同欲望和需要的参数，构成了细分房地产市场的依据。

市场细分是房地产企业决定目标市场和设计市场营销组合策略的重要前提。

(1)选定产品市场范围。每个企业都有自身确定的目标作为制定发展战略的依据，房地产经营企业也要考虑选定可能的产品市场范围。房地产产品市场范围应由市场需求而不是商品特性来决定；例如，西园悦府项目，从商品特性角度分析，精致而静谧的园林景观、3梯4户与2梯2户的宜居精品等出发，可能被认为是以高端且深度改善型客户为主要客群。但是从市场需求的角度分析，便可看到项目所在江南区不是高端商业行政中心区域，甚至江南区曾经有大量的厂房用地，则外来打工的年轻人、江南区本地的原住居民等才是西园项目的主要客群。

(2)列举客群共性需求。选定市场范围以后，房地产经营企业的营销专家们就可以通过"头脑风暴法"，从地区参数、人口参数、消费行为和心理参数等几个方面，大致估算一下潜在的顾客对产品有哪些方面的需求。通过对所掌握情况的分析，为以后的深入分析提供有用的资料。例如，人们希望房子都能满足的基本需求包括遮风避雨、停放车辆、安全、经济、设计良好、便捷出行、私密性强、足够的起居空间、简洁的内部装潢、提供优质物业服务等。

(3)辨别客群不同需求。完成以上工作后，根据前期可行性研究和选定的市场范围得出的客群定位再次深入了解他们对于购房的不同需求，哪些方面对他们更为重要。按重要程度依次罗列2~3点重点关注需求，再将相似关注需求的客户分为一类细分市场。例如，年轻客群因为首付能力有限，对户型面积、功能、价格敏感度相当高，对品牌、地段、景观、配套等要求相对低；三口之家这类客群对户型功能合理性、舒适性有一定需求，对品牌、价格、学校配套等相对敏感，对地段、交通、景观等敏感度略低，这样就出现了2种不同的分市场。

(4)分类需求细分市场。项目还要对每个分市场的顾客需求及其行为特征进行更深入的考察，看看对各分市场的特点掌握了哪些，还需要了解什么，这样做是为了进一步明确现有的分市场有无必要再作细分，或重新合并。

(5)测量市场规模大小。通过以上步骤的分析，基本确定了各分市场的类型。接下来，公司应把每个分市场同人口参数结合起来分析，以测量各分市场潜在顾客的数量。这是因为企业进行市场细分，是为了在适宜的市场范围内寻找获利最多的机会，而这取决于各分市场顾客的数量多少及其销售潜力。所以，在这里如果不引入分市场的人口参数是危险的。有时可以发现，某些分市场的顾客很少，致使误入这个分市场的公司开发成本增加、产品积压，做亏本的买卖。

(6)描绘目标客户画像。客户画像又称用户角色,作为一种勾画目标用户、联系用户诉求与设计方向的有效工具,用户画像在各领域得到了广泛的应用(图9-1)。房地产市场也会通过描绘客户画像来确定营销策略,是极其关键的工具。

客户画像主要包括年龄、性别、受教育程度、职业、收入、家庭结构、行为偏好、心理个性、购买习惯、置业需求、购房关注点等。了解客户基本信息和置业需求,在营销中能决策价格策略和营销推广策略的重要意义。

图 9-1 客户画像

二、目标市场选择

目标市场选择也称作房地产项目的市场定位,通常包括确定项目目标、进行项目本体分析、进行竞争项目对比分析、进行市场需求量预测及选择目标市场五个步骤(图9-2)。

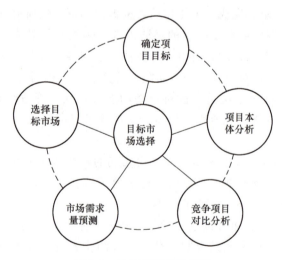

图 9-2 目标市场选择步骤

1. 确定项目目标

房地产项目在进行市场定位时,分别要确定房地产企业目标和房地产项目目标(图9-3)。

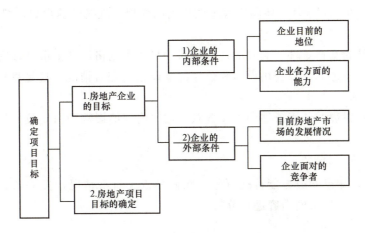

图 9-3 确定项目目标

企业在确定目标时，要考虑到企业的内部条件与外部条件。

(1)内部条件。内部条件包括企业目前的地位和各方面的能力要素。内部条件中企业目前的地位可以分成以下几种：

1)市场领先者。通常在价格变化、新品引进等起领导作用，也是企业挑战、效仿、回避的对象。

2)市场挑战者。目标往往在于提高市场占有率。

3)市场追随者。希望维持市场份额并平稳运行。

4)市场利基者。提供专业化产品，以避免与大公司竞争。

明确身份后，企业可根据自己目前所处的市场地位制定合适的目标。

(2)外部条件。外部条件包含市场发展情况和企业所面对的竞争者等因素。对于企业外部条件，可以运用 PEST 分析法对市场运行态势、消费者需求等内容分析得出目前企业发展的情况，再进一步对企业所面对的竞争者进行竞争者情况、竞争者目标等具体内容分析。

根据以上企业条件分析可制定下列三种发展战略：

1)密集型发展战略：在现有业务范围内进一步寻找发展机会，通常采取的手段包括市场渗透、市场开发、产品挖掘等。

2)一体化战略：增加某些与现有业务相关的新业务，主要采用收购、并购或者合并的方式。

3)多元化发展战略：进入与现有业务无关但有较强吸引力的业务市场。

不同的企业、不同的项目目标是不同的。新企业进入新市场一般以获得高额利润为目标；而有经验的开发商开发本地市场多以树立形象、扩大市场份额为目的。项目目标对项目定位中影响最大的是价格定位，所以确定是目标非常重要的第一步。

2. 项目本体分析

在确定目标之后，就要对项目本体进行分析。对自身拥有的资源进行详细分析，遵循以下步骤：

(1)分析项目的区位条件。房地产产品不可移动性决定了区位的至关重要性。

(2)考虑地块的场地条件。场地条件包括地块大小、地质、基础设施情况等，是建设的基础条件。

(3)考虑项目的规划条件。要同时考虑地块内的规划和红线外的规划,挖掘未来3~5年的营销价值。

(4)考虑项目的交通条件。交通的便利性对项目的市场格局产生重要影响。

(5)考虑项目周边的市政公用设施和公建配套设施的完备情况。这是将来入住项目业主们生活条件的基础。

(6)考虑项目周边的环境条件和人文气氛。这些内容能影响项目定位风格和产品故事线的价值所在。

3. 竞争项目对比分析

俗话说得好,知己知彼方能百战百胜。我们分析了自身情况,接下来就需要对竞争项目进行对比分析,将从下面内容进行分析:

(1)准确辨识竞争项目。

(2)按照上述项目本体分析的步骤分析各竞争项目的资源条件。

(3)对目前已经建成的竞争项目的产品设计、室内布置、装饰情况等进行分析。

(4)对目前在售的竞争项目的销售渠道、促销手段、销售价格等进行分析。

4. 市场需求量预测

在基本对项目有了一个深入的了解后,通过分析内容对项目在市场需求量的预测就能决定目标市场的规模大小。

一般市场需求量预测有定性预测和定量预测两种方法。使用较多的是定性预测法,也称经验判断法,是根据已掌握的历史资料和现实材料,凭借个人的经验、知识和分析判断能力,对预测对象的未来发展趋势作出性质和程度判断的方法。如经理人员意见法、销售人员意见综合法、顾客意见法等。

5. 选择目标市场

目标市场的选择,是在整个房地产项目定位过程中非常重要的环节。企业可参考下列选择目标市场的模式作出取舍(图9-4)。

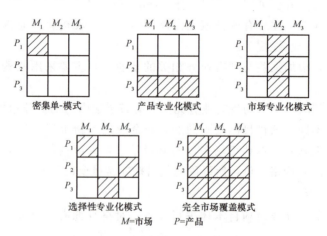

图9-4 目标市场选择的五种模式

(1)密集单一化模式:企业针对某个细分市场推出同一种产品。其优点是深入了解市场需求特点，构筑强有力的市场地位和信誉；缺点是隐含较大经营风险。

（2）选择性专业化模式：企业选择进入若干个很少有或者没有协同关系的细分市场。其优点是分散企业经营风险，即使其中某个细分市场失去了竞争力，企业还能在其他细分市场盈利；缺点是细分市场彼此之间联系性不大，资源不互用，相对消耗成本较高。

（3）产品专业化模式：企业生产同种产品销往不同的细分市场。其优点是能形成发展生产技术上的优势提高产品质量，降低成本在该领域树立形象；缺点是当该领域被全新的技术与产品代替时，销量可能大幅下降。

（4）市场专业化模式：企业专注于某一特定顾客群体多方面的需求。其优点是与客户建立起稳固的联系有效分散经营风险；缺点是顾客过于集中，一旦这类需求下降，收益也会下降。

（5）完全市场覆盖模式：企业试图为所有顾客提供其所需的全部产品。其优点是能满足各种顾客群体的需求，产品类型越多，获利点越多；缺点是需要有实力强大的企业，并且雄厚的资金支持。

6. 目标市场营销策略选择

房地产企业在确定目标市场后，有三种可供选择的市场营销策略。每种营销策略都有其优缺点和适用条件，房地产企业应根据自身的资源、产品特点、市场特点及竞争状况进行选择。

（1）无差异性市场营销策略。无差异性市场营销策略就是房地产企业着眼于消费者需求的同质性，只推出一种产品，运用一种市场营销组合，吸引尽可能多的顾客，为整个市场提供单一产品的市场营销策略。

（2）差异性市场营销策略。差异性市场营销策略就是房地产企业将产品的整体市场划分为若干个细分市场，并针对每个细分市场的需求特点制订出不同的营销组合方案，分别满足不同消费者的需求的市场营销策略。

差异性市场营销策略面对的仍是整体市场，但它是以市场细分为基础的，重点考虑各个子市场的需求差异，针对每个子市场的需求特点分别设计不同的产品，采取不同的营销方案。

（3）集中性市场营销策略。集中性市场营销策略就是房地产企业将整体市场细分后，选择一个或少数几个细分市场为目标市场，制订一套市场营销方案，集中力量在目标市场上开展营销活动的市场营销策略，适用于资源有限的中小企业或是初次进入新市场的大企业。

三、房地产项目销售模式选择

销售渠道是将产品或服务由生产者转移给消费者的途径，是将产品或服务从生产者转移给消费者的过程中所取得产品所有权或协助产品所有权转移的机构或个人。在房地产市场营销中，往往由开发商作为主要的销售渠道。

（一）营销渠道的基本类型

房地产销售渠道，根据其在房地产开发商和消费者之间是否使用中间商或使用中间商的类型和多少，可分为不同的结构。基本的房地产销售渠道结构模式有下列几种。

1. 直接销售渠道

直接销售渠道是指房地产开发企业通过自己的营销人员直接销售其房地产产品的行为，简称为直销或自销。

2. 间接销售渠道

间接销售渠道是指房地产开发企业通过中间商将产品销售给消费者的一种营销方式。其中，房地产中间商是指处在房地产生产者和消费者之间，参与房地产商品流通业务，促进买卖行为发生和实现的机构或个人。

房地产中间商的类型有两种，即按其是否拥有房地产商品所有权分为房地产经销商和房地产代理商，由于房地产产权转移涉及巨额资金，间接渠道一般以代理商为主。

(二)销售渠道设计策略

设计合适的销售渠道，企业必须对渠道的结构、中间商类型和数量、渠道成员的条件等方面进行一系列的定性与定量分析，然后做出抉择。其影响因素如下：

1. 潜在租售额比较

一般的方法是通过一段时间各销售渠道已完成的租售额，用回归的方法拟合出回归曲线，求出回归方程，预测出各销售渠道的潜在租售量后再进行比较。

2. 销售渠道成本比较

比较渠道成本，重要的是比较不同的销售渠道在不同租售额情况下的成本。开发商将各个备选的销售渠道在不同租售额水平上的不同渠道成本拟合出回归曲线，求出回归方程，预测出每个渠道的成本后进行比较。

3. 销售渠道收益比较

渠道收益随着销售额的变化而变化。与渠道成本比较相同，渠道收益比较也同样需要这样一组动态的数据，拟合出回归曲线，预测出收益后再进行比较。

4. 销售渠道投资报酬率比较

当两种销售渠道所产生的销售额不同时，最好通过计算投资报酬率来帮助选择销售渠道。其计算公式如下：

$$R_i = \frac{S_i - C_i}{C_i}$$

式中，R_i 为销售渠道 i 的投资报酬率（R_i 越大，则此销售渠道越佳）；S_i 为采用销售渠道 i 的估计销售额；C_i 为采用销售渠道 i 的估计成本。

(三)影响房地产销售渠道选择的因素

(1)市场因素。市场因素主要表现在潜在顾客数量、顾客购买习惯和销售的阶段性三方面。潜在购买者越多，则市场范围越大，越需要中间商来提供服务；若潜在顾客极少，则房地产开发企业可以利用自身的营销力量直接销售。顾客的消费偏好、意愿价格及对销售人员的要求，都会影响营销渠道的选择。房地产产品从预售阶段到工程竣工阶段需要一定的时间，通常，预售阶段是房地产开发企业充分利用代理商的阶段，而竣工后则可以直接营销。

（2）企业因素。房地产开发企业的规模大，资金雄厚，则较能任意选择营销渠道，可不依赖中间商的服务，自己建立销售网；但实力较差的企业则必须依赖中间商的服务。房地产开发企业在营销方面的管理能力与经验影响营销渠道的选择。房地产开发企业提供的服务越多越完善，越能够吸引更多的中间商争取销售权。

（3）产品因素。房地产商品本身的特性也会对营销渠道选择产生影响，主要体现在房地产产品价值上。例如，推出的高档公寓和别墅，目标市场比较明确，可以直接派自己的营销人员推销，而不必采用间接营销渠道；而对于一些中低价位的楼盘，由于目标客户分散，采用直销方式显得成本过高。

四、房地产销售渠道冲突管理

房地产销售渠道冲突管理是指房地产开发企业通过建立一些特定的机制来发现并解决营销渠道的现有冲突和潜在冲突的行为。其目的是消除渠道成员间的敌意行为，保证营销活动的顺利进行，树立企业在消费者心目中的整体形象。

冲突管理的解决方法主要有以下几种：

（1）设立共同目标。共同目标是指通过渠道成员共同努力，以达到单个成员所不能实现的目标。其内容包括市场份额、顾客满意度等。这种情况经常发生在该渠道系统面临外部威胁时，如新竞争者的出现或购房者要求的改变，这时房地产开发企业可通过设立共同目标，联合排除威胁。

（2）加强人员沟通。房地产开发企业应通过加强渠道成员的沟通来消除冲突或潜在冲突，具体的方式包括渠道之间的人员互换、定期召开协调会等。

（4）谈判双方利益。谈判是当冲突升级到一定程度，一般的沟通已无法起到作用时采用的方法。其目的是双方互相陈述利害关系，说服对方作出让步。

（5）调解或仲裁。调解或仲裁是当冲突很尖锐并长期存在、无法通过渠道内部沟通解决时，借助外在的力量来解决问题的方法。调解与仲裁的区别在于前者借助的第三方是双方都认可的或者都有亲密关系的企业或人员，而后者则常常是行业协会或其他专业仲裁机构。

任务 9-2　项目营销策划与实施

任务背景

策划经理带着赵亮来到一个新项目，即将营销中心开发且使项目开盘，属于项目营销的前期。策划经理带着赵亮一起参加了营销会议。

过程 9　房地产开发项目市场营销

根据会议各部门工作安排，策划经理分给赵亮以下两项任务：
（1）选择一种定价方法为南宁市上述案例地块项目制定销售均价定价。
（2）以案例项目为背景，对项目的"预热期—开盘期—持销期—尾盘期"四个阶段进行营销节点计划和推广实施安排。

知识链接

一、房地产价格策略

房地产价格策略是指房地产开发企业根据房地产商品的生产成本和使用价值应对市场的反应，而对房地产商品在价格的决定和变动方面所采取的各种措施，使得企业利润实现控制在一个合理的范围内。

1. 房地产价格的定价目标

（1）以获取利润为目标。

1）获取最大利润目标，商品房的价格一般介于与成本基本持平的最低销售价和市场可能接受的最高销售价。最大利润目标会导致高价策略，但价格高到什么程度，才能既保证企业利润的最大化，又使购买者承受得了，是企业需要周密考虑的着眼点。

2）获取平均利润目标。房地产商获取平均利润，把价格定位于上述最低销售价和最高销售价之间，是同行业中大多数企业的一般利润水平。

（2）以市场份额为目标。刚刚进入房地产业的企业，其定价目标是大幅度增加销售量，为了提高市场占有率，而不惜放弃利润目标，甚至可能是轻微的亏损。从长期来看，能提高市场份额的低价策略既可以排除竞争，又能提高利润率。当需求对价格比较敏感时，企业要有规模效应，较低价格策略才能生效。

（3）以回笼资金为目标。房地产业与其他产业不同，它投资大、周期长，企业大都是高负债经营。因此，为了降低投资风险，减少贷款利息支出，许多房地产开发企业，尤其是中小型的开发企业，往往以回笼投资资金为目标，薄利多销。

（4）以维持企业生存为目标。如果企业由于市场需求发生变化，导致建成的商品房积压滞销，就会造成企业在资金周转上的困难。在这种情况下，企业就不得不以维持生存作为首要目标。以生存为目标的产品价格的最低限就是变动成本，只要定价能大于变动成本，就意味着除能收回变动成本外，还能收回部分固定成本，这样企业就能够继续维持营业。当然维持企业生存的目标只能作为企业的短期目标，渡过难关后必须提高价格。

2. 房地产定价方法

房地产销售价格制定有三种方法，即成本导向定价法、需求导向定价法和竞争导向定价法，每一类型的定价方法中各自包含具体的定价法。

（1）成本导向定价法。成本导向定价法是房地产企业以产品成本为基础，再加上一定的利润和税金来制定产品价格的一种方法，按照房地产成本及在成本基础上利润核算的方法的不同，成本导向定价法可以进一步划分为成本加成定价法和目标利润定价法。

1）成本加成定价法。成本加成定价法是指房地产企业按照所开发物业的成本加上一定百分比的加成来制定房地产的销售价格。其计算公式为

$$价格＝成本＋利润＋税金$$
$$房地产单价＝单位成本\times(1+成本加成率)\div(1-税率)$$

其中，成本加成率的确定是定价的关键。成本加成率实际上就是企业预期收益率。一般来说，成本加成率的大小与房地产企业的预期投资利润、市场竞争状况、商品的需求弹性有关。需求弹性大，则成本加成率降低，以求薄利多销；需求弹性小，成本加成率不宜降低，以尽早收回投资。

成本加成定价法的优点是简单易行，有利于保本求利，且对买卖双方都比较公平；缺点是仅着眼于成本，忽视了市场需求和竞争状况对价格的影响，不适应市场供求变化和竞争环境的要求，一般只适用于供不应求的卖方市场下的产品定价。

【例9-1】 某房地产项目土地面积为 10 000 m^2，容积率为 2.5，土地单价 2 000 元/m^2，单位建筑安装工程造价 1 600 元/m^2，销售税费费率为 8％，预期成本利润率为 25％，采用成本加成定价法，则房地产单位价格为

$$(2\,000\div2.5+1\,600)\times(1+25\%)\div(1-8\%)=3\,260.87(元/m^2)$$

2）目标利润定价法。目标利润定价法是指根据房地产企业的总成本和计划的总销售量，再加上按投资收益率确定的目标利润额来进行定价的方法。其计算公式为

$$单价＝(总成本＋目标利润＋税金)\div预计销售面积$$
$$目标利润＝投资总额\times(1+投资收益率)$$

目标利润定价法的优点是可以较好地帮助企业实现其投资回收计划；缺点是较难把握，尤其是对总成本和销售量的预测要求较高，预测不准会使制定的售价不合理，直接影响企业销售目标的实现。

（2）需求导向定价法。需求导向定价法是指房地产企业以市场需求为基础，根据消费者的需求强度和对价格的心理反应的不同来制定产品价格的一种方法。需求导向定价方法可以进一步划分为理解价值定价法、需求差别定价法和最优价格定价法三种方法。

1）理解价值定价法。理解价值定价法是以消费者对产品的理解和感受形成的认知价值为基础来确定销售价格的方法。此方法的关键在于企业需要正确地估计产品在消费者心目中的认知价值。如果过高估计消费者对产品的认知价值，就会制定出偏高的价格；如果估计过低，制定的售价就会偏低。因此，无论是偏高还是偏低，销售的效果都会受到严重影响。

2）需求差别定价法。需求差别定价法是房地产企业根据消费者对某种房地产产品的需求差异来确定销售价格的方法。实施需求差别定价法的条件是，在市场分析的基础上对市场进行细分，然后对不同的细分市场分别定价。

3）最优价格定价法。最优价格定价法是房地产企业根据消费者对某种房地产产品的接受程度来确定销售价格的方法。通常，价格越高，其销量就越小；价格越低，其销量就越大，即销售量与价格呈负相关关系。考虑到销售量、销售价格与企业利润之间的密切关系，在追求最大利润的情况下，企业可以测算出相应的最优销售价格。因此，最优价格定价法

过程 9　房地产开发项目市场营销

利用了房地产产品的需求价格弹性，据此确定的价格依据充分、科学，企业也能获得最大的利润。

（3）竞争导向定价法。竞争导向定价法是房地产企业以竞争商品的价格为基础，根据同类房地产的市场竞争情况来制定产品价格的一种方法。竞争导向定价法主要有领导者定价法、随行就市定价法和挑战者定价法三种表现形式。

1）领导者定价法。领导者定价法实际上是一种定价策略，处于市场领导者地位的房地产企业可以采用此法。通常情况下，如果某公司在房地产业或同类物业开发中居于龙头地位，实力雄厚，声望极佳，就具备了采用领导定价法的条件，因而使其制定的价格在同类物业中居较高的价位。

2）随行就市定价法。随行就市定价法是以同行业竞争商品现行的平均价格水平为基础，再适当考虑本企业商品的质量、成本等方面的因素来确定产品的销售价格的方法。采用这种定价方法，本企业和竞争对手的产品可以在市场上共存，不会出现激烈的价格竞争。运用随行就市定价法确定的价格具有随行就市、消费者易于接受、定价风险小等特点。

3）挑战者定价法。如果企业成本较低，或者是其资金雄厚，具备了向市场领导者挑战的实力，则房地产商可以采用挑战者定价法，虽然利润较低，但可以扩大市场份额，提高声望，以争取成为市场领导者。

3. 房地产定价程序

房地产企业在价格的制定过程中遵循严格的程序。房地产价格制定的程序一般包括确定定价目标、测算开发与经营成本、估测目标市场需求、分析竞争者、选择定价方法并进行测算和确定销售价格。

（1）确定企业定价目标。定价目标是企业预期通过制定及实施价格策略所应达到的目的，它服从和服务于企业的市场营销战略目标，直接影响定价方法的选择及价格政策的确定。

（2）测算开发与经营成本。测算开发与经营成本的目的就是为房地产企业定价提供费用数据。一般将测算出的开发经营成本数据作为制定价格的下限水平。

（3）估测目标市场需求。房地产产品总是要为消费者提供利益或效用的，目标消费者的数量有多少、支付能力有多高、对一定价格区间的承受力有多强等，都是在本阶段应解决的问题。由于没有考虑竞争项目的影响，测算出的消费者的数量和消费者愿意承受的价格水平就会过于乐观，所以企业会以本阶段的分析结论作为调整价格的依据和制定价格的上限水平。

（4）分析项目竞争楼盘。分析竞争楼盘就是要调查和分析竞争者提供的产品与服务、竞争者的价格策略及其变动、竞争者的反应、竞争者的促销手段等。房地产企业在已经确定的均价水平之间，需要根据竞争者的情况制定有利的价格。

（5）选择定价方法测算。房地产企业应根据企业的目标和所处的环境来选择适宜的定价方法，初步测算出销售价格。

（6）确定初步销售价格。房地产企业需要对初步测算出的价格进行综合权衡和审核，如是否符合企业的经营战略和定价目标、是否符合国家的方针政策和法律法规、是否与其他营销策略协调一致、是否符合消费者的利益等。

4. 房地产定价策略

定价策略是对定价进行指导的思想和原则，目的是通过灵活运用价格手段，使企业适应市场的不同情况，实现企业的定价目标和销售目标。定价策略能够直接影响企业的销量与利润，也是房地产营销组合最为敏感的因素。不同的房地产在不同的时间、不同的地点可以采用不同的定价策略。房地产企业常用的定价策略有新产品定价策略、价格折扣与让价策略、差别定价策略和心理定价策略。

(1)新产品定价策略是指产品在投入期的定价策略。其可分为撇脂定价策略、满意定价策略、渗透定价策略三种策略。

1)撇脂定价策略：是一种高价策略，即在新产品上市初期，将其价格定得尽可能高，以求在产品生命周期的开始阶段获取高额利润，尽快收回投资。这种定价策略利用了消费者因为追求时髦、猎奇的求新心理而对高价格具有较强的承受能力，但其应用仍需要具备一定的条件。

优点：有利于企业在短期内获取高额利润，尽快收回投资；有利于企业提高声望，树立品牌；有利于企业掌握主动权，留有余地以降价或应付成本的上升；有利于企业利用高价限制需求，有计划地开发目标市场。

不足：会损害消费者的利益，会诱发激烈的市场竞争，不利于企业迅速开拓市场，策略难以长久采用。

2)满意定价策略：是一种中价策略，是指在新产品上市初期，将其价格定得适中，介于撇脂价格和渗透价格之间，既能保证房地产企业获取一定的利润，又能为消费者所接受。

优点：能被消费者普遍接受，且竞争性不强，风险较小，企业在正常情况下能够实现预期盈利目标，适合企业长期采用。

不足：定价比较保守，不适于复杂多变或竞争激烈的市场环境。

3)渗透定价策略：是一种低价策略，是指在新产品上市初期，将其价格定得较低，以吸引消费者，迅速打开市场，提高市场占有率。这种定价策略利用了消费者的选价心理，即在同类产品中易于接受价格相对较低的产品，因而是一种长期发展策略。它应用的条件是市场容量大，新产品特点不突出、技术简单、容易仿制，且需求价格弹性较高。

优点：有利于企业刺激市场需求迅速增加，尽快让新产品打开销路，占领市场；有利于企业排斥和阻止竞争对手的进入，保持较高的市场占有率；有利于企业扩大生产规模，不断降低产品的生产成本；有利于企业利用低价长期占领市场，获取长久利益。

不足：使得产品的利润微薄甚至无利，企业的投资回收期较长，有时会连投资都无法收回；不利于企业树立品牌形象。

(2)价格折扣与让价策略。折扣与让价的定价策略是指房地产企业先为其产品确定一个正式价格，然后以此为基础进行适当减让，以吸引消费者购买的定价策略。

1)现金折扣：消费者如能及时付现或提早付现，公司则给予现金折扣。在房地产销售中，一次性付款可以给予优惠就是这种策略的具体表现。这种策略可增加买方选择付款方式上的灵活性，而且卖方可降低发生呆账的风险。

2)数量折扣：当消费者大量购买时，则予以价格上的优惠。这体现了公司薄利多销的原则，可以缩短销售周期，降低投资利息和经营成本，及早收回投资。但房屋价格高，金额巨大，而且每人所需有限，公司不可能以鼓励大量购买然后给予折扣的形式来销售。因此，这里的"数量"需要慎重确定。

(3)差别定价策略。差别定价是指房地产企业对于同类房地产，根据其面积、朝向、质量、楼层、视野等因素的不同而制定不同的价格。差别定价一般可执行"一房一价，好房好价，特房特价"的方法。

(4)心理定价策略。心理定价策略是指房地产企业根据房地产消费者的购买心理特征来确定销售价格的策略，如尾数定价策略、整数定价策略、特价品定价策略等。

1)尾数定价策略：又称为非整数定价策略或者奇数定价策略，是指房地产企业利用消费者认识数字的心理特征，有意制定尾数价格，其方法是尽可能在价格数字上不上进位，让消费者产生价格较为低廉的感觉，另外，将尾数近似到十位数，如消费者认为 4 999 元/m^2 的房地产比 5 000 元/m^2 的房地产便宜，就是这种策略的体现。

2)整数定价策略：是指房地产企业将产品价格定为一个整数，不留尾数的一种策略。整数定价策略的心理依据与尾数定价策略的心理依据相反，将房地产价格定位在一个整数上，会给消费者一种高档消费的感觉，可以满足消费者"享受高消费"的心理需求。

3)特价品定价策略：即为吸引消费者购买，可使少数产品以非常廉价的姿态出现。所谓"特价品"，在房屋营销中往往只有一户或少数几户，即所谓"广告户"，如广告中常见的所谓"起价××元"。

5. 房地产价格调整方法

在房地产营销过程中，由于市场情况的变化及企业自身目标的调整，有时需要对房地产价格进行提高或降低的调整，以下是房地产价格调整的几种方法：

(1)直接的价格调整。直接的价格调整就是房屋价格的直接上升或下降，它给客户的信息是最直观明了的。直接的价格调整有调整基价和调整差价系数两种。

1)调整基价：基价的调整就是对一幢建筑的计算价格进行上调或下调。基价的调整意味着所有单元的价格都一起参与调整。这样的调整，每套、单元的调整方向和调整幅度都是一致的，是产品对市场总体趋势的统一应对。

2)调整差价系数：在房地产实务中，通常在基价的基础上，通过制定不同的差价系数来确定不同套、单元的价格，各套、单元价格则是由房屋基价加权所制定的差价系数计算的。差价系数的调整就是根据实际销售的具体情况，对原先所设定的差价体系进行修正，将好卖单元的差价系数再调高一点，不好卖单元的差价系数再调低一点，以均匀各种类型单元的销售比例，适应市场对不同产品需求的不同反应。

(2)调整付款方式。付款方式本来就是房价在时间上的一种折让，付款方式的付款时段的确定和划分、每个付款时段的款项比例的分配、各种期限的贷款利息高低的影响，是付款方式的三大要素，而付款方式对价格的调整也就是通过这三大要素的调整来实现的。

二、房地产项目营销策划与实施

1. 房地产项目营销标准化体系

在宏观调控不断深入与加强的背景下，我国房地产行业正逐步走向成熟。发展到成熟阶段必然由产品的粗放竞争向标准化竞争过渡。与此同时，房地产企业的发展模式正在发生变化。房地产企业的优胜劣汰分化正在加剧，标准化成了品牌房地产在市场竞争中的利器。标准化是多项目开发的必然结果,是企业发展壮大,实现跨越式、可持续发展的必由之路。

通过营销标准化,实现快速复制、高效执行、保证效果的目的,确保项目营销工作匹配集团开发要求。某房地产公司多年的营销经验,制定出以下集指引、预警、监控于一体的营销全流程标准化体系管控,具体如下:

根据标准化体系,严格按照项目开发全过程设 4 个关键时间节点,结合营销策略划分为 6 大阶段(图 9-5)。

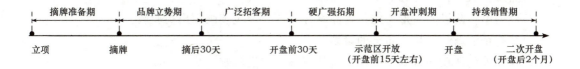

图 9-5 某房地产公司项目开发标准化体系

2. 项目营销节点铺排与执行

第一阶段:摘牌准备期

从项目立项到摘牌设置,主要是针对项目品牌立势前置化而设置的重要工作节点。在该阶段主要有 3 项重点工作:

(1)确定项目案名,选择一个印象深刻且有推广意义的案名,对项目品牌立势以及营销推广有着至关重要的作用。

(2)确定项目 LOGO 及 VI 价值,项目 LOGO 的设计能让营销推广更具有识别性和特异性,同时做到与产品或名称内容关联,让客户更清楚、易记、一目了然地对项目产生印象。

(3)项目前期定位报告,其中包括市场调研、项目本体调研、竞品调研、客户调研等,进一步对项目的产品、市场、客群做好初步定位,为后期的营销策略打下基础。

第一阶段营销策划节点实施工作如下:

(1)摘牌准备期广告设计(主要以户外广告+围挡画面主题风格定稿)。

(2)品牌导入期工地围挡包装。

(3)摘牌新闻发布会的前置工作。

(4)城市展厅选址及开放活动方案上报。

(5)渠道拓客物料工作的提前确定。

(6)营销推广线上+线下投放计划。

第二阶段:品牌立势(造势)期

项目摘牌到摘牌后 1 个月左右这段时间是以品牌造势为主的营销阶段,项目已逐步进入市场,要在市场中预热,在产品项目等信息还不能公开时,只能通过品牌价值和区位价值进行项目品牌预热,从中还能增加品牌的知名度,为项目后期和其他同品牌项目带来长远品牌价值收益。在该阶段主要有 4 项重点工作:

(1)确定四大包装——营销中心整体包装,配合研发设计部门确定营销中心的装修风格和案名 LOGO 的植入,在装修验收工作中最好查验工作,让营销中心如期开放进行销售。

(2)策划二大活动——城市展厅开放活动+首次媒体采风活动。

过程9 房地产开发项目市场营销

(3)营销推广费用预算编制,根据编制要求针对全年项目的营销费用比例金额做营销子项目的预算编制,如户外广告费用预算100万元;项目营销中心暖场活动全年24场,每场大概在5万元,预算合计120万元左右。

(4)项目价值点的深层挖掘,用于项目营销推广的价值输出,通过深挖项目价值点,如城市中心区位优势、一站式教育资源配套、大型商业中心环绕等价值点能有效地向客户传递产品优势,引起客户兴趣,产生购买需求。

第二阶段营销策划节点实施工作如下:

(1)品牌价值广告设计画面出街,为项目品牌立势。

(2)根据第一阶段的主形象定位,品牌导入期工地包装画面出街验收。

(3)品牌企业新品项目发布会的策划。

(4)媒体采风活动的策划和推广文稿的审核与推送验收。

(5)城市展厅选址和包装搭建。

(6)跟进项目营销中心精装验收和问题反馈。

(7)销售及渠道拓客相关销售物料确定及制作。

(8)营销策略提报执行。

(9)城市展厅暖场活动策划与提报。

第三阶段:广泛拓客期

该阶段是房地产项目开盘前30天左右,针对开盘需要做广泛拓客,把握意向客户,提高开盘成交量的核心阶段。在该阶段主要有2项重点工作:

(1)展厅开放活动/产品发布会执行与验收。

(2)实施示范区开放营销节点的"线上+线下营销推广"投放。

第三阶段营销策划节点实施工作如下:

(1)项目宣传片拍片定稿;

(2)营销中心(示范区)开放活动策划与提报;

(3)销售与拓客物料发放与验收;

(4)营销推广"线上+线下"投放计划和投放实施与验收;

(5)城市展厅暖场活动和产品发布会的执行与成果验收,成果验收建议:①当地最好的酒店或市中心广场举办;②到场人数不低于200人;③当天到场意向客户人数不低于到场人数的70%;④提供当天到场客户签名表,便于客户关系维护。

第四阶段:硬广强销期

该阶段为开盘前15天左右,并且要完成营销中心(示范区)的开放和吸引客户到营销中心参观与体验,最终将在开盘期完成销售成交的转换。示范区开放能更好地让客户到达项目现场了解项目详情,同时由专业的置业顾问答疑解惑和提出购房建议,够更好地提升客户体验感和了解项目详情的充分性,那么在该阶段营销就需要大量的宣传和推广,让项目的知名度能在城市中发声,引来更多的潜在客户。在该阶段主要有2项重点工作:

(1)营销中心(示范区)开放活动的策划筹备及活动当天执行;

(2)加强线上线下的营销推广力度;

(3)根据推广需求,动态调整推广费用额度。

第四阶段营销策划节点实施工作如下：

(1) 提前筹备营销中心开放活动计划，并做好活动现场的包装和流程把控；

(2) 做好营销中心开放活动的推广预热，线上＋线下的配合；

(3) 同时增加项目即将开盘的销售信息的宣传推广，同步线上＋线下配合；

(4) 强销期是营销推广要求力度最大的阶段，对于营销费用可进行动态调整，重点放在营销中心开放与开盘活动的两场的推广费用＋活动费用＋销售物料制作费用等方面占比最大。

第五阶段：开盘冲刺期

(1) 开盘的概念。开盘是指项目对外集中公开发售，特别是首次大卖。通过有效整合公司内外资源，对目标客户进行针对性的有效价值信息传递，实现客户积累，并根据积累情况采取适当的价格和方式对外集中销售。

开盘是项目营销和发展的关键节点，在项目年度经营指标中具有举足轻重的作用，同时开盘是对市场定位和营销推广的集中检验；寻求市场价格取向，建立市场价格体系的基础，并且对建立项目的品牌和树立市场信心具有重要的意义。

(2) 房地产销售的条件（开盘条件）。《城市房地产管理法》第四十五条对商品房预售条件做了明确规定：①已交付全部土地使用权出让金，取得土地使用权证书；②持有建设工程规划许可证；③按提供预售的商品房计算，投入开发建设的资金达到工程建设总投资的25％以上，并已经确定施工进度和竣工交付日期；④向县级以上人民政府房产管理部门办理预售登记，取得商品房预售许可证明。商品房预售人应当按照国家有关规定将预售合同报县级以上人民政府房产管理部门和土地管理部门登记备案。商品房预售所得款项必须用于有关的工程建设。

(3) 商品房预售的程序。由房地产开发商向房地产管理部门提出商品房预售许可证申请，包括相关文件，如房地产开发企业的资质证书、营业执照；预售项目的立项、规划、用地及施工等批准文件；工程施工进度计划；资金监管协议及商品房预售方案。商品房预售主管部门在接到开发经营企业的申请后，经过查验和现场勘察，在10日内做出审核结论，核发商品房预售许可证，并向社会公告。

(4) 第五阶段主要重点工作与实施。

1) 开盘活动的筹备与实施，要求开盘活动方案完善和最终版敲定，保证开盘活动圆满成功。实施：开盘当天包装、开盘流程、开盘动线、各横向部门分工协调要开会确定及通知到位；当天客户签到率不低于60％，制造紧张氛围挤压客户等；保证开盘顺利进行，实现高去化率，同时预防人员较多可能会出现的混乱等紧急状况预案。

2) 宣传推广保证线上线下的执行效果及销售物料设计与内容输出一致，不能在沿用营销中心开放的宣传信息。

3) 销售物料的更新与制作，根据现场销售需求，把控内容及产品质量，预计开盘活动现在实际需求，提前完成认筹、购房流程、房源信息表等现场活动物料设计与制作。

第六阶段：持销期

持销期，顾名思义，就是持续销售期，一般是在项目开盘销售之后的几个月内。通常，在该阶段就进入销售的平稳期了，客户量不再集中爆发，营销推广开始以介绍项目价值作为投放内容，更多的是深度且持续地展现项目优势、价值符合客户的置业需求。那么同时需要对第一次开盘后进行评估和做好下一次开盘筹备两项重点工作。

过程9 房地产开发项目市场营销

第六阶段主要重点工作与实施：

(1)评估首次开盘销售情况，确保二次开盘供货量和产品充足。

(2)评估首次开盘推广效果验收、针对销售信息是否明确、展示色差是否存在影响、推广时间节点把控是否准确等，并将推广宣传出街效果进行验收，形成验收报告。

(3)复盘——营销推广板块开盘工作总结报告和后续营销策略提报，内容包括：

1)开盘总结从项目前期策略推广、线上线下的广告投放、拓客策略、竞品分析、客户分析等方面对开盘情况进行总结分析。

2)后续推广策略：项目开盘后，对市场媒体、竞品、房产情况、自身产品进行分析，并结合上阶段拓客成果，制定新的后续营销策略，为后续营销工作进行方向性指导。

以上的营销推广铺排节点不是唯一的，根据企业不同情况，每家企业都会有不一样的营销节点划分时间，通常我们会以简单的"预热期—开盘期—持销期—尾盘期"四个阶段作为基础节点，具体营销推广铺排还需要根据实际项目的开展和企业标准化体系下的要求来执行操作，但是营销节点下的实施动作是房地产项目营销全流程的工作要点，注意掌握和应用。

过程小结

房地产营销的目标和核心是通过运用既定的程序及技巧，使房地产交易迅速达成，最终实现房地产商品的价值。房地产营销是沟通和连接房地产开发、房地产流通及房地产消费和使用的重要手段。本过程主要介绍了房地产开发后进入营销环节的销售渠道的选择与制定，通过讲解房地产销售渠道策略与目标市场选择的内容进行决策，以房地产价格策略和房地产营销节点铺排工作计划的内容解决营销过程中的策划与实施的任务。整个房地产营销过程其实就是"营"(营销策划)与"销"(销售策略)的结合。

任务工单9

任务名称	房地产项目营销策略实施
任务目的	首先对房地产营销策略的基础知识掌握，并根据具体项目的要求应用于营销策略的实施方案，最终以某项目的营销策划报告的撰写的完整度、可行性作为应用实践的检验
任务内容	1. 明确项目目标客群，并为项目选择合适的销售模式并分析原因。 2. 请选择一种定价方法确定地块项目销售均价。 3. 请以案例项目为背景，对项目的"预热期—开盘期—持销期—尾盘期"四个阶段进行营销节点计划和推广实施安排

第( )组	姓名				
	学号				

任务实操	销售模式的选择	
	项目目标客群	
	选定销售模式	
	选择原因分析	

224

续表

任务实操	项目价格策略制定	
	项目均价	
	定价方法(含计算过程)	
	项目价格策略	
	营销节点铺排与实施	
	营销节点划分	
	营销推广策略	
	营销渠道策略	

考核评价表 9

任务完成考核评价表			
任务名称	房地产项目营销策略实施		
班级		学生姓名	
评价方式	评价内容	分值	成绩
自我评价	项目营销策略报告的完整度	30	
	所定销售模式的可行性	30	
	项目均价与节点划分的准确性	20	
	营销渠道与营销推广的创新性	20	
	合计		
小组评价	小组本次任务完成质量	30	
	个人本次任务完成质量	30	
	个人对理论应用实践的能力	20	
	个人的团队精神与沟通能力	20	
	合计		
教师评价	小组本次任务完成质量	30	
	个人本次任务完成质量	30	
	个人对小组任务的贡献度	20	
	个人对小组任务的参与度	20	
	合计		
总评=自我评价×( )%+小组评价×( )%+教师评价×( )%=			

思考与练习

一、思考题

1. 房地产项目销售渠道有直接渠道和间接渠道,那么在做渠道设计和选择过程中,是选择单一销售渠道方式,还是多种销售渠道并行呢?同时在进行项目销售过程中是否会因为某些因素影响改变销售渠道的设计？

2. 房地产企业每家都会有一套营销标准体系，根据以上标准体系的内容，你还有更优化的营销节点工作的划分吗？或者提出自己想法的修改意见。

3. 你能为"开盘冲刺期"的营销节点和节点工作实施内容做一份更简化和更明确节点与工作关系的工作铺排表吗？

二、单项选择题

1. 在房地产市场的自然周期中，空置率超过长期平均空置率的阶段为（　　）阶段。
   A. 租金增长率上升　　　　　　　　B. 新增供给小于新增需求
   C. 新开工项目增加　　　　　　　　D. 租金增长率下降

2. 某开发商所开发的物业质量与市场领导者的物业质量相近，如果定价比市场领导者的定价低，则其采用的是（　　）。
   A. 随行就市定价法　B. 价值定价法　　C. 应战定价法　　D. 挑战定价法

3. 企业同时向几个细分市场销售一种产品时，该企业采用的目标市场选择模式是（　　）模式。
   A. 单一市场集中化　B. 产品专业化　　C. 市场专业化　　D. 全面覆盖

4. 某家庭欲购买总价为 25 万元的一套住宅。该家庭月收入为 6 000 元，准备用月收入的 30% 来支付抵押贷款月还款额，已知贷款期限为 10 年，按月等额偿还，年贷款利率为 6%。则该家庭的首付款额是（　　）元。
   A. 34 000.00　　　B. 83 265.38　　　C. 87 867.78　　　D. 91 022.12

5. 在对某市房地产市场进行细分时，划分出"甲级写字楼租赁市场"。这种划分所采用的市场细分标准有（　　）。
   A. 按销售量细分　　　　　　　　　B. 按地域细分
   C. 按市场环境细分　　　　　　　　D. 按房地产用途细分

过程 10　项目物业管理

知识目标

1. 了解物业与物业管理的基本概念、物业管理的起源和发展趋势、物业管理的基本法律制度；了解建筑物区分所有权的含义。
2. 掌握物业管理的模式、物业管理的内容；掌握物业管理的全过程。
3. 熟悉业主、业主大会、业主委员会的含义和业主自治管理的内容。

能力目标

能够明确物业管理的内容及业主、业主委员会、业主大会的职责和权利；能够运用接管验收的知识进行项目的承接查验；能够运用现代物业管理的知识进行项目的物业管理活动。

素养目标

将人民对美好生活的向往、业主对美好物业环境的向往作为我们物业人的奋斗目标。

任务 10-1　项目的承接查验

任务背景

在多方努力下，GC2018—075 地块工程项目竣工验收工作圆满结束，该项目顺利通过竣工验收。赵亮长舒了一口气，回想起他刚跟进这个项目时，经过了那么多的环节，碰到了那么多的问题，可谓是身经百战，终于项目圆满落成，下一步就是筹划着交付给该项目早期介入的物业服务企业邕江物业服务有限公司进行前期物业管理。在邕江物业服务有限公司进行该项目的早期介入过程中，赵亮有跟该公司的黄总做过多次的合作和交流，有了一定的默契。在该项目承接查验工作中，公司拟派赵亮负责对接物业公司，交接工作由赵亮负责组织，赵亮向邕江物业发起承接查验的申请，以物业主体结构安全和满足使用功能为主要内容进行接管检验。

赵亮应就哪些方面的内容与物业服务企业做好交接及承接查验工作？你了解吗？

一、物业与物业管理的基本概念

（一）物业

1. 物业的概念

"物业"一词源于英文"property"或"estate"，其基本含义是指一定范围内以建筑物形式存在的不动产。物业有广义和狭义之分。从广义上讲，物业与房地产是同一概念，但从物业管理的角度看，物业则是一个微观的概念。物业是物业管理的物质对象，特指使用中或可以投入使用的各类建筑物及其附属的设备、配套的设施及相关的场地等。其中，各类建筑物可以是住宅小区、工业小区等，也可以是单体建筑，包括写字楼、商贸大厦、商住楼、别墅及厂房和仓库等。配套设施是指与上述各类建筑物相配套或为建筑物的使用者服务的室内外各种设备、公共设施、基础设施和周围的场地、道路等。

2. 物业的特征

物业和其他事物一样，具有自身独特的性质。

首先是它的自然属性，即物业是一种区别于其他物质的物质形式。其主要有以下特征：

（1）固定性。表现在土地、建筑物的不可移动性或位置的确定性。

（2）耐久性。表现在土地的不可消失性和建筑物长久的使用寿命期上。

（3）多样性。表现在土地区位的唯一性和建筑物构造、外观、功能等形式的多样性。

其次是物业的社会属性，主要包括以下内容：

（1）经济属性。表现为物业的商品属性，即物业是一种商品，物业的生产、经营、交换、分配及消费等，必然也是商品化的运行过程，物业的一切运行须符合市场经济的客观要求。

（2）法律属性。表现为房地产的物权关系，房地产物权即房地产物权人在法律范围内享有房屋的所有权及其占有土地的使用权。由此可见，一宗物业首先要界定其范围及产权的界限。

（二）物业管理

1. 物业管理的概念

物业管理是指业主通过选聘物业服务企业，由业主和物业服务企业按照物业服务合同约定,对房屋及配套的设施设备和相关场地进行维修、养护、管理,维护相关区域内的环境卫生和秩序的活动。物业管理的定义表明:①物业管理是由业主通过选聘物业服务企业的方式来实现的;②物业管理活动的依据是物业服务合同;③物业管理的内容是对物业进行维修养护、管理,对相关区域内的环境卫生和秩序进行维护。

2. 物业管理的特征

物业管理是城市房地产管理体制的重大改革,是一种受业主委托、与房地产综合开发和现代生产生活方式相配套的综合性管理。作为集经营、管理、服务于一体的第三产业,物业管理具有如下特征:

(1)社会化。物业管理的社会化有两个基本含义,一是物业的所有权人要到社会上去选聘物业服务企业;二是物业服务企业要到社会上去寻找可以代管的物业。物业的所有权、使用权与物业的经营管理权相分离是物业管理社会化的必要前提,现代化大生产的社会专业分工是实现物业管理社会化的必要条件。

(2)专业化。物业管理的专业化是指由专业物业服务企业通过合同的签订,按照产权人和使用人的要求去实施专业化管理。

(3)市场化。市场化是物业管理最主要的特点。在市场经济条件下,物业管理的属性是经营,所提供的商品是服务。物业服务企业是按照现代企业制度组建并运作,向业主和使用人提供服务,业主和使用人购买并消费这种服务。这种通过市场竞争机制和商品经营的方式所实现的商业行为就是市场化。

(4)企业化。物业管理是实行企业化的管理,独立核算、自负盈亏。物业服务企业除向住户收取物业服务费外,还要提供有偿服务并开展其他多种经营活动来获得稳定可靠的资金来源,以此实现企业的良性健康发展。

拓展阅读

物业管理的起源和发展趋势

1. 物业管理的起源

物业管理起源于19世纪60年代的英国,当时英国工业正处于一个高速发展的阶段,对劳动力的需求很大,城市住房的空前紧张成为一大社会问题。一些开发商相继修建一批简易住宅以低廉租金租给贫民和工人家庭居住。由于住宅设施极为简陋,环境条件又脏又差,不仅承租人拖欠租金严重,而且人为破坏房屋设施的情况时有发生,严重影响了业主的经济收益。于是,在英国的伯明翰,一位名叫奥克维娅·希尔的女物业主迫不得已为其出租的物业制定了一套规范,即用于约束租户行为的管理办法,要求承租者严格遵守。同时,女房东希尔女士也及时对损坏的设备、设施进行了修缮,维持了基本的居住环境。此举收到了意想不到的良好效果,使得当地人士纷纷效仿,并逐渐被政府有关部门重视,而后推广到其他西方国家,因而被视为最早的物业管理。

2. 现代物业管理

物业管理虽然起源于英国,但真正意义上的现代物业管理却是20世纪初期在美国形成并发展的。摩天办公大楼是现代物业管理的催生剂。19世纪末至20世纪初,美国进入垄断

过程 10　项目物业管理

资本主义经济阶段，垄断资本在积累巨额财富的同时，也带来大规模的国内民工潮、国际移民潮和求学潮，这样就加速了美国的城市化进程。而美国政府出于环境保护和长远的考虑，对城市土地的使用面积进行了严格的控制，加上建筑新材料、新结构、新技术的出现和不断进步，于是，一幢幢高楼大厦迅速拔地而起，组成蔚为壮观的摩天大楼群体景观。然而，高层建筑附属设备多，结构复杂，防火、保安任务繁重，特别是一些标志性建筑的美容保洁工作的技术要求很高。尤其棘手的是，摩天大厦的业主常常不是一个或几个，而是数十个或数百个，面临着不知由谁来管理的难题。结果是，一种适应这种客观需要的专业性物业管理机构应运而生。该机构应业主的要求，对楼宇提供统一的管理和一系列的服务，开启了现代物业管理的大门。

3. 中国物业管理的发展

（1）中国香港的物业管理。自20世纪50年代开始，为解决住房紧张的问题，开始兴建公共住房，称为"公屋"，主要出租给低收入阶层。第一个拥有大量楼宇的屋村于1958年落成。另外，政府部门工务局也兴建了设备齐全的屋村，并由屋宇建设委员会负责管理。为筹划和管理好一批批公共楼宇和屋村，港英政府还从英国聘请了房屋经理。从此，专业性房屋管理的概念正式引入香港。

由于对住房的需求量很大，单靠政府的财力难以解决问题，于是开发商也积极投资大型屋村的建设。当第一个大型私人屋村向政府申请规划许可证时，政府担心人口如此密集的大型屋村，如果缺乏良好的管理，一旦出现问题后果将难以预料。所以，在批准其发展计划时，要求开发商承诺在批地契约后的全部年期内要妥善管理该屋村。这样，就出现了由开发商为私人屋村提供专业化物业管理的服务。

随着建筑物高度的增加和屋村规模的扩大，以及人们对居住环境的要求日益提高，单靠政府或开发商提供管理服务变得难以适应。于是，发挥住户的自我管理、民主管理的作用就显得愈发必要。香港地区有关规定，确定业主"参与管理者"的身份，组织业主立案法团。业主立案法团由半数以上的自住（用）业主组成，是合法的管理组织。它可以收取管理费，可以雇用员工，也可以聘请专业管理公司，为大厦提供多方面的服务。

（2）中国内地的物业管理。中国内地对物业管理的探索和尝试始于20世纪80年代初期。当时，被列为沿海开放城市的深圳经济特区，在借鉴国外先进经验的基础上，结合中国的实际，大胆探索，在一些涉外商品房屋管理中，首先推行专业化的物业管理方式。

深圳市试点实行新型住宅区管理是1982年在东湖新村开始的。该小区于1981年建成，建住户达3 000多人，是东华实业公司和港商合作经营的商品房住宅区，建筑面积为6万多 m^2。为了管理好这个小区，东华实业公司参考香港屋村管理经验，在新村内组建管理处，并在以下方面实施了具体管理措施：维护小区规划布局和楼房外观，制止乱搭乱建；楼内和楼外公共道路、空地等统一实行清洁卫生管理，实现美化、绿化环境，统一种植和管理花木；实行统一治安管理；向住户提供多层次服务，如代购大米、瓶装石油气、家具等物品，以及代管房屋、车辆等，尽管初期的管理水平较低，但颇受好评，引起社会和有关部门的重视。

深圳市的物业管理也是从20世纪80年代初起步的。1981年3月，深圳市第一家涉外商品房管理的专业公司——深圳市物业管理公司正式成立，开始对深圳经济特区的涉外商品房实施统一的物业管理。1985年年底，深圳市住宅局成立后，对全市住宅区进行了调查研究，肯定了物业管理公司专业化、社会化、企业化的管理经验，并在全市推广，组织专业管理人员培训。到1988年，深圳市由企业实施管理，由住宅局实施业务指导和监督的住宅区管理体制已基本形成。

1994年3月，在沿海开放城市几年来物业管理试点经验的基础上，住房和城乡建设部颁布了《城市新建住宅小区管理办法》，其中明确指出："住宅小区应当逐步推行社会化、专业化的管理模式，由物业管理公司统一实施专业化管理。"从而正式确立了我国物业管理的新体制，为房屋管理体制的改革指明了方向和提供了法规依据。自该法规颁布以后，全国新建住宅小区，特别是沿海和经济发达地区的大中城市的新建住宅小区普遍实行了专业化、企业化、社会化的物业管理模式，不少城市的老住宅区也在尝试走物业管理之路，商业、办公楼宇及工业大厦实行物业管理越来越广泛。

在此背景下，物业管理行业迅速发展。截至2020年，全国物业服务机构总数已超过20万家，从业人员已突破1 000万人，形成了包括房屋及相关设备设施维修养护、公共区域秩序安全维护、环境保洁、绿化养护、居民服务、物业中介等一系列的配套服务，物业管理已在房地产业与其他业务相结合的基础上，发展成为与我国经济、社会协调发展，与广大人民生活、工作息息相关的一个相对独立的新兴行业。

(3) 中国物业管理行业的发展趋势。
1) 资本聚焦物业管理行业，物业服务企业注重规模有效增长。
2) 物业服务基础业务外包，行业将走向专业化道路。
3) 增值业务模式多样化，社区增值服务韧性增长。
4) 物业科技创新提升效率和效益。
5) 精细化运作深耕城市物业服务。

二、物业管理的基本法律制度

我国关于物业管理的法律法规主要有《中华人民共和国民法典》（以下简称"《民法典》"）和《物业管理条例》，以及一些省、市人大的物业管理的条例和办法，如《广西壮族自治区物业管理条例》和《北京市物业管理条例》等。

(一)《物业管理条例》的制定及其主要内容

《物业管理条例》是2003年5月28日国务院常务会议审议并原则通过，2003年6月19日正式公布，并于2003年9月1日正式实施。《物业管理条例》的公布和实施结束了我国物业管理行业无法可依的局面，标志着我国物业管理行业的发展纳入了法制化的轨道，对维护房屋所有人的合法权益、改善人民群众的生活和工作环境、规范物业管理行为具有十分重要的意义。《物业管理条例》体现了发展为重、平衡利益、保护弱者的原则；通过保护公民财产权利，尊重公民行使其财产权利和实现自身利益的形式，促进社会财富的积累；妥善处理了政府和市场、政府管理和社会自律的关系；对业主的权利和义务，业主大会的组成、职责、运作等做了规定，规范了前期物业管理，调整了业主与物业服务企业之间的法律关系，为建立良好的物业管理秩序提供了有力的法律保障。

《物业管理条例》主要确立了业主大会和业主委员会制度、管理规约制度、物业管理招投标制度、物业承接验收制度、物业服务企业资质管理制度、物业管理专业人员职业资格制度、物业专项维修资金制度七项物业管理的基本制度。

（二）《民法典》中涉及物业管理的相关内容

2020年5月28日，十三届全国人大三次会议表决通过了《民法典》，并于2021年1月1日起施行。《民法典》对于一个国家来讲，不仅是权利的宣言，更是民事活动的基本遵循和依靠，意义重大，影响深远。对于物业服务行业而言，此次表决将行业现行的法律法规进行了一次大梳理，进一步明确了物业使用人及物业服务人的责权利。《民法典》中与物业管理相关的条款内容有：第二篇"物权"的第六章"业主的建筑物区分所有权"、第八章"共有"；第三篇"合同"的第二十四章"物业服务合同"；第七篇"侵权责任及附则"的第十章"建筑物和物件损害责任"等。

（三）一些地方省、市人大或政府制定的物业管理地方性法规或规章

实践中，一些地方省、市人大或政府为规范物业管理活动，结合本地实际，制定了物业管理地方性法规或规章。如《广西壮族自治区物业管理条例》《深圳市物业管理条例》和《广州市物业管理办法》等，这些条例、办法和规定主要是对《民法典》和《物业管理条例》中的一些原则和规定进行细化，以便于操作，其中也不乏一些好的创新之举，限于篇幅，本任务不做讲述。

三、物业的接管验收

（一）物业管理的早期介入

物业管理的早期介入，是指物业服务企业在物业的开发设计阶段即介入，从物业形成前的阶段性管理，即参与物业的规划设计和建设，从业主与使用人及物业管理的角度，就物业开发、建设和今后使用管理提出建议并对将接管的物业从物质上与组织上做好准备。物业管理的早期介入工作虽然尚未形成对物业运行主体的管理，但是就其管理的内涵分析，它应属于企业管理的一个管理阶段，主要作用在于能完善物业的规划设计、加强物业的施工质量、严格物业的验收把关、积累大量的一手资料，为日后高效管理打下坚实的基础。

例如，南宁某房产开发公司于2018年立项开发南宁市江南区的一个住宅小区，随即选聘了一家物业服务企业介入前期的设计、施工与安装验收工程。物业公司非常重视早期介入，专门成立了由公司管理部、工程部负责人组成的项目组，深入项目工地，与房产开发公司的项目领导、工程技术人员紧密配合，很快拿出了早期介入工作计划和工作方案，经开发商认可后迅速开展了工作。

由于开发商站得高、看得远，物业服务企业服务理念正确、关系处理得当，他们的合作充分发挥了自身的优势，使得该项目如期完工；物业管理服务从高起点出发，向着高标准方向努力，很快成为物业管理的一个样板，前来参观学习的人络绎不绝。这一成功的案例，使房产开发公司和物业服务企业都一致认识到：物业管理的早期介入是非常重要的和非常必要的，而且准备工作越充分，工作开展得越顺利。

(二)物业的承接查验

1. 承接查验的概念

承接查验又称为接管验收,是物业服务企业接管开发企业、建设单位或个人委托管理的新建房屋或原有房屋时,以物业主体结构安全和满足使用功能为主要内容的接管检验。物业的承接查验是依据国家住建部颁布的《物业承接查验办法》对已建成的物业进行以主体结构安全和满足使用功能为主要内容的再检验,它是物业服务企业在接管物业前不可缺少的重要环节。物业的承接查验不仅包括主体建筑、附属设备、配套设施,而且还包括道路、场地和环境绿化等,应特别重视对综合功能的验收。

2. 接管验收与竣工验收的区别

(1)验收的目的不同。承接查验是在竣工验收合格的基础上,以主体结构安全和满足使用功能为主要内容的再检验;竣工验收是为了检验房屋工程是否达到设计文件所规定的要求。

(2)验收的条件不同。承接查验的首要条件是竣工验收合格,并且供电、采暖、给水排水、卫生、道路等设备和设施能正常使用,房屋幢、户编号已经有关部门确认;竣工验收的首要条件是工程按设计要求全部施工完毕,达到规定的质量标准,能满足使用要求等。

(3)交接对象不同。承接查验是由物业服务企业接管建设单位移交的物业,竣工验收是由建设单位验收建筑施工方移交的物业。

(4)验收的性质不同。承接查验是企业行为,竣工验收则是政府行为。

(5)验收的方式不同。竣工验收需要由政府机构组织专家小组对工程的各个项目从结构、建筑、设施设备安装运行、消防安全等方面作具体、专业的验证,只以被验方提供的数据为参考,自行取样、测试、分析,然后得出独立的结果;而接管验收对于结构、桩基、建材强度等级等隐蔽性较强的项目只需要另一方提供竣工验收合格证明,不再作专项验收,重点对表面可见项目是否符合建设单位与给业主的购房合同承诺及通常使用用途作仔细验收。

3. 承接查验的意义

对新建房屋,接管验收是竣工验收的再验收,不仅包括主体建筑、附属设备、配套设施,而且还包括道路、场地和环境绿化等。接管验收的主要意义体现在以下几个方面:

(1)明确交接双方的责、权、利关系。通过接管验收和接管合同的签订,实现开发建设单位和物业服务企业之间权利和义务的转移,在法律上界定清楚各自的义务和权利。

(2)确保物业具备正常的使用功能,充分维护业主的合法权益。通过物业服务企业的承接查验,能进一步促使开发企业或施工单位按标准进行设计和建设,减少日后管理中的麻烦和开支。同时,能够弥补部分业主专业知识的不足,从总体上把握整个物业的质量。

(3)为日后的管理创造条件。通过承接查验,一方面使工程质量达到要求,减少日常管理过程中如维修、养护等工作的工作量;另一方面根据接管中的有关物业的文件资料,可以摸清楚物业的性能和特点,预防管理中可能出现的问题,计划安排好各项管理,发挥社会化、专业化、现代化的管理优势。

4. 物业承接查验的程序

(1)开发建设单位向物业服务企业发出接管验收通知书。

(2)物业服务企业收到验收通知书后，与开发建设单位约定验收时间。

(3)物业服务企业会同建设单位对物业的质量和使用功能进行检查验收。

(4)对验收中发现的质量问题，属于影响房屋结构安全和设备使用安全的质量问题应约定期限由建设单位负责进行加固、补强、返修，直至合格；属于影响相邻房屋安全的问题，由建设单位负责处理；对于不影响房屋结构安全和设备使用安全的质量问题，可约定期限由建设单位负责维修，也可采取费用补偿的办法，由物业服务企业处理。

(5)经检验符合要求的物业，物业服务企业签署验收合格凭证，签发接管文件。

5. 物业承接查验的主要内容和技术标准

(1)楼宇主体硬件设施的具体验收标准。

1)主体结构：外墙不得渗水；屋面排水畅通、无积水、不渗漏；出水口、檐沟、落水管安装牢固、接口严密、不渗漏。

2)楼地面：面层与基层粘结牢固、不空鼓；整体面层平整、无裂缝、无脱皮和起砂；块料面层表面平整，接缝均匀顺直、无缺棱掉角，粘贴牢固、色泽均匀一致、无明显色差。

3)内墙面：抹灰面平整，层面涂料均匀，无渗刷、无面层剥落、无明显裂缝、无污渍；块料面层粘贴牢固，无缺棱掉角、无裂纹和损伤，色泽一致；对缝砂浆饱满，线条顺直。

4)顶棚：抹灰面平整，面层涂料均匀，无渗刷、无脱皮、无裂纹、无霉点、无渗水痕迹、无污渍。

5)卫生间、阳台：卫生间、阳台地面应低于相邻地面 2 cm 左右，不应有积水、倒泛水和渗漏。

6)木地板：平整牢固、接缝密合、色泽均匀、油漆完好光亮。

7)门、窗：门开启自如，无晃动和裂缝，零配件齐全、位置准确，无翘曲变形；门锁、窗销连接牢固、开启灵活；玻璃安装牢固、胶封密实，无明显刮花痕迹、无损伤；油漆均匀、色泽光亮新鲜、完整；电子防盗门通话清晰、完好、无锈迹；不锈钢防盗门表面光亮、无刮花、变形；高档装饰门装饰完整。

8)楼梯、扶手：钢木楼梯安装牢固、无锈蚀、弯曲，油漆完好、色泽均匀、表面平滑；楼梯无裂缝、无表皮剥落。

9)木装修工程：表面光洁，线条顺直、对缝严密、牢固。

10)饰面砖：表面平整，无空鼓、裂缝、起泡和缺角，对缝平直。

11)油漆、刷浆：色泽一致，无脱皮、渗刷现象。

12)电器插座：安装牢固、符合"左零右火"规定，电源已接通正常。

13)有线电视：已开通，收视良好。

14)开关：安装牢固、开关灵活、接触良好。

15)灯具：安装牢固、完好无损、反应灵敏、发光正常。

16)水表、电表、气表：安装牢固，读数正常、无损伤。

17)卫生洁具：安装牢固、配件齐全、无污渍和刮花、接口密实、无渗漏现象、无堵塞、排水通畅。

18)水设施：安装牢固、接口密实，无渗漏、锈迹，流水通畅、有足够压力。

19)地漏、排水管道：安装牢固、配件齐全、接口密实、无渗漏现象、无堵塞、排水通畅、完好无损。

20）门铃、对讲电话：安装牢固、操作灵活、效果良好。

21）防盗网、晾衣架：安装牢固、焊接密实、面漆完好均匀，无脱皮、锈迹、裂纹、折损。

22）其他配备设施：要求齐全、完好、型号与设计相符，工作正常。

（2）公共配套设施接管验收标准。

1）天台：天沟、落水口畅通完好；隔热层、防水层完好。

2）散水坡无下陷、断裂、与墙体分离；坡度适宜、平整。

3）屋面避雷设施连接牢固。

4）路灯、装饰灯安装牢固、完好无损、工作正常；灯柱安装牢固、油漆完好。

5）绿化符合设计要求，不缺株少苗、无死株、无大面积杂草；绿化水管布局合理，阀门开关灵活、安装牢固。

6）道路：路面平整，无水泥块，无起砂、断裂；路牙石砌筑整齐、灰缝饱满、无缺角损伤；块料面层拼砌整齐，平整牢固，无明显裂缝、缺棱掉角；交通标识线、路牌清楚完好。

7）室外消火栓：消防箱标识清楚、玻璃完好；消防设施配件齐全；消防管安装牢固、标识明显，阀门完好、无渗漏水，水压充足。

8）楼宇门牌、楼幢号牌安装牢固、标识清楚。

9）垃圾中转站密封完好，外表装饰完整、油漆完好，使用方便。

10）保安岗亭安装牢固、配件齐全、标识清晰、完好无损。

11）保安道闸安装牢固、开启灵活、标识清楚、完好无损。

12）停车场地面平整、照明充足、标识清楚、安全设施良好、排水设施良好。

13）单车、摩托车棚安装牢固、照明充足、标识清楚、安全防护和排水设施良好。

14）明沟、暗沟排水畅通、无积水，无断裂，盖板安装牢固、平稳。

15）沙井、检查井、化粪池排水畅通，池壁无裂缝，池内无杂物。

16）护坡、挡土墙泄水通畅、砌筑牢固。

17）台阶、踏步砌筑平实、牢固、无裂缝。

18）水池、水箱卫生清洁、无渗漏。

19）信报箱安装牢固、完好无损、标识清楚、表面光洁平整。

20）雕塑和小品牢固、完好、安全。

21）招牌和广告牌安装牢固、安全，表面平整光洁。

（3）机电设备的接管验收。

1）电梯设备型号、数量与移交清单相符，运行平稳，安装符合规范；有电梯运行准运证；机房设置合理、配件安全、标识清楚、表面光洁平整明亮。

2）变配电设备型号、数量与移交清单相符，工作状态良好、安全防护装置齐全、标识清楚、机房配置齐全。通风、采光良好，设备表面油漆完好、无损伤。

3）中央空调设备型号、数量与移交清单相符，工作性能达到设计指标，配置齐全，标识清楚，机房通风、采光、降温良好，设备表面油漆完好、无损伤。

4）发电机型号与移交清单相符，工作状态良好、配件齐全、标识清楚，设备表面油漆完好无损伤，设备安装牢固，机房隔声、防护设置完好，通风、采光良好。

过程 10　项目物业管理

5）消防监控设备型号与移交清单相符，工作性能良好，反应敏捷，标识清楚，表面完好无损，设备安装牢固，机房干燥、通风、采光良好。

6）给水排水设备型号、数量与移交清单相符，工作状态良好，标识清楚，设备表面油漆完好无损、安装牢固、无渗漏现象，机房配置完整。

7）保安监控设备型号与移交清单相符，工作性能良好，反应敏捷，标识清楚，表面完好无损，设备安装牢固，机房干燥、通风、采光良好。

拓展阅读

物业承接查验相关法律制度

1.《物业管理条例》

第二十八条　物业服务企业承接物业时，应当对物业共用部位、共用设施设备进行查验。

第二十九条　在办理物业承接验收手续时，建设单位应当向物业服务企业移交下列资料：

（1）竣工总平面图，单体建筑、结构、设备竣工图，配套设施、地下管网工程竣工图等竣工验收资料；

（2）设施设备的安装、使用和维护保养等技术资料；

（3）物业质量保修文件和物业使用说明文件；

（4）物业管理所必需的其他资料。

物业服务企业应当在前期物业服务合同终止时将上述资料移交给业主委员会。

第三十一条　建设单位应当按照国家规定的保修期限和保修范围，承担物业的保修责任。

2.《物业承接查验办法》

第十一条　实施承接查验的物业，应当具备以下条件：

（1）建设工程竣工验收合格，取得规划、消防、环保等主管部门出具的认可或者准许使用文件，并经住房城乡建设主管部门备案；

（2）供水、排水、供电、供气、供热、通信、公共照明、有线电视等市政公用设施设备按规划设计要求建成，供水、供电、供气、供热已安装独立计量表具；

（3）教育、邮政、医疗卫生、文化体育、环卫、社区服务等公共服务设施已按规划设计要求建成；

（4）道路、绿地和物业服务用房等公共配套设施按规划设计要求建成，并满足使用功能要求；

（5）电梯、二次供水、高压供电、消防设施、压力容器、电子监控系统等共用设施设备取得使用合格证书；

（6）物业使用、维护和管理的相关技术资料完整齐全；

（7）法律、法规规定的其他条件。

第十二条　实施物业承接查验，主要依据下列文件：

（1）物业买卖合同；

（2）临时管理规约；

（3）前期物业服务合同；

（4）物业规划设计方案；

（5）建设单位移交的图纸资料；

（6）建设工程质量法规、政策、标准和规范。

第十四条　现场查验 20 日前（根据地产集团公司相关流程，承接查验应在集中交付前 2 个月进行），建设单位应当向物业服务企业移交下列资料：

（1）竣工总平面图，单体建筑、结构、设备竣工图，配套设施、地下管网工程竣工图等竣工验收资料；

（2）共用设施设备清单及其安装、使用和维护保养等技术资料；

（3）供水、供电、供气、供热、通信、有线电视等准许使用文件；

（4）物业质量保修文件和物业使用说明文件；

（5）承接查验所必需的其他资料。

任务 10-2　项目的前期物业管理

任务背景

GC2018—075 地块物业项目承接查验工作顺利交接，赵亮圆满完成了交接任务，并和邕江物业顺利完成前期物业服务合同的签约，接下来就是交付给邕江物业进行前期物业管理。赵亮继续把工程部的部分工程师留下来组成该项目的返修办公室，赵亮继续担任该项目返修办的负责人，负责对该项目进行保修。赵亮的工作主要是和前期物业管理的邕江物业打交道，负责处理物业反馈的业主报修的房屋质量遗留问题。所以，在返修工作过程中，赵亮对于前期物业管理工作有了深入的了解，更查阅了大量关于前期物业管理的法律法规。

任务设定

前期物业管理相关法律法规都包括哪些？你了解吗？请与赵亮一起通过本任务的学习。

知识链接

一、前期物业管理

（一）前期物业管理的概念

从物业开始销售（预售）起，至业主大会、主委员会成立，业主、业主大会选聘物业服

过程 10　　项目物业管理

务企业之前，由建设单位选聘物业服务企业实施的物业管理，被定义为前期物业管理。《物业管理条例》规定："建设单位在出售住宅小区房屋前，应当选聘物业服务企业承担住宅小区的管理，并与其签订书面的前期物业服务合同。"前期管理的全面正式启动以物业的接管验收为标志，从物业的接管验收开始到业主大会选聘新的物业服务企业并签订物业服务合同为止，包括物业的接管验收、业主入住、档案资料的建立、日常的前期物业管理服务、首次业主大会召开五个基本环节。

　　(1)物业的接管验收。物业的接管验收包括新建物业的接管验收和原有物业的接管验收。新建物业的接管验收是在项目竣工验收的基础上进行的再验收。接管验收一旦完成，即由建设单位向物业服务企业办理物业管理的交接手续后，就标志着正式进入前期物业管理阶段。原有物业的接管验收通常发生在产权人将原有物业委托给物业服务企业之间；或者发生在原有物业改聘物业服务企业，在新老物业服务企业之间。针对上述两种情况，由开发建设单位选聘物业服务企业，原有物业接管验收的完成标志着进入前期物业管理阶段；由业主大会选聘物业服务企业，原有物业接管验收的完成标志着进入物业管理的日常运作阶段。

　　(2)业主入住。业主入住是指住宅小区的居民入住，或者商贸楼宇中业主和租户的迁入，这是物业服务企业与服务对象的首次接触，是物业管理十分重要的环节。业主入住时，物业服务企业向业主发放业主临时公约等材料，将房屋装饰装修中的禁止行为和注意事项告知业主，还要通过各种宣传手段和方法，使业主了解物业管理的有关规定，并主动配合物业服务企业日后的管理服务工作。

　　(3)档案资料的建立。档案资料包括业主或租住户的资料和物业的资料等。业主或租住户入住以后，应及时建立他们的档案资料。档案资料要尽可能完整地归集从规划设计到工程竣工、从地下到楼顶、从主体到配套、从建筑物到环境的全部工程技术维修资料，尤其是隐蔽工程的技术资料。档案资料经整理后按照其本身的内在规律和联系进行科学的分类与归档。

　　(4)日常的前期物业管理服务。日常的前期物业管理服务与物业管理的日常运作阶段的工作内容相似，只是物业服务合同的委托方不同。前者的委托方一般为建设单位或产权单位；而后者的委托方一般为全体业主。

　　(5)首次业主大会召开。当物业销售和业主入住达到一定年限或一定比例时，业主应在物业所在地政府主管部门和街道办事处(乡镇人民政府)的指导下，组织召开首次业主大会，审议和通过业主公约与业主大会议事规则、选举产生业主委员会、选聘物业服务企业，决定有关业主共同利益的事项。业主委员会与选聘的物业服务企业签订物业服务合同后，物业管理工作就从前期物业管理阶段转向日常运作阶段。

(二)物业管理早期介入与前期物业管理的区别

　　在很多地方都把前期物业管理和物业管理早前期介入混为一谈，或者把早期介入纳入前期管理的范畴，前期物业管理与早期介入的区别主要体现在以下几个方面：

　　(1)发生时段不同，如图 10-1 所示。

　　(2)参与管理的身份不同。物业管理早期介入一般是以咨询或顾问的身份参与房地产的开发过程，不一定与房地产开发商确定了合同关系。前期物业管理必须通过参加招投标或

过程 10　项目物业管理

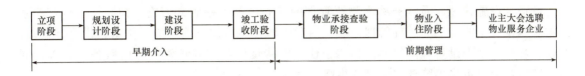

图 10-1　发生时段不同

其他形式与房地产开发商确立委托合同关系后方可进行，此时物业管理公司已依法拥有了该物业的经营管理权。

（3）作用不同。早期介入是物业服务企业站在日后使用和管理的立场上，对房地产的开发过程提出具体的意见和建议，至于这些意见和建议是否被接受并付诸实施，决定权在开发商，并且能否早期介入，介入的时机及程度均取决于开发商。因此，早期介入仅有辅助功能。前期物业管理是物业服务企业接受开发商全权委托，行使管理权并承担相应的民事法律责任。

（4）参与人员不同。在早期介入中，物业管理仅派几个懂工程的专业人员参加，而前期物业管理是物业服务企业的全部人员参与。

二、物业管理的模式

就物业管理的目的和意图而言，无论是将房地产作为生产消费还是作为生活消费，其管理的共性都必须是一种全方位的服务与管理。所谓"全方位"，即依照物业经营的范围与内容，站在权利与义务的高度，以热情周到的服务去满足人们在生产与生活等诸多方面所需要的服务与管理。

（一）常规性的公共服务与管理

1. 房产与地产（包括建筑用地与环境用地）的产权、产籍管理

房屋产权管理的内容，是指在明确房屋产权和产权取得方式的情况下，包括对所辖各类房屋及其附属设施的所有权、使用权进行登记、审查和确认等方面的服务与管理；房屋产籍管理的内容，是经房屋产权登记后，包括对房屋所处的地理位置、产权归属和历史情况等所进行的产权情况的综合管理。房屋产权产籍管理是有效地为产权管理和为城市建设规划管理提供重要依据的管理。

地产产权管理的内容，是在城市土地及其建设用地的权属依国家法律、法规确认的情况下，包括对所辖各类建设用地所进行的所有权、使用权等的权属登记、变更和依法禁止违章占地、非法侵占、出租和买卖等方面的管理；地产的产籍管理内容是在用地权属关系明晰后，为保护所有权、使用权等的合法权益，包括行政、经济、法律和技术等所进行的地籍方面的综合管理。

2. 房屋建筑物及其附属构筑物的维护管理

房屋建筑物及其附属构筑物的管理，通常称为物业管理中的主业管理，是物业管理的基础性管理。它包括对所辖各类建筑物与构筑物的保养、维修、修缮及局部改、扩建，以及其他使房屋保值增值等方面的服务与管理。

过程 10　项目物业管理

3. 物业设备与设施的维护管理

设备与设施管理，通常被称为物业管理的核心，是关系到人们吃、穿、住、行，关系到物质与精神文明建设的一种管理。它包括对所辖各类基础设施、给水排水、供电、供暖、通信、燃料、动力设备等的保养、检修，使之保持良好状态并正常运行的服务与管理，同时，还包括为业主妥善管理房屋设备维修基金。

4. 物业区域的公共秩序维护管理

保安与消防管理是关系到人们生命财产和城市社区长治久安的管理。它包括对所辖各类安全与消防设备、设施、治安、保卫、安全、消防隐患等方面的服务和管理，以及配合公安和消防部门所做的住宅区内公共秩序维护与安全防范工作。

5. 环境、卫生与绿地维护管理

环境、卫生与绿地管理，通常被人们称为物业的"窗口"管理，目的是提供温馨、舒适的环境，使人赏心悦目。它包括对所辖道路、电梯、楼内通道、绿化美化等保养、保洁的服务与管理。

6. 物业区域内的交通协助管理

交通协助管理是针对物业服务区内车辆道路的管理，是区域内交通顺畅、内外联系快捷、建立有秩序的小区环境的保障。随着当前私家车辆的增多，交通协管的作用越来越重要。

7. 公众代办性质的服务

公众代办性质的服务是当今人们生活节奏加快的必然产物，也是体现物业服务企业人性化服务的重要方面。其主要包括为业主代缴水电费、煤气费等。

（二）针对性的专项服务

针对性的专项服务是指物业管理企业面向广大业主、物业使用人，为满足其中部分住户、群体和单位的一定需要而提供的各项服务工作。其特点是物业服务企业事先设立服务项目，并将服务内容、质量与收费标准公布于众，当业主、物业使用人需要这种服务时，可以自行选择。专项服务实质上是一种代理业务服务，专为业主、物业使用人提供生活、工作的方便。专项服务是物业管理企业开展多种经营的主要渠道之一。专项服务的主要内容有日常生活、商业服务、文教卫生、社会福利及各类中介服务五大类。其中，各类中介服务是指物业管理企业接受业主委托，开展代办各类保险，代理市场营销、租赁，进行房地产评估及其他中介代理工作。当然，从事各类中介代理工作的机构和人员，必须依照国家法律法规的规定，依法取得相应的资质和资格。

（三）委托性的特约服务

委托性的特约服务是指物业服务企业为了满足业主、物业使用人的个别需求受其委托而提供的服务。通常是指在物业服务合同中未约定、物业服务企业在专项服务中也未设立，而业主、物业使用人又提出该方面需求的服务项目。特约服务实际上是专项服务的补充和完善。而当有较多的业主和物业使用人有某种需求时，物业服务企业可以将此项特约服务纳入专项服务。

综上所述，常规性的公共服务、针对性的专项服务和委托性的特约服务构成物业管理的基本内容。物业服务企业首先要做好常规性的公共服务，同时确定针对性的专项服务、委托性的特约服务中的具体服务项目与内容，采取灵活多样的经营机制和服务方式，坚持以人为本、业主至上的原则，努力做好物业管理的各项管理与服务工作，并不断地拓展其广度和深度。

三、前期物业管理的招投标

《物业管理条例》第三十二条规定："从事物业管理活动的企业应当具有独立的法人资格。国务院住房城乡建设主管部门应当会同有关部门建立守信联合激励和失信联合惩戒机制，加强行业诚信管理。"物业服务企业具有独立的法人资格，能以自己的名义享有民事权利，承担相应的民事责任。

物业服务企业一般是通过市场招投标选聘。《物业管理条例》第三条规定："国家提倡业主通过公开、公平、公正的市场竞争机制选择物业服务企业。"一般情况下，一个相对独立的物业区域应选择一家物业服务企业统一管理。

物业管理一般可分为前期物业管理和业主委员会成立之后的物业管理。前期物业服务企业的选聘一般由物业的建设单位负责。《物业管理条例》第二十一条规定，前期的物业管理一般由建设单位选聘物业服务企业，该物业服务企业管理物业的期限一直到业主、业主大会做出重新选聘物业服务企业为止。若业主大会继续选聘该企业，则该企业需与业主委员会签订新的物业服务合同，否则必须将此物业相关资料移交给业主大会新选聘的物业服务企业。

前期物业服务企业一般通过招标投标的方式选聘。这时的招标投标工作由开发建设单位负责组织。《物业管理条例》第二十四条规定："国家提倡建设单位按照房地产开发与物业管理相分离的原则，通过招标投标的方式选聘物业服务企业。住宅物业的建设单位，应当通过招标投标的方式选聘物业服务企业；投标人少于3个或者住宅规模较小的，经物业所在地的区、县人民政府房地产行政主管部门批准，可以采用协议方式选聘物业服务企业。"

物业管理招标投标必须遵循公开、公平、公正和诚实信用的原则，依据《中华人民共和国招标投标法》第二条的规定，物业管理招标投标活动必须严格遵守《中华人民共和国招标投标法》和相关的物业管理法律、法规和政策的规定。一般来说，物业服务企业招标投标应当注意下列事项：

（1）招标人在招标投标前应依法向有关主管机构提交材料，并办理相关手续。例如，北京市规定的备案材料有：①招标项目简介；②招标活动方案，包括招标组织机构时间安排、评标委员会评分标准；③招标书，包括物业管理内容范围、收费、服务要求、对投标单位要求等。

（2）招标人可以公开招标，也可以邀请招标。但是采取邀请招标方式的，应保证程序的合法公平。例如，北京市规定，邀请招标的应向3个以上物业服务企业发出投标邀请书。

（3）招标前应编制招标文件。招标文件中应包括招标人名称、地址、联系方式、项目基本情况、所要求的物业服务标准、物业管理收费标准，以及对投标单位、投标书的要求，评标标准等内容。

(4)投标人应当按照招标文件的要求编制投标文件,并按照招标文件规定的时间将标书送到指定地点。如果招标文件要求必须缴纳保证金的,应当依法缴纳保证金。

(5)评标委员会的确定及评标的方法和标准。评标委员会的组成以及评标方法、标准应当确保公正,达到优胜劣汰的目的。例如,北京市规定,评标委员会应由招标人代表及从事物业管理相关工作满5年以上,并且具有中级以上职称,或具有同等专业水平的专家组成,专家从房地产行政主管部门建立的评标专家库中随机抽取。评标时,根据招标人和指导单位共同制定的标准打分,综合评分分数最高者为中标人。

(6)签订前期物业服务合同。中标人确定后,招标人应当向中标人发出中标通知书。双方应自中标通知书发出之日起一定日期内,按照招标文件规定的内容签订前期物业服务合同。有的地方还规定在合同签订之日起一定时间内,应将合同报送有关部门备案。

需要注意的是,《物业管理条例》并没有要求所有的房地产的物业服务企业都必须采取招投标的方式选聘,只是对于涉及面最大、数量最多的住宅物业,要求必须采取招投标的方式选聘物业服务企业,而且对于投标人少于3个或者住宅规模较小的,经物业所在地的区、县人民政府房地产行政主管部门批准,还可以采用协议方式选聘物业服务企业。

四、物业服务合同

(一)物业服务合同的概念

《民法典》第三篇合同中的第二十四章物业服务合同第九百三十七条规定了物业服务合同的定义是物业服务人在物业服务区域内,为业主提供建筑物及其附属设施的维修养护、环境卫生和相关秩序的管理维护等物业服务,业主支付物业费的合同。物业服务人包括物业服务企业和其他管理人。它明确了物业服务企业和业主各自享有的权利与承担的义务,是建立业主和物业服务企业关系的法律文件,提供了当事人双方活动的范围和准则,是业主的权利保障书,在整个物业管理活动中处于核心地位。正确认识物业服务合同相关内容及注意事项,对每位业主都很重要。

(二)物业服务合同的特征

1. 物业服务企业以业主或业主委员会的名义和费用处理委托事务

物业服务企业因处理委托事务(如房屋维修、设备保养、治安保卫、消防安全、清洁卫生、园庭绿化等)所支出的必要费用,应由业主承担。

2. 物业服务合同是有偿的

业主不但应支付物业服务企业在处理委托事务中的必要费用,还应支付物业服务企业一定的管理酬金,这是物业服务企业为组织物业服务而取得的报酬。

3. 物业服务合同的订立是以当事人相互信任为前提的

任何一方通过利诱、欺诈、蒙骗等手段签订的合同,一经查实,可依法起诉,直至解除合同关系。

4. 物业服务合同的内容必须是合法的

物业服务合同应体现当事人双方的权利、义务的平等与一致,并不得与现行的物业管理法规相抵触,否则,合同将不受法律保护。

5. 物业服务合同既是诺成合同又是双务合同

所谓诺成合同，是一种不需要实物的交付履行就可以成立的一种特殊形式的合同，它又叫作"非要式合同"。物业服务合同自业主委员会与物业服务企业就合同条款达成一致意见即告成立，无须以物业的实际交付为要件，故为诺成合同。同时，委托人和受托人双方互相承担义务和享有权利，故为双务合同。

（三）物业服务的类型

物业服务合同分为两类：一类是建设单位与物业服务企业订立的前期物业服务合同；另一类是业主委员会与物业服务企业订立的物业服务合同。这两种类型的物业服务合同以其合同主体的不同作为区分依据，分别形成于物业管理的两个不同时期，不能同时并存，后者的生效将直接导致前者的失效。因其签订主体与形成时期的不同也决定了这两类合同内容的差异性。

（四）物业服务合同的主要内容

（1）物业服务事项。包括物业的基本情况及物业管理企业应为业主提供管理服务的具体内容。

（2）服务质量。对物业管理企业提供的管理服务规定具体的质量要求。

（3）服务费用。包括收费方式（包干制或酬金制）、收费事项、标准及日期等。

（4）双方的权利和义务。明确合同双方在物业管理服务中可以享有的权利和应当履行的义务。

（5）专项维修资金的管理和使用。因为专项维修基金的特殊性和敏感性，需要当事人在国家规定的基础上对其管理和使用的规则、方式、程序等作出明确具体的约定。

（6）物业管理用房。细化物业管理用房的配置、用途、产权等。

（7）服务期限。双方当事人协议商定合同条款的期限。

（8）违约责任。明确物业服务合同中一方当事人或双方当事人不履行合同时应当承担的法律责任。

另外，物业服务合同一般还应载明合同变更与解除的约定、解决合同争议的方法以及其他约定的事项内容等。《物业管理条例》第二十条规定建设单位与物业买受人签订的买卖合同应当包含前期物业服务合同约定的内容。

拓展阅读

前期物业服务合同示范文本

_____（物业管理区域）前期物业服务合同

建设单位（甲方）：_____

营业执照注册号：_____

过程 10 项目物业管理

企业资质证书号：_____

法定代表人：_____

通信地址：_____

联系电话：_____

邮政编码：_____

物业服务人（乙方）：_____

营业执照注册号：_____

企业信用信息：_____

法定代表人：_____

通信地址：_____

联系电话：_____

邮政编码：_____

根据《民法典》《物业管理条例》等有关法律、法规的规定，在自愿、平等、协商一致的基础上，甲方以招标（协议）方式选聘乙方对_____（物业管理区域）提供前期物业服务，订立本合同。

第一章 物业基本情况

第一条 本合同所涉及的物业基本情况

物业名称：_____；

物业类型：_____；

坐落位置：_____市_____县（区、市）_____街道（乡、镇）_____路（街、巷）_____号；

物业管理区域四至：

东至：_____；

南至：_____；

西至：_____；

北至：_____；

占地面积：_____平方米；

总建筑面积：_____平方米；其中住宅_____平方米，非住宅_____平方米；

配备物业服务用房_____平方米，具体位置：_____；其中：物业办公用房_____平方米，具体位置：_____；业主委员会用房_____平方米，具体位置：_____。

第二条 物业管理区域内的物业规划平面图、物业构成分别作为本合同附件 1 和附件 2。

第二章 物业服务内容与质量

第三条 在物业管理区域内，乙方须遵循相关法律法规和政策要求，设立专门服务机构负责本物业管理区域内的日常服务、管理工作。乙方提供的前期物业管理服务包括以下内容：

(一)制订物业服务工作计划并组织实施；

(二)物业档案资料的收集与管理，妥善保管业主信息，对业主信息使用遵循合法、正当、必要原则；

(三)物业共用部位的日常维护与保养；

(四)物业共用设施设备的日常维护与保养；

(五)物业共用部位、共用设施设备和相关场地的清洁卫生、垃圾清扫，公共雨、污水管道的疏通；

(六)公共绿化的日常养护和管理；

(七)车辆进出、停放秩序管理；

(八)维护物业管理区域内公共秩序，协助政府做好公共突发事件的应急处置，定期开展消防等公共安全的应急演练；

(九)_____

第四条　乙方应当按照国家和自治区有关物业服务的规定及本合同约定实施物业管理服务；本合同约定的具体服务标准为《普通住宅小区前期物业服务等级指导标准(试行)》的第____级标准。

第五条　乙方不得以经营亏损为由减少服务内容，降低服务质量标准。

第六条　在本物业管理区域内，业主、物业使用人如需委托乙方提供特约有偿服务，服务费用由委托方另行支付，费用标准由委托方和乙方协商确定。

第三章　物业服务收费

第七条　本物业管理区域物业服务收费包括物业服务费、装修垃圾清运费、电梯运行费、消防设施运行费、二次供水加压费、出入证(卡)制作工本费、停车收费、_____等，具体收费标准如下：

(一)物业服务费

住宅：_____元/(月·平方米)；

商业物业：_____元/(月·平方米)；

办公物业：_____元/(月·平方米)；

____物业：_____元/(月·平方米)；

业主依法将住宅变更为其他用途的，根据变更后的物业性质的收费标准支付物业费。

(二)装修垃圾清运费，是指业主或物业使用人委托乙方清运装修房屋建筑垃圾所收取的费用：_____元/(平方米·一次装修)。

(三)电梯运行费，是指为保证电梯安全有序运行使用而需要支出的费用，包括维保费、年检费、电费、保险费、小额维修费、发电燃油等费用：□_____元/(平方米·月)；□_____元/(户·月)。

(四)消防设施运行费，是指用于保证消防设施安全运行的专业年检、维保支出的费用：□_____元/(平方米·月)；□_____元/(户·月)。

(五)二次供水加压费，是指乙方为二次加压供水设备运行维护、清洗、水质监测及能耗等提供服务，向享受服务的楼幢所收取的费用：□_____元/(平方米·月)；□_____元/(户·月)。

（六）出入证（卡）制作工本费，是指甲方或者乙方为业主制作小区出入证（卡）的工本费。甲方为每户业主免费配置出入证（卡）____个。超出部分，按照____元/证（卡）收取工本费。

（七）停车收费，包括车位（库）租赁费和车辆停放服务费或车位（库）物业服务费。车位（库）出租单位收取车位租赁费后不得再向承租人收取车位（库）物业服务费，车位（库）物业服务费应由出租人或单位承担；业主或物业使用人在物业管理区域内的公共停车位（库）内停车应交纳车辆停放服务费。乙方收取车辆停放服务费后不得再向业主或物业使用人收取车位（库）物业服务费（利用物业管理区域内公共场地收取的车辆停放服务费属于公共收入，乙方只能按照本合同约定的比例提取合理经营管理成本）；业主在自己拥有使用权的车位（库）内停车应交纳车位（库）物业服务费。业主或者物业使用人对车辆有保管要求的，应当与乙方另行约定。具体收费标准如下：

1. 车位（库）租赁费，是指甲方将拥有所有权（使用权）的车位（车库）出租给承租人，并委托乙方所收取的费用（不包含车辆保管费用）：
(1) 地下室车位（库）_____元/（个·月）；
(2) 地面露天车位（库）_____元/（个·月）；
(3) _____。

2. 车位（库）物业服务费，是指乙方对物业管理区域所有的产权停车位（库）提供秩序维护、公共清洁、公共设备维护等服务而向车位（库）权属人收取的费用：
(1) 地下室车位（库）_____元/个·月；
(2) 地面露天车位（库）_____元/个·月；
(3) _____。

3. 车辆停放服务费是指为物业服务区域内公共车位（库）及其他占用业主共有道路或者其他场地增设的车位提供秩序维护、公共清洁、公共设备维护等服务而向车辆停放人所收取的费用：
(1) 地下室车位（库）_____元/（个·月）；
(2) 地面露天车位（库）_____元/（个·月）；
(3) _____。

（八）其他费用：_____。

本条约定的物业服务费不含物业保修期满后维修、更新、改造等应由物业专项维修资金列支的费用。

本条面积按《不动产登记证》（未办理《不动产登记证》之前按物业买卖合同）标注的建筑面积计。

第八条　前期物业服务合同生效之日至房屋交付之日，甲方已竣工验收但尚未出售或者尚未交付给物业买受人的房屋、车位等物业的物业收费由甲方承担；房屋交付之日后的物业收费由物业买受人承担。

甲方单方面向业主或物业买受人承诺减免的物业服务收费由甲方据实直接向乙方支付。

第九条　物业服务费应按____（年/季/月）支付。甲方、业主或物业使用人应在____（每次交费具体时间）履行支付义务。

业主或物业买受人约定由物业使用人支付物业费的，从其约定，业主或物业买受人对该付款义务承担连带责任。业主或物业买受人应当将其与物业使用人之间的交费约定，及时书面告知乙方。

第十条 本合同约定的物业服务收费政府指导价变动的,甲方、业主和乙方可以根据自治区物业服务等级评定的有关规定先行核定物业管理区域的物业服务等级后,再按照核定的物业服务等级在新政府指导价的范围内进行调整。

当地规定的最低工资标准、社保缴纳基数上涨时,乙方有权要求甲方在街道办事处、社区居委会指导监督下组织业主表决,经过业主依法表决同意后调整物业服务费收费标准。

第十一条 乙方应当向全体业主公布物业管理年度计划和物业服务资金年度预决算,并每年_____次向全体业主公布物业服务资金收支情况。乙方应当及时答复业主对物业服务资金年度预决算和物业服务资金收支情况提出的咨询。

第十二条 乙方物业服务费

本条物业服务费的结算方式采用下列第____种方式:

(一)包干制:乙方按包干制收费形式确定物业服务费,盈余或者亏损均由乙方享有或者承担。

(二)酬金制:乙方在本合同第七条约定的物业服务收费中按下述第____种方式提取酬金,其余全部用于物业服务合同约定的支出,结余或者不足部分均由业主享有或者承担:

1. 每____(月/年)在预收的物业服务资金中按____%的比例提取酬金;

2. 每____(月/年)在预收的物业服务资金中提取____元的酬金。

第十三条 物业交付使用时,乙方不得向物业买受人收取本合同约定以外的任何费用。

第四章 物业的经营与管理

第十四条 本物业管理区域内物业共用部位、共用设施设备委托乙方经营管理,可以从事商业推广、停车、广告等经营活动,经营管理活动应当符合法律、法规和当地政府相关规定,且不能影响业主的正常生活环境和秩序。

第十五条 乙方利用物业管理区域内物业共用部位、共用设施设备经营产生的公共收益归全体业主共有,乙方应当单独列账并按照规定及时公示。公共收益是指公共收入在扣除_____%的经营管理成本后的税后净收入。业主有权查询与公共收益相关的收支明细、合同、协议。

第十六条 乙方应当按照规定在物业管理区域内显著位置如实公示并及时更新管理服务信息,同时通过其他便捷方式告知全体业主。

业主对公示内容有异议的,物业服务人应当及时解答。

第十七条 物业买受人、物业使用人、乙方应当按照《临时管理规约》《住宅使用说明书》和本合同约定的使用要求和注意事项安全合理使用、管理物业。

第五章 物业的承接查验

第十八条 甲方交付使用的物业共有部位、共用设施设备应当符合相关法律法规和物业买卖合同约定的建设和验收标准,按照国家《物业管理条例》等法律法规政策规定进行查验、承接、保存。

第十九条 物业承接查验发生的必要费用由甲方(乙方)承担。

第二十条 甲方应当在物业承接查验前二十日内向乙方移交下列资料:

(一)竣工总平面图,单体建筑、结构、设备竣工图,配套设施、地下管网工程竣工图、绿化工程竣工图等竣工验收资料;

(二)共用设施设备清单及其安装、使用和维护保养等技术资料;
(三)供电、供水、供燃气、通信、有线电视等准许使用文件;
(四)物业质量保修文件和物业使用说明文件;
(五)物业服务用房的清单;
(六)按照国家有关规定承接查验所必需的其他资料。

甲方未在前款规定的期限内全部移交前款所列资料的,应当列出未移交资料的详细清单,并书面承诺补交的具体期限。

第二十一条　乙方应当将物业承接查验备案情况书面告知业主或物业买受人,并将物业承接查验资料作为物业管理档案长期保存。物业承接查验资料属于全体业主共有,业主有权免费查询。

第六章　物业的维修

第二十二条　甲方按照国家规定、物业买卖合同及《住宅质量保修书》约定的保修期限和保修范围承担物业的保修责任。物业保修期内发生的维修、更新、改造责任和费用,由甲方承担。

属于人为损坏的,费用由责任人承担。

第二十三条　业主对物业专有部分的维修养护行为不得妨碍其他业主的合法权益。

因维修养护物业确需进入相关业主的物业专有部分时,业主或乙方应事先告知相关业主,相关业主应给予必要的配合。

相关业主阻挠维修养护的进行造成物业损坏及其他损失的,应负责修复并承担赔偿责任。

第七章　物业专项维修资金的管理与使用

第二十四条　物业买受人应当按照国家和自治区、设区市的有关规定,将首期物业专项维修资金存入人民政府住房城乡建设主管部门设立的物业专项维修资金专户。

首期物业专项维修资金由甲方在办理销售手续前预交。买受人在签订物业买卖合同时需向甲方支付其代垫的物业专项维修资金。

第二十五条　下列费用不得从物业专项维修资金中列支:
(一)应当由业主独自承担的专有部位和自用设施设备的维修、更新费用;
(二)依法应由甲方或者施工单位承担保修的住宅共用部位、共用设施设备维修、更新和改造费用;
(三)依法应由相关单位承担的供水、供电、供气、通信、有线电视、_____等管线和设施设备的维修、养护费用;
(四)应当由当事人承担的因人为损坏物业共用部位、共用设施设备所需的维修费用;
(五)根据约定,应当由乙方从物业服务费用或者物业服务资金中支出物业共用部位、共用设施设备的日常维修养护费用;
(六)_____。

第二十六条　发生下列严重影响物业正常使用的紧急情况,需要立即对物业共用部位、共用设施设备进行紧急维修、更新、改造的,乙方应当及时制定维修、更新、改造方案并在物业管理区域内显著位置公告后依法启动紧急维修程序:
(一)水泵、水箱(池)发生故障,影响正常使用的;

（二）电梯发生故障，电梯专业检测机构出具整改通知书要求停运的；

（三）外墙墙面、建筑附属构件有脱落危险，有资质的鉴定机构出具鉴定文件的；

（四）屋顶或者外墙渗漏，严重影响房屋使用，有资质的鉴定机构出具鉴定文件的；

（五）专用给水排水设施坍塌、堵塞、爆裂的；

（六）消防设施和消防器材缺失、破损严重，危及公共安全，消防救援机构出具整改通知书的；

（七）_____。

第二十七条　物业管理区域发生应当使用专项维修资金的维修、更新和改造情形，业主无法表决通过乙方编制的专项维修资金使用建议的，乙方可以在社区居委会的监督指导下从公共收益中提取相应费用及时进行维修、更新和改造，乙方应当公示并保存维修、更新和改造相关凭据材料供业主查询。

第八章　各方的权利义务

第二十八条　甲方的权利义务

（一）甲方享有以下权利：

1. 监督乙方履行物业服务合同；
2. 有权对乙方的物业服务行为提出意见和建议；
3. 与乙方协商相关物业管理事宜；
4. 对乙方不当服务行为，有权要求乙方限期整改；
5. _____；
6. 法律、法规规定的其他权利。

（二）甲方应履行的义务：

1. 在与物业买受人签订物业买卖合同时，将本合同和《临时管理规约》作为买卖合同附件，并依法要求物业买受人签署相关承诺。
2. 甲方应会同乙方进行物业承接查验与交接工作，向乙方移交符合规定的物业服务用房和本物业管理区域的相关资料；
3. 在物业管理区域达到成立业主大会、选举业主委员会法定条件时，依法提请并配合筹备首次业主大会会议；
4. 依照法律法规规定和合同约定履行相应的保修责任；
5. 向乙方提供本物业管理区域内物业买受人或业主的个人信息，包括但不限于房号、姓名、身份证号码、联系电话、通信地址等信息；
6. 对业主、物业使用人违反法规、规章的行为，协助乙方提请有关部门处理；
7. 协调、配合乙方共同处理本合同生效前发生的相关遗留问题；
8. _____；
9. 法律、法规规定的其他义务。

第二十九条　乙方的权利义务

（一）乙方享有以下权利：

1. 按照本合同约定提供管理服务并经营管理共有部分；
2. 按照本合同约定向甲方、业主、物业使用人收取各项费用；
3. 接受业主、物业使用人的委托，提供特约服务并收取相应费用；

4. 业主违反约定逾期不支付物业费的，可以通过信函、电话、短信息等方式催告其在合理期限内支付；合理期限届满后仍不支付的，乙方可以在业主户门、物业管理区域内显著位置将欠费情况予以公告；

5. _____；

6. 法律、法规规定的其他权利。

(二)乙方应履行的义务：

1. 乙方应按照本合同的约定服务内容和服务标准提供物业管理服务；

2. 配合首次业主大会会议筹备组开展筹备工作；

3. 接受甲方及业主、物业使用人的监督；

4. 及时受理和处理业主、物业使用人的物业管理相关投诉；

5. 在物业管理区域内公示法定和本合同约定的相关物业管理信息和资料文件；

6. 劝阻、制止本物业管理区域内违反有关消防、治安、环保、装饰装修等规定的行为，并及时报告街道办事处、乡镇人民政府或者有关行政主管部门；

7. 与业主签订装饰装修管理协议，告知装修中的禁止行为和注意事项，并对装修活动现场进行巡查；

8. 协助做好本物业管理区域内的安全防范工作，发生危险时，应采取紧急措施，并及时报警；

9. 采取合理措施防范物业管理区域中的高空抛物和坠落物品行为；

10. 协助规范垃圾投放并及时清扫清运；

11. 未经过业主同意或为物业管理工作需要，不得向任何第三方披露业主的个人信息；

12. 新物业服务人依法接管时，应按规定办理好交接事项；

13. _____；

14. 法律、法规规定的其他义务。

第三十条 业主和物业买受人的权利义务

(一)业主和物业买受人享有以下权利：

1. 监督乙方履行物业服务合同；

2. 有权对乙方的物业服务行为提出意见和建议；

3. 有权要求甲方履行合同义务，维护业主或物业买受人的物业权益；

4. 有权拒绝乙方不当的收费；

5. _____；

6. 法律、法规规定的其他权利。

(二)业主和物业买受人应履行的义务：

1. 遵守法律、法规、临时管理规约；

2. 履行合同约定的业主或物业买受人应履行的义务；

3. 按时足额支付各项物业服务费用；

4. _____；

5. 法律、法规规定的其他义务。

第九章 合同的解除和终止

第三十一条 本合同有效期自____年____月____日起至____年____月____日止(不得超

过五年）；但在本合同期限内，业主委员会与业主大会选聘的物业服务人签订的物业服务合同生效时，本合同自动终止。

第三十二条　前期物业服务合同期限届满，业主没有依法共同作出续聘或者另聘物业服务人的决定，乙方仍按照本物业服务合同继续提供服务的，本物业服务合同继续有效，但是服务期限为不定期，当事人可以随时解除不定期物业服务合同。

第三十三条　物业管理区域业主入住情况未达到成立业主大会条件，乙方退出的，甲方应当按照自治区选聘前期物业服务人相关规定重新选聘物业服务人。

物业管理区域业主入住情况达到成立业主大会条件，乙方退出的，由甲方或10名以上业主向物业所在地街道办事处或者乡镇人民政府申请成立业主大会，由业主大会依法选聘物业服务人；业主大会无法成立或无法及时选聘的，由物业所在地街道办事处、乡镇人民政府指导社区居民委员会按照原前期物业服务合同约定的服务内容和收费标准在应急物业服务人备选库中抽签选定物业服务人进行临时代管。

第三十四条　终止或者解除本合同，甲乙双方应当依法提前告知相关业主、物业使用人、街道办事处或者乡镇人民政府、社区居委会和相关行政主管部门。

第三十五条　乙方退出物业管理区域时应当依法与业主委员会办理移交手续，没有业主委员会或者业主委员会不能正常履行职责的，与居（村）民委员会办理交接。

乙方不得以业主欠交物业费、对业主共同决定有异议、与业主大会或者业主委员会有其他纠纷等为由拒绝办理交接，不得以任何理由阻挠新物业服务人进场服务。

第十章　违约责任

第三十六条　甲方违反相关法律法规或本合同约定，致使乙方服务质量未能达到本合同约定标准的，乙方有权要求甲方限期改正，逾期未改正的，乙方对所受影响的服务质量不承担责任。

甲方违约解除本合同的，应按未履行合同期内物业服务费总额的＿＿＿％向乙方支付违约金。

第三十七条　乙方违反相关法律法规或本合同约定，服务质量未达到本合同约定标准的，甲方、业主有权要求乙方限期改正，逾期未改正或无正当理由不改正的，乙方应按当月物业服务费每日＿＿＿‰的比例向受到物业服务质量影响的业主支付违约金，违约金从应收物业服务费中扣减。

乙方违约解除本合同的，应按未履行合同期内物业服务费总额的＿＿＿％向甲方支付违约金。

第三十八条　业主、物业使用人不按时足额支付物业服务费、停车费或者本合同约定的其他费用的，乙方可按拖欠金额每日＿＿＿‰的比例向欠费业主、物业使用人收取违约金。

第三十九条　乙方违反本合同约定，擅自提高物业服务费用标准、扩大收费范围、重复收费的，业主和物业使用人就超额（超范围）部分有权拒绝支付；乙方已经收取的，业主和物业使用人有权要求乙方返还并按超收金额每日＿＿＿‰的比例支付利息。

第四十条　甲方违反本合同约定，拒绝或拖延履行保修义务的，业主、物业使用人可以自行或委托乙方修复，修复费用及造成的其他损失由甲方承担。

第四十一条　甲方、业主和物业买受人与乙方对服务质量产生争议的，任何一方均可以在街道办事处的指导监督下组织已入住业主进行测评，也可共同委托第三方评估机构按照相关规定进行评估。评估费用由乙方预付,评估结论为达到服务质量标准的,评估费用由甲方、业主和物业买受人承担;评估结论为不达到服务质量标准的,评估费用由乙方承担。测评或评估结论为不达到服务质量标准的,甲方或业主有权依法解除本合同。

第四十二条 以下情况乙方不承担违约责任:

1. 因不可抗力导致物业管理服务中断的;

2. 乙方已履行本合同约定义务,但因物业本身固有瑕疵造成损失的;

3. 因维修养护物业共用部位、共用设施设备需要且事先已告知业主和物业使用人,暂时停水、停电、停止共用设施设备使用等造成损失的;

4. 因非乙方责任出现供水、供电、供气、供热、通信、有线电视及其他共用设施设备运行障碍并造成损失的;

5. _____。

第十一章 其他事项

第四十三条 甲方在签订物业买卖合同时应当要求物业买受人书面承诺遵守本合同约定和临时管理规约约定,并要求物业买受人提供其在物业管理活动中的联系地址、通信方式等相关信息。

第四十四条 业主可与物业使用人就本合同的权利义务进行约定,但物业使用人违反本合同约定的,业主应承担连带责任。

第四十五条 本合同在履行中发生争议,由双方协商解决,协商不成,双方可选择以下第____种方式处理:

1. 向_____仲裁委员会申请仲裁。

2. 向本物业管理区域所在地人民法院提起诉讼。

第四十六条 本合同一式____份,甲、乙双方各执____份,由甲方报县(市、区)住房城乡建设主管部门备案一份。

第四十七条 本合同经甲乙双方签字/盖章生效。合同附件与本合同具有同等法律效力。

第四十八条 本合同作为甲方商品房买卖合同的附件,购房人一旦与甲方签订商品房买卖合同即具有本合同主体的资格,享有和承担本合同所约定的物业买受人或业主权利义务。

甲方(盖章):_____   乙方(签字):_____
代 表 人:_____   代 表 人:_____
签 订 日 期:____年____月____日   签 订 日 期:____年____月____日

任务 10-3　成立业主大会

任务背景

时间过得很快，该项目首套房屋交付使用已经满两年，有业主开始在群里讨论成立业主委员会一事，那么业主代表如何筹备业主大会筹备组呢，业主们在群里讨论得热火朝天。有懂得法律的业主站出来说，想要顺利成立业主大会，行使业主们的合法权利和集体意志，必须要懂得《民法典》和《物业管理条例》等相关法律法规中业主大会的相关条款内容，要熟悉、掌握法律，依法进行。作为建设单位代表的赵亮也在学习《民法典》，他想了解关于业主筹备召开业主大会会议选举业委会一事开发商在其中的职责是什么，通过法律法规支持业主成立业主大会行使业主的自治管理权。

任务设定

成立业主大会相关的法律法规都有哪些？赵亮需要了解哪些知识才能很好地通过法律法规支持业主或成立业主大会行使自治管理权。

知识链接

一、业主

（一）业主的含义

所谓"业主"就是指"物业的主人"。根据《物业管理条例》的规定，业主就是指房屋的所有权人。在物业管理中，业主又是物业服务企业所提供的物业管理服务的对象。业主是物业管理市场的需求主体。

《民法典》第二篇"物权"中第六章"业主的建筑物区分所有权"第二百七十一条规定，业主对建筑物内的住宅、经营性用房等专有部分享有所有权；对专有部分以外的共有部分享有共有和共同管理的权利。

（二）业主的基本权利和义务

1. 业主的权利

《物业管理条例》第六条规定了业主在物业管理中享有的十项权利。包括：①按照物业服务合同的约定，接受物业服务企业提供的服务；②提议召开业主大会会议，并就物业管理的有关事项提出建议；③提出制定和修改管理规约、业主大会议事规则的建议；④参加业主大会会议，行使投票权；⑤选举业主委员会委员，并享有被选举权；⑥监督业主委员会的工作；⑦监督物业服务企业履行物业服务合同；⑧对物业共用部位、共用设施设备和相关场地使用情况享有知情权和监督权；⑨监督物业共用部位、共用设施设备专项维修资金的管理和使用；⑩法律、法规规定的其他权利。具体来说，业主的权利如下：

（1）服务享受权。即按照物业服务合同的约定，接受物业服务企业提供的服务。物业服务合同是确定业主和物业服务企业之间权利义务的基本法律依据，因此，按照物业服务合同的约定，接受物业服务企业提供的服务的权利是业主享有的最基本的权利。当然，这种权利的产生、范围及行使的方式取决于物业服务合同的具体约定。

（2）建议权。建议权一般有两项：第一项是提议召开业主大会会议，并就物业管理的有关事项提出建议；第二项是提出制定和修改管理规约、业主大会议事规则的建议。

（3）投票权。投票权是指业主参加业主大会会议，对业主大会决议和决定事项表达自己意愿的权利。

（4）选举权和被选举权。业主享有选举业主委员会委员，并享有被选举权。

（5）知情权。知情权是指物业所有人依法获取、知悉物业状况及其管理信息的权利，它是业主权利的重要组成部分，也是业主对物业实行民主管理的基本保障。因为只有在充分享有知情权的情况下，业主才能准确地判断关于物业管理的具体情况，也才能正当地行使诸如对物业管理活动的参与权和监督权等。

（6）监督权。监督权的内容比较广泛，主要包括：监督业主委员会的工作；监督物业服务企业履行物业服务合同；对物业共用部位、共用设施设备和相关场地使用情况享有知情权和监督权；监督物业共用部位、共用设施设备专项维修资金的管理和使用。

每一个业主都有权监督业主委员会的工作；业主对物业服务企业履行物业服务合同享有监督的权利；对物业共用部位、共用设施设备与相关场地使用情况享有知情权和监督权；监督物业共用部位、共用设施设备专项维修资金的管理和使用。专项维修资金必须专款专用，不得挪作他用或滥用，如果不有效地加以监督，就可能导致滥用。

2. 业主的义务

权利和义务是相对应的，业主在享有一定权利的同时，也要承担一定的义务。按照《物业管理条例》的规定，业主在物业管理活动中应履行以下义务：

（1）遵守管理规约、业主大会议事规则。

（2）遵守物业管理区域内物业共有部位、共用设施设备的使用及公共秩序和环境卫生的维护等方面的规章制度。

（3）执行业主大会和业主大会授权业主委员会做出的决定。

（4）按照国家有关规定缴纳专项维修资金。

（5）按时交纳物业服务费用，交纳各项合理的必要费用。

（6）履行其承担的房屋使用安全责任。

（7）法律、法规规定的其他义务。

二、业主大会

（一）业主大会的性质

《物业管理条例》规定"物业管理区域内全体业主组成业主大会。业主大会应当代表和维护物业管理区域内全体业主在物业管理活动中的合法权益"。业主大会是由业主自行组成的维护物业整体利益的组织，具有民主性、自治性、代表性。

(1) 民主性。业主大会是民主性的组织，其成员在机构中的地位是平等的，能够根据自己的意愿发表建议，提出看法和意见。

(2) 自治性。业主大会是自治性的组织，其成员是对物业享有所有权的人，进行的是自我服务、自我管理、自我协商、自我约束。

(3) 代表性。业主大会具有代表性的特征，业主大会代表了全体业主在物业管理中的合法权益。业主大会做出的决议应当是全体业主利益的反映，而不仅仅是个别业主利益的反映。即使业主大会做出的决议并没有经过全体业主的一致同意，甚至有时还会受到个别业主的反对，但只要符合业主大会决议的议事规则，那么，这种决议就代表了全体业主的利益。

（二）业主大会的成立

《民法典》第二百七十七条规定业主可以设立业主大会，选举业主委员会。业主大会、业主委员会成立的具体条件和程序、依照法律、法规的规定，地方人民政府有关部门、居民委员会应当对设立业主大会和选举业主委员会给予指导和协助。

例如，《广西物业管理条例》第十五条规定：物业管理区域符合下列条件之一的，应当召开首次业主大会会议，成立业主大会：

(1) 交付使用的专有部分建筑面积达到物业管理区域内建筑物总建筑面积的 2/3 以上；

(2) 交付使用的专有部分业主人数达到物业管理区域内业主总人数的 2/3 以上；

(3) 首套房屋交付使用满两年。

物业管理区域符合前款所列条件之一的，建设单位应当在三十日内书面向物业所在地的街道办事处或者乡镇人民政府提出成立业主大会的报告；建设单位逾期未提出书面报告的，十人以上的业主联名，可以书面向物业所在地的街道办事处或者乡镇人民政府提出成立业主大会的申请。

只有一个业主的，或者业主人数较少且经全体业主一致同意，决定不成立业主大会的，由业主履行业主大会、业主委员会职责。

业主大会筹备组由业主代表若干名、建设单位代表一名、街道办事处或者乡镇人民政府代表一名、社区或者村党组织代表一名、辖区公安派出所代表一名以及居（村）民委员会代表一名组成。其中，业主代表所占比例不得低于筹备组总人数的二分之一。筹备组组长由街道办事处或者乡镇人民政府的在职在编人员担任。

业主大会自首次业主大会会议审议通过管理规约和业主大会议事规则之日起成立。

业主大会会议可分为定期会议和临时会议。定期会议按照业主大会议事规则的规定由业主委员会组织召开。有下列情况之一的，业主委员会应当及时组织召开业主大会临时会议：①20％以上业主提议的；②发生重大事故或者紧急事件需要及时处理的；③业主大会议事规则或者业主公约规定的其他情况。

业主大会会议可以采用集体讨论的形式，也可以采用书面征求意见的形式。业主可以委托代理人参加业主大会会议。

（三）业主共同决定的事项及表决法规则

《民法典》第二百七十八条规定，下列事项由业主共同决定：
(1)制定和修改业主大会议事规则；
(2)制定和修改管理规约；
(3)选举业主委员会或者更换业主委员会成员；
(4)选聘和解聘物业服务企业或者其他管理人；
(5)使用建筑物及其附属设施的维修资金；
(6)筹集建筑物及其附属设施的维修资金；
(7)改建、重建建筑物及其附属设施；
(8)改变共有部分的用途或者利用共有部分从事经营活动；
(9)有关共有和共同管理权利的其他重大事项。

业主共同决定事项，应当由专有部分面积占比2/3以上的业主且人数占比2/3以上的业主参与表决。决定前款第(6)项至第(8)项规定的事项，应当经参与表决专有部分面积四分之三以上的业主且参与表决人数3/4以上的业主同意。决定前款其他事项，应当经参与表决专有部分面积过半数的业主且参与表决人数过半数的业主同意。

业主在首次业主大会会议上的投票权，可以根据业主拥有物业的建筑面积、住宅套数等因素确定。具体办法由省、自治区、直辖市确定。

三、业主委员会

（一）业主委员会的性质

业主委员会由业主大会会议依法选举产生，对业主大会负责，受业主大会监督。业主委员会是业主大会的执行机构。

（二）业主委员会的产生

业主委员会由业主大会选举产生。一个物业管理区域内成立一个业主大会，选举产生一个业主委员会，业主委员会人数一般为5～11名单数。每届任期不超过五年，可以连选连任。具体人数、任期由业主大会决定。

《物业管理条例》第十六条规定，业主委员会应当自选举产生之日起30日内，向物业所在地的区、县人民政府房地产行政主管部门和街道办事处、乡镇人民政府备案。业主委员会委员应当由热心公益事业、责任心强、具有一定组织能力的业主担任。业主委员会主任、副主任在业主委员会成员中推选产生。

《广西物业管理条例》第三十一条规定，业主委员会委员应当是本物业管理区域内的业主并符合下列条件：

(1)具有完全民事行为能力。
(2)遵守国家有关法律、法规。
(3)遵守业主大会议事规则、管理规约，模范履行业主义务。
(4)具有一定的组织能力和必要的工作时间，热心公益事业，责任心强，公正廉洁。
(5)在本物业管理区域内实际居住。

有下列情形之一的，不得担任业主委员会委员：
(1)刑罚尚未执行完毕或者处于缓刑、假释考验期间。
(2)本人、配偶及其直系亲属在本物业管理区域内服务的物业服务人任职。
(3)本人、配偶及其直系亲属是本物业管理区域内服务的物业服务人的出资人。
(4)有损坏房屋承重结构、违法搭建、破坏房屋外貌、擅自改变物业使用性质、欠交物业费或者物业专项维修资金、违法出租房屋等情形且未改正。
(5)被列为失信被执行人。
(6)业主大会依法决定不得担任业主委员会委员的其他情形。
业主原则上只在一个物业管理区域内担任业主委员会委员。

（三）业主委员会的职责

业主委员会执行业主大会的决定事项，履行下列职责：
(1)召集业主大会会议，报告物业管理的实施情况。
(2)代表业主与业主大会选聘的物业服务企业签订物业服务合同。
(3)及时了解业主、物业使用人的意见和建议，监督和协助物业服务企业履行物业服务合同。
(4)监督管理规约的实施。
(5)业主大会赋予的其他职责。

四、业主自治管理

业主自治管理的概念有广义和狭义两种。业主自治管理的广义概念是指特定物业的区分所有权人，一方面根据个体利益和自主意志对自己专有部分进行自治性管理；另一方面组成业主团体对公用部分的共同事务进行统一管理，形成了业主个体自治管理和业主团体自治管理相结合的一种物业管理方式与制度。业主自治管理的狭义概念仅是指业主团体对公用部分的统一管理。

1. 业主自治管理的组织形式

(1)业主大会。业主大会是由特定物业管理区域内的全体业主组成的群众自治组织，是物业管理区域内有关物业管理事务的最高决策机构和权力机构，代表和维护有关物业管理区域内全体业主在物业管理活动中的合法权益。业主人数较多的，可以按照一定的比例推荐代表组成业主代表大会，业主大会和业主代表大会具有同等的法律地位。

(2)业主委员会。业主委员会是由业主大会选举产生，并在其授权下开展和负责向其汇报工作的执行机构。

(3)业主小组。业主小组是物业管理区域内，为了方便工作和联系而划分的较小范围内的业主们组成的自治小组。它是业主团体内部的基层组织，不具有独立承担民事责任的能力，不能直接对外发生民事法律关系。

2. 业主自治管理的方式

（1）自主管理方式。自主管理方式是指区分所有权人自行管理或成立一个管理团体来进行管理。一般当区分所有权人人数较少时，可实行自行管理或直接管理；而当区分所有权人人数较多时，则可成立一个管理团体进行管理。无论自行管理还是成立管理团体管理，都可以根据需要聘请管理人进行管理。管理人与区分所有权人的关系是雇佣关系，他获得的是工资。因此，聘请管理人管理从本质上是属于自主管理方式。

（2）委托管理方式。委托管理方式是指区分所有权人将物业管理业务委托给管理公司或第三方进行管理。委托双方通过委托合同形成委托关系，来规定双方的权利和义务。委托与雇佣的差别是受委托人获取的是佣金，而受雇人获得的是工资。

拓展阅读

管理规约(示范文本)
第一章　总　则

第一条　为维护全体业主和物业使用人的合法权益，维护公共环境和社会秩序，保障物业的安全、合理使用，根据《民法典》《物业管理条例》等法律法规，制定本管理规约。

第二条　本管理规约由业主大会通过，全体业主和物业使用人须自觉遵守。

第二章　业主的共有权

第三条　本物业小区内物业的基本情况

物业名称：＿＿＿＿＿＿＿＿＿＿；

物业类型：＿＿＿＿＿＿＿＿＿＿；

坐落位置：＿＿＿＿＿＿＿＿＿＿；

总建筑面积：＿＿＿＿＿＿＿＿＿＿；

物业管理区域四至：＿＿＿＿＿＿＿＿＿＿。

第四条　根据有关法律法规和物业买卖合同，业主共同享有以下物业共用部位、共用设施设备的所有权：

（一）单幢建筑物的全体业主的共用部位，包括该幢建筑物的承重结构、主体结构，公共门厅、公共走廊、公共楼梯间、户外墙面、屋面＿＿＿、＿＿＿、＿＿＿等；

（二）单幢建筑物的全体业主的共用设施设备，包括该幢建筑物内的给水排水管道、落水管、水箱、水泵、电梯、冷暖设施、照明设施、消防设施、避雷设施＿＿＿、＿＿＿等；

（三）物业管理区域内全体业主的共用部位和共用设施设备，包括围墙、池井、照明设施、共用设施设备房、物业服务用房、＿＿＿、＿＿＿、＿＿＿等。

根据《物业承接查验办法》有关规定，全体业主同意授权物业服务企业代为查验物业共用部位、共用设施设备。

第五条　在本物业管理区域内，根据商品房买卖合同，以下部位和设施设备为建设单位所有：

（一）_____；
（二）_____；
（三）_____；
（四）_____。

建设单位行使以上部位和设施设备的所有权，不得影响业主正常使用物业。

第三章 物业的装修

第六条 业主、物业使用人需要装饰装修房屋的，应当将装修项目、装修部位、装修时间等书面告知物业服务企业。同时，物业服务企业应当将房屋装修的禁止行为和有关装修备案等事项书面告知业主或物业使用人。物业服务企业可向业主或装修人员收取垃圾和余泥渣土清运费、装修保证金（押金）、装修人员出入证押金（或工本费），具体标准及管理办法根据价格主管部门有关规定制定。

第七条 业主、物业使用人装修房屋时，应自觉遵守《物业管理条例》《住宅室内装饰装修管理办法》等有关法律法规规定进行装修。

第八条 在装饰装修中禁止下列行为：

（一）未经原设计单位或者具有相应资质等级的设计单位提出设计方案，变动建筑主体和承重结构；或者装修活动涉及《住宅室内装饰装修管理办法》第六条、第七条、第八条内容的，没有委托具有相应资质的装饰装修企业承担。

（二）违法搭建建筑物、构筑物；

（三）将没有防水要求的房间或者阳台改为卫生间、厨房，或者将卫生间改在下层住户的卧室、起居室（厅）、书房和厨房的上方；

（四）违法改变住宅外立面，在非承重外墙上开门、窗；

（五）扩大承重墙上原有的门窗尺寸，拆除连接阳台的砖、混凝土墙体；

（六）违法拆改燃气管道和设施。

（七）损坏房屋原有节能设施，降低节能效果；

（八）_____；

（九）法律法规和管理规约禁止的其他行为。

第九条 业主应按设计预留的位置安装空调，未预留设计位置的，应按物业服务企业指定的位置安装，并按要求做好噪声及冷凝水的处理。

第十条 为保证业主的正常休息，本物业管理区域的装饰装修施工时间为_____，其他时间不得施工。

第十一条 因装饰装修房屋影响物业共用部位、共用设施设备的正常使用或侵害相邻业主合法权益的，业主应及时恢复原状并承担相应的赔偿责任。

第四章 物业的使用

第十二条 业主对物业的专有部分享有占有、使用、收益和处分的权利，但不得妨碍其他业主正常使用物业。

业主不能占用公共部位搭建、僭建相关建筑物、构筑物。

第十三条 业主应遵守法律、法规的规定，按照有利于物业使用、安全、整洁及公平合理、不损害公共利益和他人利益的原则，在供电、供水、供热、供气、排水、通行、通风、采光、装饰装修、环境卫生、环境保护等方面妥善处理与相邻业主的关系。

第十四条　业主不能擅自将住宅物业改作商业用途。

业主因特殊情况需要改变物业设计用途的，业主应在征得有利害关系的业主书面同意后，报有关行政主管部门批准，并告知物业服务企业。

第十五条　业主、物业使用人在物业使用中，不得有下列行为：

（一）《广东省物业管理条例》第五十五条规定的禁止行为；

（二）_____；

（三）法律法规和管理规约禁止的其他行为。

第十六条　业主、物业使用人使用电梯时，应遵守电梯使用管理规定。

第十七条　业主、物业使用人车辆行驶和停放，应遵守以下规定：

（一）_____吨以上货车（搬家等特殊情况除外）、大型客车以及载有易爆、剧毒、放射性等危险品的车辆禁止进入小区；

（二）机动车辆在小区内行驶，时速不得超过_____千米，禁止鸣笛、练车；

（三）机动车应在规定的车位停放，禁止在消防通道、消防井盖、绿化等场地停放；

（四）按规定缴纳停车费；

（五）禁止擅自在公共停车位上安装任何设置，车辆停放期间，防盗报警器应使用静音，防止发生噪声影响他人生活和休息；

（六）_____。

第十八条　业主转让或者出租物业时，应当将管理规约内容、物业服务费用标准等事项告知受让人或者承租人，并自物业转让合同或者租赁合同签订之日起十五日内，将物业转让或者出租情况告知业主委员会和物业服务企业。业主出租物业时，要了解承租人的居住人员信息，防止群租，影响他人的生活和安全。

第十九条　业主、物业使用人饲养宠物时，应遵守宠物有关饲养规定，并应遵守以下约定：

（一）_____；

（二）_____。

第五章　物业的维修养护

第二十条　业主对物业专有部分的维修养护行为不得妨碍其他业主的合法权益。

第二十一条　因维修养护物业确需进入相关业主的物业专有部分时，业主或物业服务企业应事先告知相关业主，相关业主应给予支持和配合。

相关业主阻挠维修养护的，造成物业损坏及其他损失的，应承担相应的赔偿责任。

第二十二条　发生危及公共利益或其他业主合法权益的紧急情况下，必须及时进入物业专有部分进行抢修但无法通知相关业主的，物业服务企业应向相邻业主说明情况，并在第三方（如所在地居委会或派出所或_____）的监督下，进入相关业主的物业专有部分进行抢修，事后应及时通知相关业主并做好善后工作，抢修产生的相关费用由责任人承担。

第二十三条　因维修养护物业或者公共利益，业主确需临时占用、挖掘道路、场地、绿地及其他共用部位、共用设施设备的，应告知业主委员会、物业服务企业，在征得相关业主同意和相关职能部门的审批后实施，并按约定期限恢复原状。

第二十四条　物业存在安全隐患，危及公共利益或其他业主合法权益时，责任人应当及时采取措施消除隐患。

过程10 项目物业管理

第二十五条　全体业主应按规定缴存和使用物业专项维修资金。

第六章　业主的共同利益

第二十六条　为维护业主的共同利益，全体业主同意在物业管理活动中授予_____以下权利：

（一）根据物业管理法律法规和本管理规约的规定，制定物业共用部位和共用设施设备的使用、公共秩序和环境卫生的维护等各项规章制度；

（二）以告知、规劝、公示、_____等合法措施制止业主、物业使用人违反物业管理法律法规和管理规约的行为；

（三）_____；

（四）_____。

第二十七条　建设单位应在物业管理区域内显著位置设置公告栏，用于张贴通知、公告以及物业管理规章制度。

第二十八条　本物业管理区域内，物业服务收费采取包干制（或酬金制）方式。

第二十九条　物业服务费用关系到物业管理工作正常开展和全体业主的共同利益，业主在办理物业交付手续后，均应积极履行义务，自觉交纳物业服务费用。业主委托物业服务企业提供特约服务的，其费用由双方当事人另行约定。

第三十条　业主出租物业时，约定由承租人交纳物业服务费用的，业主负连带责任。转让物业的，业主应自觉与物业服务企业结清各项物业服务费用。

第三十一条　利用物业共用部位、共用设施设备进行经营的，应当在征得相关业主、业主大会、物业服务企业的同意后，按照规定办理有关手续。所得收益应当主要用于补充专项维修资金，也可以按照业主大会的决定使用。

第七章　违约责任

第三十二条　业主、物业使用人应自觉遵守本管理规约，对违反管理规约，造成其他业主物业损害或导致全体业主共同利益受损的，其他业主和物业服务企业可依据本管理规约向人民法院提起诉讼。

业主拒付物业服务费，不缴存专项维修资金以及实施其他损害业主共同权益行为的，业主大会在本管理规约对其如下共同管理权的行使予以限制：

（一）取消作为业主大会筹备组成员、业主委员会委员候选人和业主委员会委员资格。

（二）取消涉及小区专项维修资金及其他共同管理事项的表决权。

（三）不计入小区共同管理事项的票权数。

（四）不能享有对业主委员会及物业服务企业的建议及质询权。

（五）_____。

第八章　附　则

第三十三条　本管理规约所称物业的专有部分，是指由业主独立使用、能够产权登记并具有排他性的房屋、车位、摊位等特定空间。

第三十四条　本管理规约所称物业的共用部位、共用设施设备，是指物业管理区域内属于多个或全体业主共同所有或使用的房屋、空间、场地及相关设施设备。

第三十五条　业主转让物业时，应提前通知物业服务企业，并要求物业继受人签署本管理规约承诺书。出租物业时，承租人应在租赁合同中承诺遵守本管理规约。

过程 10　项目物业管理

第三十六条　本管理规约每位业主各执一份，物业服务企业留存一份。

第三十七条　本管理规约自首次业主大会表决生效之日生效。

物业管理是发生在房地产使用过程中对物业及业主的管理和服务活动，是使房地产保值和增值的重要手段。本过程主要介绍物业管理的概念和特征、物业管理的基本法律制度、物业管理的早期介入概念、物业的承接查验概念和流程、物业承接查验的程序、物业承接查验的主要内容和技术标准、前期物业管理的概念、前期物业管理的招标投标、物业服务合同的类型和内容、业主、业主大会、业主委员会的概念、业主的权利和义务、业主共同决定的事项、业主委员会的职责、业主自治管理等内容。

任务工单 10

任务名称	编制物业承接查验记录表并开展承接查验记录工作	
任务目的	了解物业承接查验的具体流程、物业承接查验的主要内容和技术标准、学会编制物业承接查验记录表，能够实施物业承接查验工作	
任务内容	1. 以本课程案例地块为交接项目进行了解承接查验工作的流程和方法。 2. 收集其他物业项目承接查验记录表的编写案例。 3. 针对案例地块项目编制物业承接查验记录表。 4. 进行承接查验工作，现场查验应当形成书面记录	
第（　）组	姓名	
	学号	
任务实操	编制物业承接查验记录表 　　承接查验记录应当包括查验时间、任务名称、查验范围、查验方法、存在问题、修复情况及查验结论等内容，查验记录应当由建设单位和物业服务企业参加查验的人员签字确认	

考核评价表 10

任务完成考核评价表				
任务名称	编制物业承接查验记录表并开展承接查验记录工作			
班级		学生姓名		
评价方式	评价内容	分值	成绩	
自我评价	编制物业承接查验记录表完成情况	30		
	任务工单 10 的全部完成情况	30		
	对知识和技能的掌握程度	20		
	我胜任了小组内的工作	20		
	合计			

续表

评价方式	评价内容	分值	成绩
小组评价	小组本次任务完成质量	30	
	个人本次任务完成质量	30	
	个人对理论应用实践的能力	20	
	个人的团队精神与沟通能力	20	
	合计		
教师评价	小组本次任务完成质量	30	
	个人本次任务完成质量	30	
	个人对小组任务的贡献度	20	
	个人对小组任务的参与度	20	
	合计		

总评＝自我评价×(　　)％＋小组评价×(　　)％＋教师评价×(　　)％＝

思考与练习

一、思考题

1. 你知道物业管理相关法律法规有哪些吗？
2. 请你协助赵亮完成物业的承接查验工作，具体流程是什么？
3. 物业管理早期介入和前期物业管理的区别是什么？
4. 如果业主对开发商选聘的前期物业管理服务企业不满，怎么样通过合法程序进行更换物业服务企业呢？

二、单项选择题

1. (　　)是物业服务企业接管开发企业、建设单位或个人委托管理的新建房屋或原有房屋时，以物业主体结构安全和满足使用功能为主要内容的接管检验。

　　A. 竣工验收　　　　B. 联合验收　　　　C. 承接查验　　　　D. 分户验收

2. (　　)是指物业服务企业在物业的开发设计阶段即介入，从物业形成前的阶段性管理，即参与物业的规划设计和建设，从业主与使用人及物业管理的角度，就物业开发、建设和今后使用管理提出建议并对将接管的物业从物质上和组织上做好准备。

　　A. 前期物业管理　　　　　　　　　B. 房地产开发管理
　　C. 房地产销售管理　　　　　　　　D. 物业管理早期介入

3. 业主、业主大会选聘物业服务企业之前，由(　　)选聘物业服务企业实施的物业管理，被定义为前期物业管理。

　　A. 业主　　　　B. 业主大会　　　　C. 建设单位　　　　D. 社区居委会

4. 以下不属于业主自治管理的组织形式的是(　　)。

　　A. 社区居委会　　B. 业主　　　　C. 业主大会　　　　D. 业主小组

参 考 文 献

[1] 吕萍等. 房地产开发与经营(第四版)[M]. 北京：中国人民大学出版社，2016.
[2] 陈林杰. 房地产开发与经营实务(第3版)[M]. 北京：机械工业出版社，2014.
[3] 冯斌，杜强. 房地产开发与经营[M]. 北京：清华大学出版社，2014.
[4] 田杰芳. 房地产开发与经营[M]. 北京：清华大学出版社，北京交通大学出版社，2015.
[5] 钱闪光，姚激，杨中. 工程招投标与合同管理[M]. 北京：北京邮电大学出版社，2019.
[6] 吴修国. 工程招投标与合同管理[M]. 上海：上海交通大学出版社，2018.
[7] 陈林杰. 房地产开发与经营实务(第4版)[M]. 北京：机械工业出版社，2017.
[8] 叶剑平，邹晓燕. 房地产市场营销(第二版)[M]. 北京：中国人民大学出版社，2011.
[9] 季晓绯. 我国房地产企业融资方式研究[D]. 青岛：青岛科技大学，2017.
[10] 孙翠兰. 我国房地产融资方式的比较、选择与调整[J]. 金融论坛，2005.
[11] 恒大集团，易居. 世界奇迹诞生记—中国海南海花岛营销回顾报告[R]. 2017.